Das Münster zu Bad Doberan

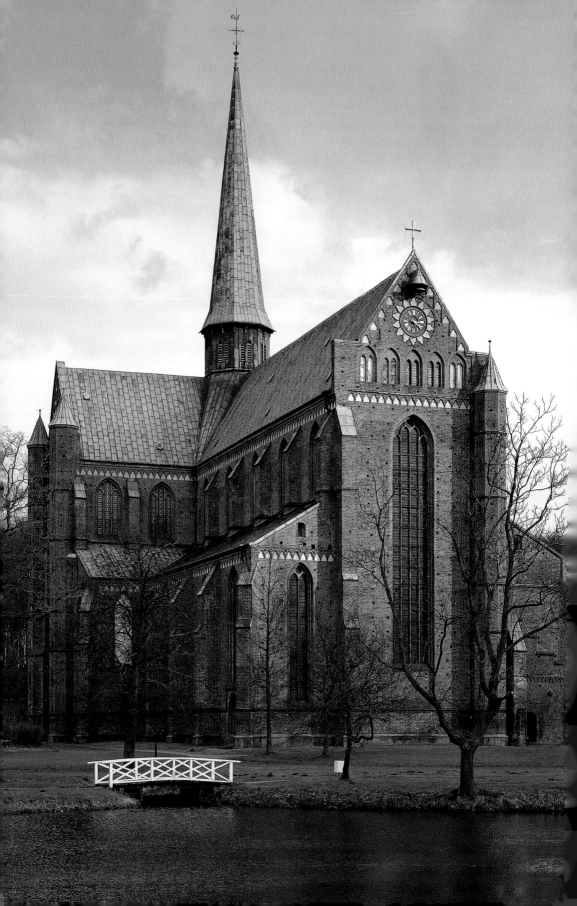

Johannes Voss

Das Münster zu Bad Doberan

Großer DKV-Kunstführer
mit Aufnahmen von Jutta Brüdern

Deutscher Kunstverlag München Berlin

Abbildung Seite 2:
Westfassade

Sämtliche Aufnahmen Jutta Brüdern,
Braunschweig, mit Ausnahme von
Umschlag vorne/Innenseite, S. 14: Lorenz 1958
S. 6: Klüver 1728
S. 7, 26, 120 l.o., 145: Martin Heider, Bad Doberan
S. 10: S. Heißel o.J.
S. 11: O. Gehrig, Vicke Schorler, 1939
S. 28 r.o., 56 u., 71 u., 84 o., 105 u.: Verfasser
S. 28 u., 83, 97: Landesamt für Denkmalpflege M.-V. Schwerin
S. 29 o.: Verlag
S. 29 m. + u.: St. Ludwig 1998
S. 36: Badstübner 2007 + Verfasser + Edgar Endl
S. 44 u.: Horst Appuhn, Heilsspiegel, 1989
S. 45 o., 92, 99: Deutsche Fotothek Dresden
S. 45 u.: Schlie 1899
S. 54: Wentzel 1962
S. 56 o.: V. Dreyer, Schwerin + Verfasser
S. 60, 93, 114: Landeshauptarchiv Schwerin
S. 65 o., 71 o., 98 l.+ r.: Thomas Helms, Schwerin
S. 65 u.: Ingo Timm, Berlin
S. 66, 68: Jensen 1964
S. 72 r.o., 75 r.u.: bpk, Berlin/Hamburger Kunsthalle. Foto: Elke Walford
S. 82: Staatliches Museum Schwerin
S. 86: A. Bötefür, Schwerin
S. 88: Schreiber 1855
S. 91: Bildarchiv Foto Marburg
S. 101: Ev.-Luth. Kirchgemeinde Bad Doberan
S. 105 o.: W. Spiller
S. 110: Quast/Lisch 1858
S. 129: Architekturmuseum der TU Berlin
Umschlag hinten/Innenseite: nach Dehio 2006 + Verfasser

Lektorat | Tanja Bokelmann
Gestaltung und Herstellung | Edgar Endl
Lithos | Lanarepro, Lana (Südtirol)
Druck und Bindung | Printer Trento, Trient

Bibliografische Information der Deutschen Nationalbibliothek
Die Deutsche Nationalbibliothek verzeichnet diese Publikation in der
Deutschen Nationalbibliografie; detaillierte bibliografische
Daten sind im Internet über http://dnb.d-nb.de abrufbar

© 2008 Deutscher Kunstverlag GmbH München Berlin
ISBN 978-3-422-02048-1

Inhalt

Die Anfänge

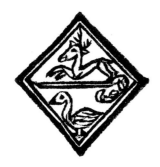

Wappen von Doberan, Holzschnitt 1728

Ein Hirsch, Bischoffs[Abts]stab und Schwan
Das Kloster=Ambt Doberan
Vor sein eigen Wapen soll han.

Dieser von Hans Henrich Klüver 1728 zitierte Merkvers für das Wappen von Doberan nennt markante Stichworte der Entstehungsgeschichte des Klosters – genauer gesagt: für die zweite Gründung. Die Legende erzählt, Fürst Heinrich Borwin († 1227), Sohn des ersten getauften Fürsten der Obotriten Pribislav I. († 1181), habe gelobt, an der Stelle, wo er einen Hirsch erlegen würde, wolle er das neue Kloster bauen lassen. Auf der Jagd verfolgten Fürst Heinrich Borwin und seine Begleiter einen prächtigen Hirsch – konnten ihn aber erst in einem sumpfigen Gelände erlegen. Da kamen dem Fürsten Zweifel, ob dieser morastige Grund der geeignete Baugrund für ein Kloster sein sollte. In diesem Moment stieg ein Schwan aus dem Schilf auf und schrie, aufgeschreckt von der Meute der Hunde: »Dobre – dobre!« Dieses slawische Wort bedeutet: »Gut – gut!« Diesen Ruf nahm der Fürst als Gotteszeichen für sein Gelübde, hier das neue Kloster zu bauen. Er gab Befehl, das Gelände zu roden und für den Bau des Klosters herzurichten. Der neue Konvent – ein Abt mit zwölf Mönchen und zwölf Laienbrüdern, entsprechend der Zwölf-

zahl der Jünger Jesu – kam aus dem Zisterzienserkloster Amelungsborn im Weserbergland. Der Abt des Mutterklosters hatte den Bauplatz in der Nähe einer dörflichen Ansiedlung für geeignet befunden, denn er entsprach weitgehend den Grundsätzen des Ordens der Zisterzienser für ihre Klosteranlagen: Diese sollten in »terra deserta, locus horroris et vasta solitudo« (unbewohntes Land, Ort des Schreckens und wüste Einsamkeit) gebaut werden. Neben der Kirche sollte ausreichend Platz für die Funktionsräume vorhanden sein – sowohl für die Mönche als auch für die Konversen (Laienbrüder), die auf dem Wirtschaftshof und in den Werkstätten tätig waren. Vor allem musste das Gebiet wasserreich sein, um die Versorgung von Mensch und Vieh sowie die Funktionsfähigkeit der Werkstätten – beispielsweise der Mühlen – zu gewährleisten.

Diese reichlich fließende Energie des Wassers mag zudem ausschlaggebend gewesen sein, das Gelände zwischen Stülower Bach und Althöfer Bach unterhalb des Buchenberges zum Bauplatz für das neue Kloster zu bestimmen und nicht auf den Ruinen der 1179 zerstörten Erstgründung in Althof einen Neuanfang zu wagen. Dort war 1171 ein erster Konvent mit Abt Konrad aus dem Mutterkloster Amelungsborn eingezogen. Diese Stiftung mag ein Taufversprechen von Fürst Pribislav I. »auf Anraten und Ermuntern« Bischof Bernos († 1191), der ihn 1167 getauft hatte, gewesen sein. Berno war um 1158 vom Sachsenherzog Heinrich dem Löwen zum ersten Bischof in Mecklenburg eingesetzt worden. Da er selbst Zisterziensermönch in Amelungsborn gewesen war, muss ihm die Stiftung in seinem Bistum sehr am Herzen gelegen haben, um die Christianisierung im Lande der Finsternis und bösen Geister voranzutreiben.

In einem Geflecht politischer Erwägungen muss Fürst Pribislav erkannt haben, dass nach

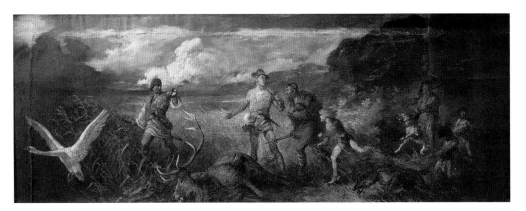

Die legendäre Jagd Fürst Heinrich Borwins (Gründungslegende), Gemälde von Ludwig Bang, 1926

dem Tod seines Vaters Niklot die Unabhängigkeit seines Volkes und der Verbleib seines Territoriums gegen die Expansion und Landnahme durch Heinrich den Löwen nur zu wahren sei, wenn er die Verständigung mit dem Sachsenherzog suche. Seine Taufe war hierzu ein erster Schritt, zu dem ihn auch seine Frau Woizlava – sie soll eine getaufte norwegische Prinzessin gewesen sein – bewogen haben mag. Auf den keramischen Platten in der Kapelle zu Althof (13. Jh.) wird sie als »Fundatrix« (Gründerin) bezeichnet. Mit der Stiftung dieses Klosters – verbunden mit der Bereitstellung von Grund und Boden sowie eines Betraumes und erster Unterkünfte für die Mönche und Laienbrüder – besiegelten Pribislav und Woizlava ihren Willen, die Christianisierung der Wenden zu befördern und keine Überfälle auf Krieger und Siedler mehr zu verüben, die Heinrich der Löwe ins Land schicken würde. Hatte Pribislav doch selbst am 16. Februar 1164 versucht, die Mecklenburg zurückzuerobern. Bei einem weiteren Überfall wäre Bischof Berno während des Requiems für die getöteten Burginsassen fast ums Leben gekommen.

Unsichere Zeiten – dennoch wagte Heinrich der Löwe 1172 eine Wallfahrt in das Heilige Land zu den frühen Stätten der Christenheit. Wie zum Zeichen seiner Bündnistreue begleitete Pribislav den Sachsenherzog auf dieser Fahrt. Während seiner Abwesenheit starb Woizlava und wurde in der Klosterkapelle zu Althof bestattet. Die Klostergemeinschaft würdigte die Stifterin ihres Konventes auch noch nach dem Einzug in das neue Kloster und schmückte ihre Grabstätte mit Ziegelplatten, auf denen eine im 19. Jahrhundert ergänzte Inschrift in Unzialen zu lesen steht: CLAVST/RI · FVN[DA]/TRIX · WOIZ/[LA]V · TERRE /[DO]MINA/ TRIX · FVLT/[A] · FIDE · M/[VLTA · IACET · HIC · PAC]E · SEPVLTA · + (des Klosters Gründerin Woizlava, des Landes Herrin, gestützt im Glauben stark, liegt hie im Frieden begraben; Übers. nach Lisch 1837)

Auch Heinrich der Löwe versuchte, Pribislav an sich zu binden, um sich in den Auseinandersetzungen mit Kaiser Friedrich Barbarossa den Rücken frei zu halten. Er setzte ihn als Herzog in einem Teil seiner Gebiete – ausgenommen die Herrschaft Schwerin – ein und verheiratete seine Tochter Mechthilde mit Heinrich Borwin I., dem ältesten Sohn Pribislavs. Dessen erster Name lässt vermuten, dass Heinrich der Löwe auch sein Taufpate war. Das Datum der Hochzeit ist nicht überliefert.

Um Weihnachten 1181 hielt sich Pribislav wieder am Hofe Heinrichs des Löwen auf. Er nahm am 30. Dezember an einem Turnier in Lüneburg teil und wurde so schwer am Kopf getroffen, dass er an der Verletzung starb. Seine erste Ruhestätte fand er in Lüneburg im Benediktinerkloster St. Michael.

Der Tod Pribislavs löste im Lande der Wenden ein Machtvakuum aus. Um die Nachfolge

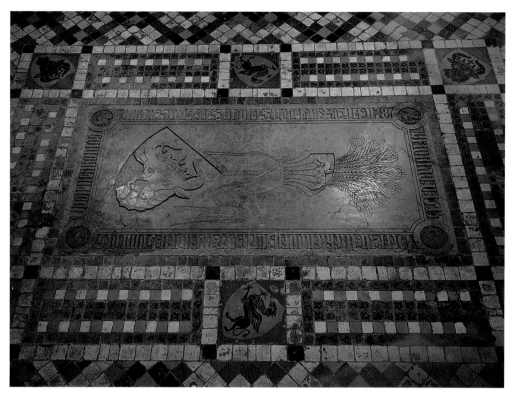

Grabplatte Pribislavs

stritten sein Sohn Heinrich Borwin mit seinem Vetter Nikolaus von Rostock, der wohl die Annäherung Pribislavs an den Sachsenherzog und die Christianisierung der Wenden nicht unterstützte. Im Verlauf dieser Kämpfe wurde das junge Kloster in Althof überfallen und zerstört. 78 Mönche sollen ermordet worden sein; Abt Konrad konnte mit einigen Brüdern fliehen und fand im Mutterkloster Amelungsborn Schutz.

Für Bischof Berno muss die Zerstörung der erst im Entstehen begriffenen Abtei ein unerträglicher Schmerz gewesen sein. Er wird alles daran gesetzt haben, den Abt des Mutterklosters zur Entsendung eines zweiten Konventes zu bewegen, damit das Märtyrerblut nicht umsonst im Boden versickert war. Im Fürsten Heinrich Borwin fand er den Mann, der über ausreichend Grundbesitz verfügte, um die ökonomischen Voraussetzungen für die Neugründung zu gewährleisten. Ihm musste an der er-

neuten Ansiedlung eines Konventes gelegen gewesen sein, um die Stiftung seines Vaters wieder zu errichten – als Erfüllung eines Vermächtnisses Fürst Pribislavs. Dieses für Heinrich Borwin bindende Anliegen erscheint für die Revitalisierung des Klosters gewichtiger als der Tatbestand, dass dieses Territorium im Gebiet der Kessiner lag. Hier regierte Pribislavs Neffe Nikolaus I., dessen Vater von Heinrich dem Löwen 1164 als Vergeltung für den Aufstand gehängt wurde, dagegen rief er Pribislav 1166 aus der Verbannung in sein Stammland zurück. Sühne, Seelenheil und Vermächtnis müssen Heinrich Borwin bewogen haben, 1186 die Neugründung in der Nähe der »villa Slauica Doberan« zu veranlassen. Um die fürstliche Entscheidung in der Aura eines Jagdwunders zu überliefern, wurden Hirsch und Schwan zu Vehikeln der Legende, – zwei Tiere, die nur von fürstlichen Personen gejagt werden durften.

Die Zisterzienser

Die fromme Stiftung als »Seelengerät« zum Schutz vor dem Fegefeuer im Jüngsten Gericht war für Pribislav und Heinrich Borwin nicht der alleinige Beweggrund dieses Kloster beziehungsweise seine Neugründung zu stiften. Sie hatten in der Struktur der Zisterzienserklöster mit unterschiedlichen Gewerken und Bauern, die über Erfahrungen in der Urbarmachung und Bewirtschaftung schwieriger Böden verfügten, ein unverzichtbares Wirtschaftspotenzial für die Erschließung und Entwicklung ihres Landes erkannt.

Der Orden der Zisterzienser, benannt nach dem Ort Citeaux in Burgund, war als Reformbewegung in dem Benediktinerkloster Molesme im Nordosten Burgunds entstanden. Abt Robert und eine Schar der Mönche forderten die radikale Rückbesinnung auf die Regeln des hl. Benedikt von Nursia (um 480–547), dem Begründer des abendländischen Mönchtums: »ora et labora«, bete und arbeite unter Verzicht auf privates Eigentum und Reichtümer jeglicher Art im Kloster – ein tagtägliches Leben in Askese.

Ora

Der radikale Verzicht auf alle Äußerlichkeiten, die Einhaltung einer alle Lebensbereiche umfassenden Askese sollte die Frömmigkeit der Mönche prägen. Verworfen wurde durch den zweiten Abt von Citeaux, den Engländer Stephan Harding († 1134), die aufwendige Ausgestaltung der Kapellen und Kirchen der Cluniazienser. Der Raum und das liturgische Gerät sollten einfach in Material und Gestaltung sein. Die Mönche sollten beim Gebet und bei der Meditation nicht durch Figuren und Malereien abgelenkt werden. Aus den Forderungen wurden Verbote, die immer wieder durch das Ge-

neralkapitel, der leitenden Versammlung aller Äbte des Ordens, erneuert und verschärft wurden. Besonders radikal verurteilte Bernhard von Clairvaux in seinen Schriften jeden Bauluxus: »… die ungeheure Höhe, die unmäßige Länge, die überflüssige Breite … Außerdem im Kreuzgang bei den lesenden Brüdern, was machen dort jene lächerlichen Monstrositäten …? Mit einem Wort, so viel, so wunderbare Mannigfaltigkeit verschiedener Geschöpfe erscheint überall, dass man eher in den gemeißelten als in den geschriebenen Werken liest; sich lieber den ganzen Tag damit beschäftigt, derlei zu bestaunen als das Gesetz Gottes zu bedenken. Bei Gott! Wenn man sich der Albernheiten schon nicht schämt, warum gereuen dann nicht die Kosten?« (nach Braunfels 1985)

Bernhard, aus einer burgundischen Adelsfamilie stammend, war 1112 mit dreißig Freunden in das Kloster Citeaux eingetreten und zog weitere Männer nach, ein Leben in striktem Verzicht auf alle Annehmlichkeiten zu führen. Das Kloster konnte den Zustrom nicht fassen. Um der Gefahr zu entgehen, durch Überfüllung die Einhaltung der Grundregel »ora et labora« zu vernachlässigen, wurden Tochterklöster gegründet.

1115 veranlasste Abt Stephan Harding Bernhard, mit zwölf Mönchen auszuziehen und ein neues Kloster zu gründen. Sie bestimmten im engen, unwirtlichen Tal der Aube ein Gelände zum Bauplatz. Der Name, den dieses Kloster erhielt, »Claravallis – Helles Tal – Clairvaux«, verrät zweierlei: Zum einen, dass die Mönche diesen Ort als ein Geschenk Gottes annahmen, und zum anderen, welche Umwandlung dieser wüste Ort durch die Arbeit der Mönche erfahren hatte. Ähnliche Namen finden wir auch bei anderen Neugründungen.

Bernhard blieb bis zu seinem Tode 1153 Abt dieses Klosters – an dem Ort, der seinen Namen unverwechselbar machte. Hier verfasste er seine Schriften, mit denen er nicht nur den Zisterzienserorden prägte, sondern auch in die Politik seiner Zeit eingriff und zu Kreuzzügen aufrief. Seine Theologie war durchdrungen von einer Liebesmystik von dem liebenden und leidenden Gott, der um der Erlösung der Menschen willen selbst Mensch wurde, geboren von der Jungfrau Maria. Dies zu ergründen, war das fromme Werk (opus dei) der Mönche durch Einhaltung der Stundengebete und das Lesen heiliger Schriften. Die bildhaften Predigten und Visionen Bernhards von Clairvaux provozierten geradezu neue Bildthemen wie die Kreuzigung Christi durch die Tugenden (s. u.) oder die Lactatio (milchspendende Maria) und Amplexus (Christus beugt sich vom Kreuz und umarmt Bernhard).

Das Kloster Doberan gehört zur Familie des anderen Tochterklosters Morimond, das wie Clairvaux 1115 gegründet wurde.

Labora

Im Laufe der Zeit war in den Klöstern der Benediktiner und Cluniazienser die Forderung, neben der Einhaltung des »opus dei« auch körperlich zu arbeiten, vernachlässigt worden. Sie hatten die Arbeit an Konversen und Klosterknechte delegiert. In dem bei Citeaux entstehenden Neuen Kloster (novum monasterium) wurde körperliche Arbeit zur Pflicht für jeden Insassen: ob in der Klausur oder in einer der Werkstätten, in der Mühle, Walkerei oder auf den Höfen. Die Mönche nahmen alle Arbeiten auf sich: das Roden von Wäldern, die Trockenlegung sumpfiger Gebiete, Regulierung von Wasserläufen oder das Anlegen von Fischteichen. Da der Umfang der Aufgaben ständig wuchs – allein durch die Zustiftungen von Ländereien etc. – und neben dem gebotenen Befolgen des geistlichen Lebens nicht zu bewältigen war, wurden Laienkräfte (Konversen) angeworben und in der Klausur aufgenommen. Sie lebten jedoch getrennt von den Mönchen im Konversenflügel der Klausur. Mit dieser Einrichtung des Konverseninstitutes wurden die

Zisterzienser zu einem leistungsstarken Wirtschaftsfaktor mit besonderer »agrarökonomischer Bedeutung« in Siedlungsgebieten wie Mecklenburg. Und da in den Statuten des Ordens festgelegt war, dass ihre Klöster nur im Ödland mit fließenden Gewässern angelegt werden sollten, mussten beide Fürsten, Pribislav und sein Sohn Heinrich Borwin, daran interessiert sein, diese Mönche ins Land zu holen.

Die straffe Gliederung jeden Tages durch die Stundengebete im Drei-Stunden-Rhythmus beeinflusste auch den Arbeitsrhythmus in den Werkstätten und bei der Feldarbeit. Hier liegen die Wurzeln für geregelte Arbeitszeiten und motivierte Effektivität. Bildeten doch Arbeiten und Beten die unteilbare Basis im Leben dieser Klöster. Die Konversen waren nur zur Teilnahme am Morgen- und Abendgebet verpflichtet.

Zur Versorgung des Konventes hätten wohl die Eigenleistungen und die Abgaben aus den Dörfern im unmittelbaren Klosterterritorium ausgereicht. Da aber aus Siedlungen inner- und außerhalb des Landes, aus klostereigenen Wirtschaftshöfen (Grangien), aus Fischereirechten, Mühlen und Salinen mehr eingenommen wurde als verbraucht werden konnte, musste der Vertrieb organisiert werden. Den Mönchen ist »der Zusammenhang zwischen Arbeit, Askese und Reichtum verborgen geblieben. … daß die frommen Stiftungen, die allerorts als gute Taten gepriesen wurden, die Klostergemeinschaften in die Welt zurückführen mußten.« (nach Braunfels 1985)

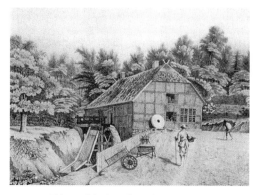

Wassermühle zu Althof, Kupferstich, Mitte 19. Jh.

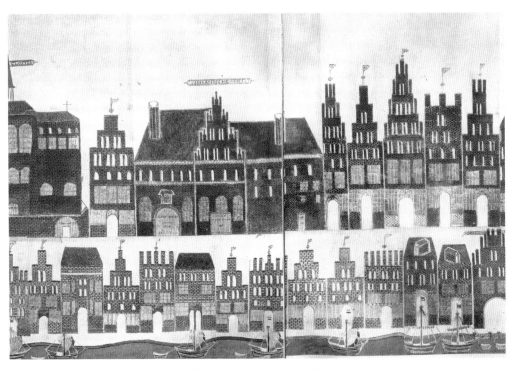

»Dobaranscher Hoff« in Rostock, Vicke Schorler, kolorierte Zeichnung, 1586

Bereits 1189, bevor Rostock das Stadtrecht verliehen worden war (1218), erteilte Fürst Nikolaus von Rostock dem Kloster Doberan die Erlaubnis, »unseren Markt« zu besuchen und dort Handel zu treiben. Später richtete das Kloster nicht nur in Rostock, sondern auch in Lübeck, Wismar und Güstrow Stadthöfe (Vertretungen) ein, nicht nur um den Absatz effektiv zu organisieren, sondern auch um andere Geschäfte abwickeln zu können. Der Stadthof in Rostock trug die Bezeichnung »Klein Doberan« und gehörte zu den stattlichsten Anwesen in der Hansestadt mit eigener Kapelle, in der öffentliche Gottesdienste abgehalten werden durften. In der Mitte des 15. Jahrhunderts wurde hier ein Studienhaus mit Studentenmeister für alle Klöster im Ostseeraum und Skandinavien eingerichtet. Solch ein Studienhaus existierte schon in Paris. In diesen Instituten bestand permanent die Chance, Erfahrungen und Ideen zwischen den Klöstern auszutauschen, wie dies auch bei den jährlichen Konventen des Generalkapitels in Citeaux geschah, zu dem jeder Abt erscheinen musste.

Durch die Verwaltung der verstreut liegenden Besitzungen, die Gründung von Tochterklöstern und durch Visitationsaufgaben entstand eine Vernetzung mit einem Multiplikationseffekt für alle Bereiche des Lebens der Region.

Das romanische Kloster

Gesamtanlage

Weiträumig wurde das Gelände für die neue Klosteranlage abgesteckt (▶ Lageplan in der vorderen Umschlagklappe). Noch heute kann man es entlang der fast lückenlos in einer Länge von 1400 Metern erhaltenen Klostermauer abschreiten. Die imponierend hohe Backsteinmauer umgrenzt unterhalb des Buchenberges nicht nur das Kerngebiet mit der Klausur zwischen den beiden Wasserläufen Althöfer Bach und Dober- oder Mühlenbach, der aus dem Stülower Bach gespeist wird, sondern auch ein ausreichend großes Umfeld für Gärten und Nebengebäude, nicht zuletzt für den Wirtschaftsbetrieb inklusive Werkstätten. Im Südwesten des Geländes, hinter dem großen Wirtschaftsgebäude (Ruine) und dem Kornhaus deutet der Verlauf der Mauer eine Er-

weiterung an, die vermutlich erforderlich geworden war, um ausreichend Baugelände für das Wirtschaftsgebäude mit dem Mühlentrakt und die Hinführung des Mühlenbaches zu gewinnen, dessen Bett schon außerhalb der Klostermauer, weit vor dem Mühlentor künstlich erhöht ist (▶ Abb. S. 20). Ein dritter Wasserlauf – das Bollhägener Fließ – strömt im Nordwesten entlang der Mauer und trennt das ansteigende Gelände mit dem Bauhof, dem späteren Cammerhof, vom Areal des Klosters.

Verlauf und Führung der Bäche machen deutlich, wie überlegt die Gesamtplanung erfolgte, um das Gelände effektiv nutzen zu können. Da die Klausur zwischen Althöfer und Stülower Bach – auch Doberbach genannt – angelegt wurde, konnte jederzeit Wasser für die Versorgung abgezweigt werden: für das Brunnenhaus, wo die Tonsuren geschnitten und die

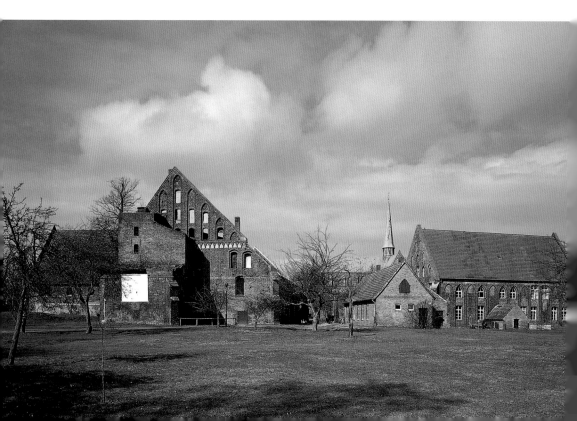

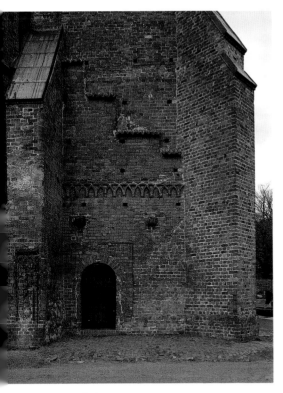

Konversenpforte, 1232

Dieser Text wurde zu Beginn des 13. Jahrhunderts geschrieben, zu einem Zeitpunkt, als in Doberan die Bauarbeiten zügig vorangingen. Von dem Bau der romanischen Klausur sind nur geringe Teile sichtbar erhalten geblieben. Von der Kirche steht heute nur noch die westliche Giebelwand des südlichen Seitenschiffes – erkennbar an dem beim Neubau des Münsters etwas reduzierten Treppengiebel und dem Rundbogenfries – mit dem kleinen Rundbogenportal für die Konversen, die im Westflügel der Klausur untergebracht waren. An der Konversenpforte befand sich früher der Türzieher mit der Löwenmaske. Nicht auszuschließen, dass ihn Bischof Brunward, der Nachfolger Bischof Bernos, bei der Kirchweihe 1232 gegen die Tür geschlagen hat, während der Konvent die Antiphon (Wechselgesang) zu Psalm 24 intonierte: »Tollite portas, principes, vestras, et elevamini portas aeternales, et introibit rex gloriae!« (Zieht hoch eure Tore, ihr Fürsten, und hebt euch empor, ewige Türen, und es wird eintreten der König der Ehren!). Mit diesem Wechselgesang wurden Kirchweihfeiern eingeleitet.

Hände vor dem Essen gewaschen wurden, für die Küchen und schließlich auch für die Aborte; auch diese in getrennten Bauten für Mönche und Konversen.

Betrachtet man den Plan, um sich einen Überblick über die Wasserwirtschaft im Doberaner Kloster zu verschaffen, so erinnert die Wasserführung an eine Beschreibung des Klosters Clairvaux – gewiss nicht zufällig, denn hier war der Musterplan Bernhards erstmals verwirklicht worden: »... dann teilt er sich [der Aube-Fluss] in eine Menge kleiner Arme, besichtigt während seines willfährigen Laufes die verschiedensten Arbeiten und sucht überall aufmerksam jene, die seinen Dienst benötigen, welches Objekt es auch sei, ob es sich darum handelt zu kochen, zu sieben, zu zermalmen, zu begießen, zu waschen oder zu mahlen; seine Mitwirkung anzubieten, verweigert er nie. Schließlich ... entfernt er den Müll und lässt alles sauber hinter sich ...« (nach Braunfels 1985)

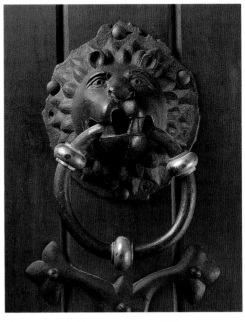

Türzieher von der Konversenpforte, 1. Hälfte 13. Jh.

Kirche und Klausurbauten

Die Gestalt der romanischen Kirche kann aus der Breite des erhaltenen Seitenschiffgiebels und den Ergebnissen einiger Grabungen erschlossen werden, gestützt durch den Vergleich mit gleichzeitig entstandenen Kirchen, wie der Zisterzienserklosterkirche in Sorø auf Seeland/Dänemark und dem Dom in Ratzeburg. Daraus kann eine Pfeilerbasilika abgeleitet werden, deren Grundmaß (Grundlein) im Chorquadrat vorgegeben war. Die Breite der Seitenschiffe entsprach der halben Seitenlänge dieses Quadrates, so dass zwei Seitenschiffjoche ein Mittelschiffjoch flankierten. Diesem System entsprechend bestand das Querschiff mit der Vierung aus drei Quadraten beziehungsweise drei Jochen. Die Ostseiten der beiden äußeren Querschiffjoche öffneten sich jeweils zu zwei Nebenkapellen für private Messen (Memorialmessen). Das Chorquadrat war im Osten mit einer geraden Wand geschlossen, die etwa dort stand, wo sich heute die Stufen zum Altarbereich befinden.

Dieser Grundriss entspricht dem Plan der Klosterkirche von Clairvaux, der um 1130 unter Abt Bernhard entwickelt und ausgeführt wurde, zur gleichen Zeit auch unter Leitung engster Mitarbeiter Bernhards in dem französischen Kloster Fontenay und in England in Fountains und Rieveaulx. Dieser Bernhardinische Plan gilt als Idealplan der Zisterzienserklöster, so dass man nahezu in jedem Kloster die gleiche Struktur vorfindet. Einfachheit entsprechend der geforderten Askese in der Bauausführung und Funktionalität sind seine Kennzeichen, an denen der Orden in vier Jahrhunderten festhielt und mit den Erfahrungen, die aus den lokalen Bedingungen und Anforderungen erwuchsen, weiterentwickelte. 742 Männerklöster wurden nach diesem Idealplan gebaut.

Obwohl in Doberan von der Klausur nur noch die Zwischenwand des Ostflügels stehen geblieben ist, kann man an der Folge der Bögen und Gewölbeansätze die vorgegebene Raumfolge noch ablesen. An das südliche Querhaus der Kirche schloss eine kleine Sakristei an; die folgenden drei Bögen gehören

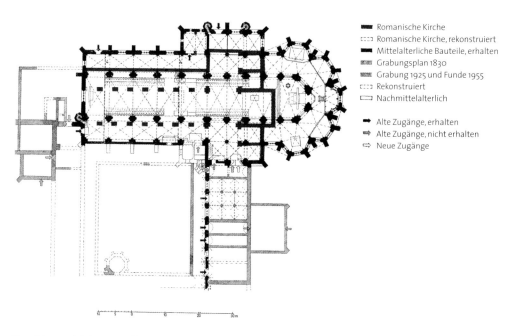

Romanische Kirche
Romanische Kirche, rekonstruiert
Mittelalterliche Bauteile, erhalten
Grabungsplan 1830
Grabung 1925 und Funde 1955
Rekonstruiert
Nachmittelalterlich

→ Alte Zugänge, erhalten
⇒ Alte Zugänge, nicht erhalten
⇨ Neue Zugänge

Grundriss von A. F. Lorenz, 1958

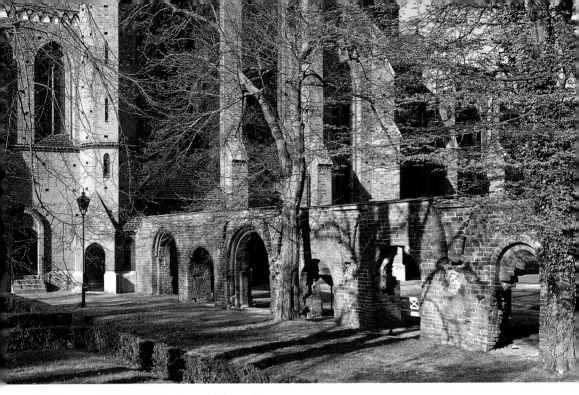

Zwischenwand des Ostflügels der Klausur, frühes 13. Jh.

zum Kapitelsaal (der mittlere, niedrigere Bogen war der Eingang), einem Saal mit umlaufender Bank, der für Ansprachen des Abtes, Beratungen und Lesungen genutzt wurde. Die dann folgenden Rundbögen waren Durchgänge zu einem Raum, der vermutlich als Bibliothek diente, und zu einer Treppe, über die man den Schlafsaal der Mönche, das Dormitorium, erreichte. Das schmale Fenster und die niedrige Tür führten zu den Aufenthaltsräumen der Mönche. Küche und Speisesaal (Refektorium) befanden sich im Südflügel, von dem jedoch bei den Grabungen keine Fundamentreste mehr gefunden worden sind; lediglich vom Brunnenhaus im Kreuzganghof sind noch Reste erhalten.

Über die Interimsbauten, die nach der Stiftung 1186 zur Unterbringung des zweiten Konvents aus Amelungsborn errichtet worden waren, gibt es keine Informationen. Wahrscheinlich handelte es sich – wie auch bei dem Kirchenbau – um Holzbauten einfacher Art, bestenfalls Fachwerkhäuser.

Die von Bischof Brunward am 3. Oktober 1232 in Anwesenheit von Fürsten und Bischöfen sowie anderer geistlicher und weltlicher Herren vollzogene Weihe dürfte den Abschluss der Bauarbeiten an Kirche und Klausur überliefern. Der Bau der Kirche muss jedoch 1219 schon so weit gediehen sein, dass Fürst Heinrich Borwin den Leichnam seines Vaters Pribislav aus der Michaeliskirche in Lüneburg nach Doberan überführen lassen konnte und vermutlich zum Dank Schenkungen an das Michaeliskloster veranlasste und beurkundete.

Frühe Fürstengräber

Im Laufe von 700 Jahren fanden in der Klosterkirche insgesamt 53 Personen des Mecklenburgischen Fürstenhauses ihre letzte Ruhestätte. Beginnend mit der Translozierung des Leichnams Fürst Pribislavs 1219 von Lüneburg in die Klosterkirche wurde diese Stätte im Selbstverständnis des Fürstenhauses zu einem Ort der Legitimation und dementsprechend im Fußboden mit Wappensteinen gekennzeichnet, von denen zwei unterschiedliche Ausführungen erhalten geblieben sind.

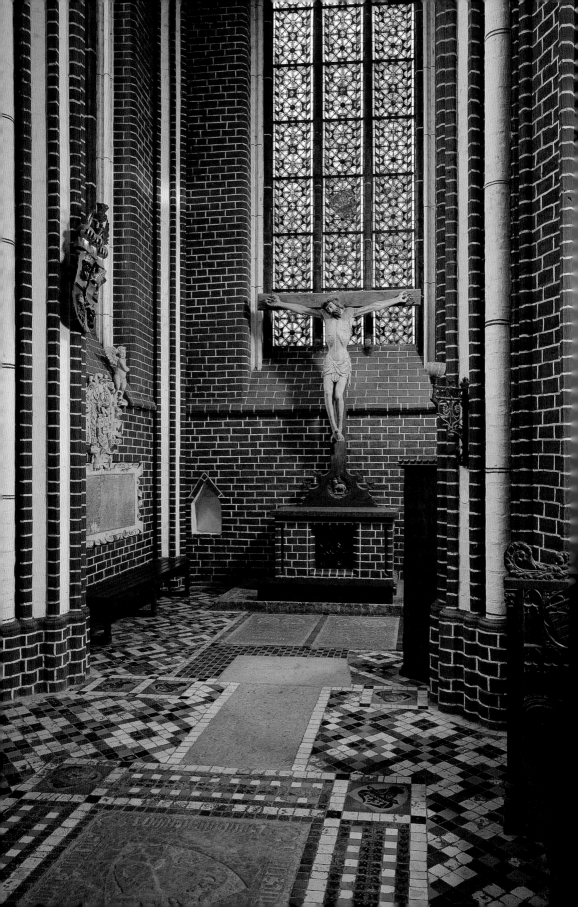

Doch ist das Grab Pribislavs mit letzter Gewissheit nicht mehr lokalisierbar. Sollte die traditionelle Bezeichnung »Pribislav-Kapelle« tatsächlich mit dem Grab des ersten Gründers des Klosters identisch sein, so müsste die Grabkapelle ein Anbau der romanischen Klosterkirche gewesen sein. Wahrscheinlicher ist jedoch eine Umbettung seines Leichnams und der anderen im 13. Jahrhundert verstorbenen Fürsten in das nördliche Querhaus des gotischen Neubaus, die jedoch nicht beurkundet ist. An dieser Stelle, an der Friedrich Lisch bei 1853 und 1856 durchgeführten Grabungen überzeugt war, das Grab Pribislavs gefunden zu haben, ließ er einen neuen Stein in den Fußboden legen. Als Vorbild diente der große Maltzan'sche Grabstein († 1341) in der Klosterkirche zu Dargun. Ob sich an dieser Stelle schon der schöne Pribislav-Stein mit Messingeinlagen befand, von dem eine Nachricht aus dem 16. Jahrhundert berichtet, lässt sich nicht mehr zweifelsfrei klären.

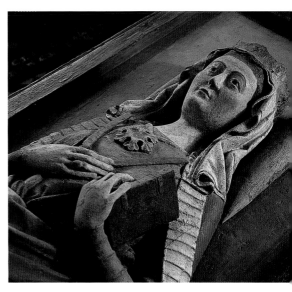

Tumbaplatte mit Figur der Königin Margarethe († 1282)

Zur Anlage dieser Memorialkapelle gehörte auch eine Fürstenempore, die seit Aufstellung der ersten Orgel zu Beginn des 17. Jahrhunderts nicht mehr genutzt wurde und als solche auch nicht mehr wahrnehmbar ist. Von dieser Empore aus konnte die fürstliche Familie mit Blick auf das Pribislav-Grab den Memorialmessen beiwohnen, zu deren Anlass auch Frauen des Fürstenhauses die Klosterkirche betreten durften. Die Empore ist auf kürzestem Wege über eine Wendeltreppe neben dem Nordportal erreichbar. Noch um 1500 wurde dieser besondere Raum mit Wandmalereien von Christus im Elend und Maria Magdalena (durch den Orgelprospekt verdeckt) auf den Laibungen des Eckpfeilers versehen. Und auf die Vermauerung des nördlichen Fensters wurde erstaunlicherweise ein Mariensymbol aus dem Hortus conclusus (Verschlossener Garten) gemalt: In einem Gefäß mit der Aufschrift »vasa vitae« (Gefäß des Lebens) steckt ein üppig rankender Zweig.

Die einzige Grabplatte, die aus der romanischen Kirche erhalten geblieben ist, ist die der dänischen Königin Margarethe – aus Eichenholz gearbeitet und ursprünglich prächtig be-

malt. Ihre Gestalt erinnert an die klassischen Stifterfiguren des 13. Jahrhunderts. Sie starb 1282 in Rostock am Ende einer Rom-Fahrt, von der sie einen Splitter vom Kreuz Christi, ein Geschenk des Papstes, mitbrachte und dem Zisterziensernonnenkloster Zum Heiligen Kreuz als Heilig-Kreuz-Reliquie vermachte. Da ihre Mutter Mathilde eine Schwester des Fürsten Nikolaus zu Rostock war, wurde Königin Margarethe, Witwe König Christofers I., in der fürstlichen Grablege in Doberan beigesetzt. Damit würdigte der Doberaner Konvent zugleich die Verdienste ihrer Eltern – ihr Vater war Fürst Sambor II. von Pommerellen – um die Stiftung des Tochterklosters »Neu Doberan/ St. Marienberg« in Potgutken in der Weichselniederung Samburia (1258). Dieser Erstgründung folgte 1276 der endgültige Umzug nach Pelplin südlich von Danzig/Gdansk.

Bereits 1209 hatte Doberan das seit 1188 verödende Kloster Dargun neu belebt. Hier hatte Bischof Berno 1172, ein Jahr nach der Stiftung und dem Bezug mit einem Konvent aus dem dänischen Kloster Esrom, einen Altar geweiht, der Maria und dem heiliggesprochenen Mönchsvater Benedikt gewidmet war.

Beinhaus

Ein architektonisches Kleinod der Bauarbeiten aus der Mitte des 13. Jahrhunderts ist das Beinhaus [T] nordöstlich der Klosterkirche. Der zierliche Bau, dem hl. Michael geweiht, steht auf dem Gelände des ehemaligen Mönchsfriedhofs. Das gewölbte Untergeschoss diente bei Neubestattungen zur Aufnahme gefundener Gebeine.

Im Backsteingebiet ist dieses Beinhaus (ossuarium, carnarium) – auch Totenleuchte genannt – einzigartig, während es in anderen Ländern (Böhmen, Österreich, Polen) unter der Bezeichnung »Karner« (abgeleitet von carnarium) häufiger anzutreffen ist.

Ursprünglich bekrönte den achtseitigen Bau eine Laterne, in der ein Ewiges Licht zum Gedenken an die Verstorbenen brannte. Der Innenraum zeigt noch Reste von Wand- und Gewölbemalerei aus der Erbauungszeit, die jedoch im 19. Jahrhundert stark übermalt und ergänzt worden sind.

Verglichen mit dem schlichten romanischen Westgiebel über der Konversenpforte finden wir hier einen Reichtum an Formsteinen und Glasuren, deren Farbenspiel – von lichtem Grün, gelblichen und rötlichen Brauntönen bis hin zu schwärzlichen Varianten – reizvoll mit dem satten Rot der unglasierten Backsteine abwechselt. Über dem Kleeblattbogenfries verleihen die Giebelfelder mit den Mosaiken aus rhombischen Steinen dem schlanken Baukörper eine festliche Wirkung, die mit den Giebelfeldern der Torhalle in Lorsch (8. Jh.) verglichen worden ist.

Es wird vermutet, dass der Erbauer ein zwischen 1243 und 1252 genannter Werkmeister Rother war, der auch die Torkapelle errichtete.

Torkapelle und Pforthaus

In der 1248 erstmals erwähnten, von Werkmeister Rother erbauten Torkapelle (▶ Lageplan in der vorderen Umschlagklappe) wurde in der Woche nach dem Fronleichnamsfest Pilgern die Heilig-Blut-Reliquie gezeigt, jener legendäre Hirtenstab, der zu grünen begann, als ein Hirte in ihm eine entwendete Hostie verbarg. Dieses Vorgelände durften zu festgelegten Zeiten auch Frauen, für die der übrige Klosterbezirk verschlossen war, zur Verehrung dieser Reliquie betreten. Selbst Frauen des Fürstenhauses war es lange Zeit untersagt, die Gräber ihrer Angehörigen in der Klosterkirche aufzusuchen.

Vor dem Pforthaus wurden auch Brot und Speisen an Bedürftige verteilt. Gäste des Klosters, die Fürsten mit Gefolge bei den »Ablägern«, die nicht selten Wochen dauerten und das Kloster stark belasteten, wurden eigens in einem Gästehaus beziehungsweise in einer Herberge untergebracht und versorgt. Diese für die Frömmigkeits- und Sozialgeschichte so wichtigen Gebäude sind 1877 abgerissen worden.

Wirtschafts- und Sozialbauten

Bis die Funktionsfähigkeit aller Bereiche gewährleistet war, muss das Klosterareal bis in das späte 13. Jahrhundert hinein eine Großbaustelle gewesen sein: mit der Regulierung des Stülower Bachs zum Mühlenbach, der Vollendung der Ringmauer mit Überquerung der Wasserläufe und komplizierten Gründungen im sumpfigen Gelände nördlich der Klosterkirche.

Nach Bezugsfähigkeit der Klausur galt es, zur Pflege von Kranken ein Siechenhaus und ein Gästehaus zu errichten. Nach Auflösung des Klosters wurde das Gästehaus für die Schafzucht auf dem Kammerhof als Wollmagazin genutzt – auch Wullenscheune genannt, woraus sich die Bezeichnung »Wolfsscheune« herleitet. Von ihr steht heute noch die Ruine nordwestlich der Klosterkirche. Speziell für die fürstlichen Besucher wurde eine separate Unterkunft gebaut, an dessen Stelle heute das »Großherzogliche Amtshaus« steht.

Auf dem Wirtschaftshof gilt das Kornhaus als das älteste Gebäude. Lässt man die späteren Veränderungen (Fenster-, Türdurchbrüche) außer Acht, wird deutlich, wie klar die Längswände und Giebel gegliedert sind. Schon die

Beinhaus, Mitte 13. Jh., Zustand seit 1980

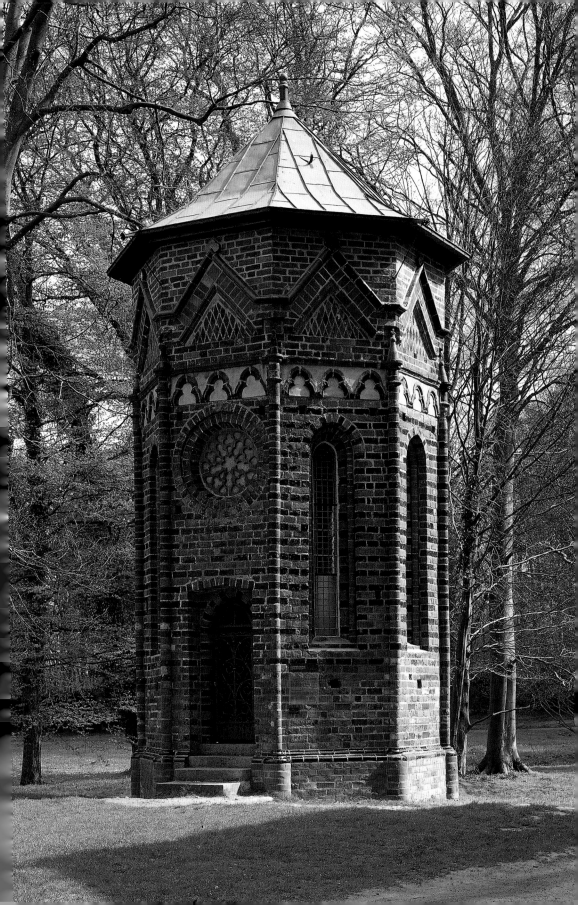

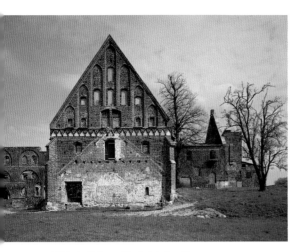

Wirtschaftshaus, Westgiebel, 13. Jh.

wurden Platten aus dieser Kunststeinmasse hergestellt, aus denen solche Maßwerke – zunächst mit dem Zirkel aufgerissen – herausgeschnitten wurden. Vergleichbare Maßwerke sind in der Stadtkirche zu Schönberg und an Bauten in Lübeck zu finden.

Die monumentale Eleganz dieses Gebäudes hat noch im frühen 20. Jahrhundert Architekten beeindruckt und zur Nachahmung angeregt. Im sechs Kilometer südlich von Doberan gelegenen Amalienhof beispielsweise folgt ein neuzeitliches Wirtschaftsgebäude diesem Aufriss. So wie man im ganzen Land an Gebäuden des 19. und 20. Jahrhunderts Doberaner Architekturelemente entdecken kann.

Das dem Kornhaus gegenüber stehende Wirtschaftshaus ist in zwei Bauabschnitten entstanden. Der nördliche Teil des Hauptgebäudes, von dem nur noch innen der originale Südgiebel zu erkennen ist, wurde wohl gleichzeitig mit dem Kornhaus errichtet. Die Erweiterung mit dem Mühlentrakt wird erst im Zusammenhang mit der Aufstauung des Doberbaches zum Mühlenbach erfolgt sein, der hier ein Gefälle von vier Metern erreicht. Noch bis in das 19. Jahrhundert wurden zwei oberschächtige Mühlräder von dem Wasser angetrieben. Die anschließenden Räume haben als Kornboden und Mehllager gedient. Die Spuren eines Kamins auf der Innenseite des Südgiebels werden als Nachweis einer Bäckerei gedeutet; später von einer Brauerei und Brennerei genutzt.

Die Längsseiten zeigen keine besonderen gestalterischen Elemente. Vielmehr sind sie bei der Einrichtung einer Gastronomie (um 1970) durch Fenstergewände aus Sandstein verfremdet worden. Umso stärker beeindrucken die Giebel – insbesondere der Nord- und Westgiebel – durch ihre klare, achsiale Gliederung. Hier werden erstmalig Kleeblattbogenfriese aus dunkel glasierten Steinen mit weiß gekalkten Zwischenflächen zur Scheidung von Erdgeschoss und Giebeldreieck eingesetzt. Dieser Fries wurde von den Bauleuten beim Neubau der Klosterkirche konsequent als umlaufendes Schmuckband zur Begrenzung des aufgehenden Mauerwerks gegen die Dachzone und als Zäsur unter allen Giebeldreiecken verwendet.

Abfolge von 13 Mauerblenden lassen den Bau monumental erscheinen, aufgelockert durch die alternierend im Rhythmus 1:2:1 angeordneten Fenster. Während die Blenden der Südseite aus einfachen Klosterformatsteinen gebildet sind, wurden die verputzten Spitzbogenfelder der Nordseite mit Rundstäben eingefasst, gestützt von kleinen Konsolen und im Scheitel mit einem Ring verziert (beides aus Stuck). Zwar sind die Rundstäbe nur in zwei Blenden erhalten geblieben, doch lassen sich in den anderen Blenden noch Anzeichen für ihr ehemaliges Vorhandensein finden. In der ersten Blende neben der Nordostecke ist ein einzigartiger Bauluxus zu finden. An keiner anderen Stelle im Kloster ist solch ein Blendmaßwerk eingefügt worden. Zwar ist es nur rudimentär erhalten, doch ist so viel noch ablesbar: Dieser filigrane Kleeblattbogen vor einer hellen Kalkputzfläche ist an solch einem Zweckbau ein verzichtbares Schmuckelement. Ob hier ein Anzeichen einer liberalen Baugesinnung auf uns überkommen ist, wird ein Geheimnis der Klostergeschichte bleiben. Das Material, eine Kunststeinmasse aus Kalk und Gips, ist auch für die Konsolen und Kämpfer im Kirchenraum verwendet worden. Da Haustein nicht verfügbar war beziehungsweise kostspielig von Gotland hätte importiert werden müssen, wie für die vielen Grabsteine in der Klosterkirche,

Der Brand am Himmelfahrtstage 1291

Allein die Tatsache, dass ein Lübecker Chronist, der Franziskanermönch Detmar, unter den Ereignissen im Jahre 1291 einen Brand im Doberaner Kloster vermerkt, bezeugt, dass erheblicher Schaden an den Bauten entstanden war, und die Mönche um Leib und Leben bangen mussten: »Dat closter zo dobran dar na vorbrande in unses Heren hemelsvardes avende van blixsem unde unveder, dar umme de monike sere wurden bedrovet.« (nach Schlie 1899)

Der Text – obwohl so knapp – weckt unsere Fantasie: Ein Abendgewitter mit Blitz und Donner, ein Blitz trifft den schindelgedeckten Dachreiter der Klosterkirche, er beginnt zu brennen. Dachdeckung und Gebälk geben dem Feuer Futter, es greift über auf den Dachstuhl des Ostflügels der Klausur, in dessen Obergeschoss sich der Schlafsaal der Mönche befindet. Panik bricht aus – man ist bemüht, das Feuer zu löschen und einzudämmen.

Wenn der ortskundige Ernst von Kirchberg in seiner Reimchronik 1378 von dem Abbruch des »hulzene munster« – abbruchreif durch das Feuer? – schreibt, so besagt dies nicht, dass dieser Vorgängerbau des heutigen Münsters eine Fachwerkkirche gewesen sei. Dies widerlegt nicht nur der schon erwähnte Westgiebel des südlichen Seitenschiffes mit der Konversenpforte, sondern auch das Anschlussmauerwerk des Ostflügels der Klausur, von dem am Südgiebel des Münsters noch Anzeichen zu erkennen sind. »Hulzen« war sicherlich die Decke der romanischen Klosterkirche, die man sich als flachgedeckte Basilika vorstellen darf. Dass diese wie auch immer gestaltete Bohlendecke verbrannte und einstürzte, erscheint nicht unwahrscheinlich.

Es gibt jedoch zu denken, dass von der Erstausstattung dieser Kirche nichts Aufhebenswertes erhalten geblieben ist – lediglich der bronzene Türzieher. Andernorts, beispielsweise im Kloster Hamersleben bei Halberstadt und in der Nikolaikirche zu Wismar, sind etwa bei der Neuanfertigung von Kruzifixen die Köpfe älterer Christusfiguren samt Reliquien (Wismar) übernommen worden. So blieb der wichtigste Teil des Kreuzes der fortwährenden Verehrung erhalten. Nichts dergleichen ist in Doberan überliefert. Ein Kreuz war das einzige Bildwerk im ganzen Kloster, wie es das Generalkapitel bereits 1134 im 20. Kapitel seiner Bauvorschriften formuliert hatte: »Wir verbieten, dass in unseren Kirchen oder in irgendwelchen Räumen des Klosters Bilder und Skulpturen sind … Wir haben jedoch bemalte Kreuze aus Holz.« 1213 wird dieses Verbot im 1. Kapitel der Beschlüsse erneuert: »Mit der Autorität des Generalkapitels wird verboten, dass in Zukunft im Orden Bilder und Skulpturen – ausgenommen das Bild des Erlösers Christi – hergestellt werden …« (nach Braunfels 1985) Diese Verbote waren auch im Doberaner Konvent bekannt, da zum Generalkapitel der Abt oder sein Vertreter einmal im Jahr erscheinen musste. Solche geforderten, nur bemalten Kreuze sind in den Zisterzienserklöstern Pforta bei Naumburg und Loccum südlich von Hannover erhalten geblieben. So dürfen wir annehmen, dass auch in der Doberaner Klosterkirche solch ein Kreuz hing oder auf der Chorschranke zwischen Mönchschor und dem Chor der Konversen stand und möglicherweise im Feuer am Himmelfahrtstage verbrannte.

Dass erhebliche Schäden entstanden, kann unter anderem aus dem Erhaltungszustand der Grabfigur der Königin Margarethe geschlossen werden. Sie muss längere Zeit Feuchtigkeit ausgesetzt gewesen sein, so dass sich holzzerstörende Pilze, nachfolgend auch Insekten, im Eichenholz ansiedeln konnten.

Ein Münster aus schönen Steinen

Der gotische Neubau

Ernst von Kirchberg schreibt die Initiative zum Neubau der Klosterkirche dem Abt Johann I. van Dalen (1294–1299) zu. Jedoch würdigt er dieses Ereignis nur mit einer Zeile – gewiss: einer neuerlichen Grundsteinlegung bedurfte es nicht. Dagegen rühmt er in zehn Zeilen die Bauaktivitäten des Abtes Konrad III. (1283–1290) und hebt abschließend in sechs Zeilen hervor: »... noch liez her in der Bursen starg, Silbirs eylftusint Mark, zu Helfe yn gantzir Truwe, dem Munstere zu Gebuwe, daz gebuwet wart gar schone ane Gebrechin und Gehone ...« (noch ließ er in der Kasse reichlich Silbers elftausend Mark, in ganzer Verlässlichkeit als Hilfe zum Bau des Münsters, das ohne Fehler und Gespött schön gebaut wurde; nach Schlie 1899) Zweifellos: Der aus Lübeck stammende Abt und der Konvent hatten aus Pachten, Fischerei- und Mühlenrechten, Verkauf des »Weißen Goldes« aus den Salinen und Immobiliengeschäften Kapital für einen Neubau der Klosterkirche, der sich neben den Domen und Stadtkirchen sehen lassen konnte, angespart: »daz gebuwet wart gar schone ane Gebrechin und Gehone«.

Diese Formulierung suggeriert, Abt Konrad III. habe die Planung eines Neubaus betrieben, wenn nicht sogar damit begonnen. Das Unwetter am Himmelfahrtstage 1291 traf den Konvent vorbereitet. Die Bauidee war zusammengetragen und ausgereift. Abt Konrad III. wird sich auch bewusst gewesen sein, dass eine so über alle Maßen beeindruckende Basilika mit Chorkapellen für Diskussion in der Ordensprovinz sorgen würde, obwohl schon bald nach dem Tode des hl. Bernhard sogar der Konvent in Clairvaux eine Erweiterung der Klosterkirche, insbesondere des Chores anstrebte, um mehr Kapellen für Memorialmessen verfügbar zu haben und nicht zuletzt: damit jeder Priestermönch Platz fand, Messe zu lesen. Die Schar der Mönche war so stark angewachsen – in Clairvaux befanden sich 358 Mönche – dass die Nebenkapellen an den Querschiffen nicht mehr ausreichten. Durch die alljährliche Präsenzpflicht beim Generalkonvent in Citeaux kannte Abt Konrad III. sicherlich auch die Klosterkirche in Clairvaux mit dem nach 1153 entstandenen Umgangschor – »vom Hören-Sagen« gewiss auch die Konflikte um dessen Entstehung.

Grundriss

Der Grundriss der Klosterkirche (►Abb. S. 14) lässt eine kreuzförmige, in allen Teilen kreuzrippengewölbte, dreischiffige Basilika vermuten. Doch schon das Fehlen einer Vierung deutet an, dass die Querhäuser nicht der basilikalen Struktur des Mittelschiffes entsprechen, sondern als zweischiffige Halle von jeweils zwei Jochen Länge mit östlich angefügtem Seitenschiff ausgebildet sind. Die vier annähernd quadratischen Querhausjoche haben die gleiche Höhe wie das Mittelschiff; die Weite ihrer Arkaden ist etwas enger als die der fünf westlichen Joche. Die beiden östlich angefügten Joche weisen wiederum eine den Seitenschiffen entsprechende Höhe auf. Im Winkel zwischen westlichem Lang- und nördlichem Querhaus ist eine zweijochige Kapelle mit zwei Geschossen eingefügt. Dieser entsprechend hat G. L. Möckel 1893/94 auch in der Südwestecke einen zweigeschossigen Anbau errichtet.

Entsprechend den größeren Abmessungen des Neubaus mussten am Querschiff und an den Ostkapellen einige Anpassungen vorgenommen werden. Am südlichen Querhaus wurde die innere Ostkapelle als separater Raum aufgegeben, so dass der Chorumgang mit geringfügiger achsialer Abweichung die Fortsetzung des südlichen Seitenschiffes bildet. Am

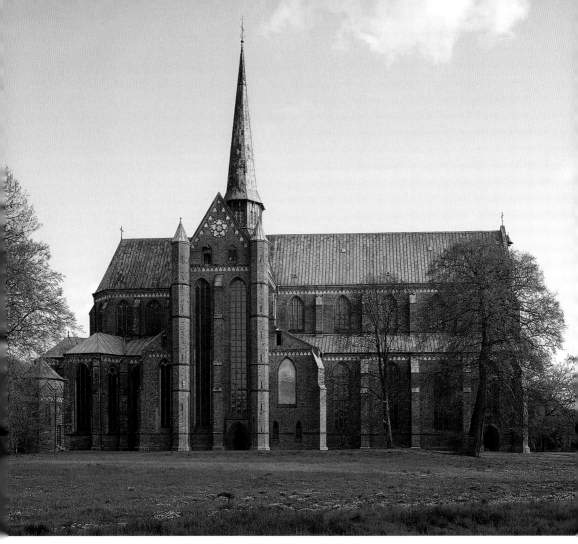

Nordseite der Klosterkirche und Beinhaus

nördlichen Querhaus musste, da nur in nördlicher Richtung eine Erweiterung der basilikalen Raumfolge möglich war, die Ostkapelle als in sich geschlossener Raum für den Anschluss des Chorumgangs entfallen beziehungsweise verlegt werden. So erscheinen die östlichen Querschiffskapellen im Doberaner Neubau zwar seitenschiffsartig als einhüftige Anlage, sind jedoch tatsächlich eine Reminiszenz an den zisterziensischen Idealplan. Östlich schließt jeweils ein Joch an, das als Bindeglied zu den fünf Chorumgangskapellen fungiert, in denen Chorumgang und polygonale Kapelle jeweils zu einem Raum verschmolzen sind: die drei inneren Gewölbekappen der sechsteiligen Gewölbe

gehören zum Chorumgang, die drei äußeren Kappen überdecken die Kapelle.

Der Grundriss für die neue Klosterkirche ist dem Lübecker Domchor mit Umgangskapellen nachgebildet. Die Vermutung liegt nahe, dass Abt Konrad in Lübeck die Erweiterung des romanischen Doms mit einem polygonalen Umgangschor mit Kapellen und den Beginn des Neubaus der Marienkirche in den 1260er Jahren miterlebt hatte. Möglicherweise hatte er Kontakte zum bauführenden Domkapitel und wusste, wie man solche Vorhaben angeht. Dort wie hier befindet sich der neue südliche Chorumgang nahezu in der Achse des romanischen Seitenschiffes. Die Grundrisse lassen deutlich erkennen, dass der Neubau um den Altbau herum entstand, so dass der neue Hochaltar östlich der alten Chorostwand errichtet werden konnte, um den Altardienst »nahtlos« übernehmen zu können. Partielle Abbrüche bedeuteten offensichtlich keine statische Gefährdung für den Altbau.

Beide Kirchen – der Lübecker Dom und die Doberaner Klosterkirche – waren in einem weiteren Element kongruent: Die romanischen Bauten sind als kreuzförmige Basiliken errichtet worden, so dass ein Grundelement des Bernhardinischen Planes – das Querschiff mit östlichen Kapellen – für den Anschluss des Chorumganges eingebunden werden konnte. Dies musste auch zur Anbindung der Klausur geschehen, um liturgische Abläufe, die Zugänglichkeit der Kirche anlässlich der Stundengebete am Abend, in der Nacht und in der Früh weiterhin zu gewährleisten.

Außenbau

Die hoch aufragende Westfront des Doberaner Münsters verdeutlicht auf den ersten Blick die basilikale Struktur des Kirchenbaus (▶ Abb. S. 2). Höhe und Breite des vierbahnigen Maßwerkfensters betonen das höhere Mittelschiff, dem sich die niedrigeren Seitenschiffe unterordnen. Eine gewisse Asymmetrie dieser Schaufront resultiert aus der Übernahme des Giebels des südlichen Seitenschiffes der romanischen Klosterkirche mit rundbogiger Konversenpforte, Rundbogenfries und abgetrepptem Giebel. Die Seitenschiffsfront wirkt dadurch verschlossen, dagegen öffnet sich das nördliche Seitenschiff mit einem lanzettförmigen Fenster und wiederholt damit sowie mit dem Maßwerkfries unterhalb des Giebels im Kleinen die Formensprache des dominierenden Mittelteils. Das Fehlen eines »kathedralen« Eingangsportals und der Verzicht auf eine repräsentative Turmfassade demonstrieren hier die typisch zisterziensische Bescheidenheit.

Auf den ersten Blick irritierend wirken die Fassaden des Querschiffes, insbesondere die der Nordseite. Zwei Treppentürme flankieren die schmale, hohe Giebelfront. Seit der Aufstockung der Türme im 19. Jahrhundert ist ihre Wirkung beherrschend, die beiden schmalen, hohen Fenster treten zurück und scheinen sich unterzuordnen. Sie sind zusätzlich durch einen kräftigen Strebepfeiler getrennt, der zugleich die symmetrische Struktur des Giebels betont. Die seitlich anschließenden, niedrigeren Pultdächer suggerieren eine basilikale Ordnung: es sind jedoch Anbauten ungleicher Breite. Der rechte Anbau in Breite der Seitenschiffjoche birgt im Sockelgeschoss mit den beiden schmalen Fenstern die Bülow-Kapelle. Im Obergeschoss hinter dem breiten Blendfenster befindet sich die Orgelempore, Nachfolgerin der mittelalterlichen Fürstenempore. Der östliche Anbau mit zweibahnigem Maßwerkfenster steht in der Tradition der Querhauskapellen des bernhardinischen Plans und ihrer liturgischen Funktion: in diesem Joch steht der Altar der Pribislav-Kapelle.

Die südliche Giebelfront gleicht, seit Möckel zwischen Querhaus und südlichem Seitenschiff den Anbau als Widerlager für den überdimensionierten Dachreiter errichten ließ, spiegelbildlich dem Nordgiebel und diesem entsprechend stand bis in das 19. Jahrhundert in dem östlichen Kapellenjoch der Martinsaltar. Die Ansicht der beiden Giebelfronten in Doberan lässt es deutlich erkennen: die Querhäuser sind nicht basilikal dreischiffig wie beim Dom in Schwerin oder den Marienkirchen in Rostock und Stralsund. Wie ein Systembruch deuten die beiden Fenster der Querhäuser schon außen eine zweiachsige Anlage des Innenraumes an.

Die dekorativen Elemente am Außenbau dienen als Sehhilfe zur Erfassung der Kubaturen und ihrer Plastizität. Die Giebeldreiecke entsprechen einander in der ornamentalen Gliederung: über zentraler Blendrosette (gen Westen vierzehnteilig; gen Süden siebenteilig; gen Norden fünfteilig) steigen an den Giebelkanten aus dunkel glasierten Bogensteinen gebildete Kleeblattbogenfriese aufwärts, ausgelegt mit hellen Binnenflächen. Der gleiche Fries betont die Grundlinien der Giebeldreiecke, greift dann auf das Traufgesims der

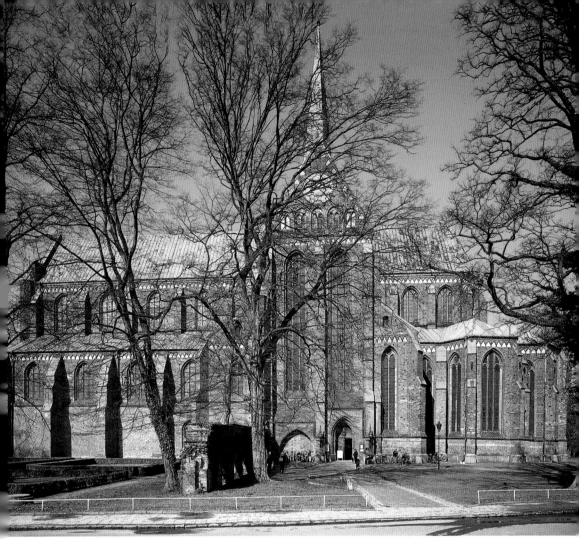

Südseite mit Spuren des Ostflügels der Klausur und Südportal

Längsseiten des Mittelschiffs über und scheint den Bau umlaufend zu bündeln. Dieses Band umläuft auch die Seitenschiffe unterhalb des Traufgesimses (einschließlich der Seitenschiffgiebel) und die Chorkapellen, deren räumliche Struktur der Fries wirkungsvoll verstärkt. Die Linienführung dieses Bandes muss unter dem Schleppdach, das bis 1890 alle Kapellen durchgehend überdeckte, wesentlich akzentuierender gewesen sein, wie es historische Aufnahmen vermitteln (►Abb. S. 26) und am Schweriner Dom noch vorhanden ist. Heute dominieren die von Möckel nach französischen Vorbildern entworfenen separierten Kapellendächer die Chorpartie des Münsters.

Ehemals bildeten die Backsteine der Traufe und der Kleeblattbogenfries eine farbliche Einheit. Die Formsteine des Traufgesimses waren grau gestrichen und im Abstand von 70 bis 80 cm mit roten, weiß eingefassten Fugenstrichen in Hausteinformate unterteilt, wie es im Innenraum noch zu sehen ist. In dieses fein abgestimmte Farbsystem, das ein horizontales Band über die Vertikalstruktur der Joche von Strebepfeiler zu Strebepfeiler hinweg bildete, waren auch die Fenster einbezogen, wie es am großen Westfenster 1996 rekonstruiert worden ist. Dort bildet die Weißfärbung der Spitzbögen über den Fensterbahnen und der umfassenden Laibung geradezu eine Umkehrung des

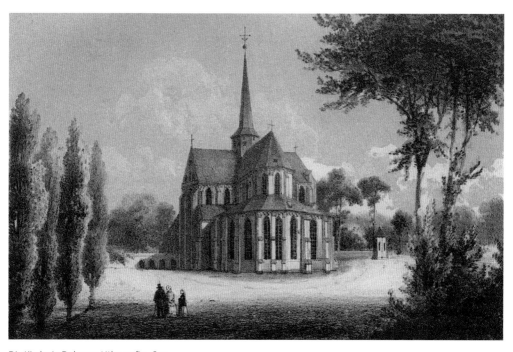

Die Kirche in Doberan, Lithografie, 1855

Schwarz-Weiß-Kontrastes im Kleeblattbogen-fries: statt Schwarz über Weiß – Weiß über dunklen Flächen der Bleiverglasung. Dagegen variierten die Spitzbögen aller anderen Fenster das Rot der Backsteine. Monochrom rot waren die kleinen Spitzbögen über den Fensterbah-nen gestrichen, während das Rot der Bogenlai-bungen – ähnlich wie das Grau am Traufgesims – mit doppelten, weißen Fugenstrichen in Hau-steinformate unterteilt war. Die Linienführung der schwärzlich glasierten Formsteine des Kaff-gesimses unterhalb der Obergadenfenster und der Fenster der Seitenschiffe sowie der Chor-kapellen bildet einen weiteren das Bauwerk umfassenden Farbakzent, der im Erdgeschoss mit den akkurat behauenen Findlingen eiszeit-licher Granite optisch die Sockelzone bildet.

Daneben wirken die Portale nahezu un-scheinbar – kein bildhauerisch gestaltetes Kämpferband bringt eine Zäsur in die Profilie-rung der Laibung. An der Klosterkirche – an-ders als an Kathedralen – kam ihnen keine re-präsentative Bedeutung zu. Die Doberaner Klosterkirche besaß ursprünglich nur in den Fassaden der Feldseite (Norden) zwei »öffent-liche« Portale. Das eine befand sich im nörd-lichen Querhaus, das zum Mönchsfriedhof führte; vielleicht betraten hier Mitglieder der fürstlichen Familie die Grablege des Fürsten-hauses und gelangten so auf kürzestem Wege zur Fürstenempore. Das zweite öffentliche Por-tal befindet sich im westlichen Joch des nörd-lichen Seitenschiffes und wurde nur bei be-sonderen Anlässen für einen begrenzten Per-sonenkreis Auswärtiger geöffnet. Aus den Baunähten lässt sich schließen, dass dieses Portal erst nach Abschluss der Bauarbeiten eingefügt worden ist, solange diente diese Öff-nung in der Wand wohl als Einfahrt für Karren und dergleichen.

Die unterschiedlichen Farbsysteme fassen zum Einen die Baukörper zusammen und zum Anderen verstärken sie die Plastizität der Bau-körper, akzentuieren die Einschnitte zwischen den Chorkapellen und steigern die festliche Wirkung der Giebel. Die Farbbänder wieder-holen – gleichsam auf höhere Ebenen projiziert – den kreuzförmigen Grundriss.

Die Struktur des Innenraumes

Während die Klosterkirche in ihrer äußeren Erscheinung durch das Zusammenwirken von Baukörpern und Farbsystemen geschlossen wirkt, ist die Kreuzesform im Innenraum nicht so eindeutig ausgeprägt. Bei achsialer Sicht von West nach Ost in den polygonalen 5/8-Chor scheinen die Seitenschiffarkaden eine ununterbrochene Reihung zu bilden. Die Querhäuser – obwohl gleicher Höhe wie das Mittelschiff – können nicht als Querschiff wahrgenommen werden. Sie sind vom Mittelschiff durch zweigeschossige Arkaden abgetrennt. Sie bilden separate Räume, deren Grundfläche nahezu den Jochen des romanischen Querschiffes entspricht. Die Integration dieses Quadrates in den neuen Grundriss wurde in der Unterteilung in vier Joche gefunden, deren Gewölbe von einem achtseitigen Mittelpfeiler gestützt werden. Damit ist in Doberan eine vollkommen neuartige Lösung entstanden.

Vom Mittelschiff abgetrennte Querhäuser begegnen uns bereits in romanischen Kirchen: Adolf Friedrich Lorenz verwies auf die romanische Zisterzienserklosterkirche in Roma auf Gotland (um 1150). Hier sind die Querhausjoche jedoch sehr schmal und ungeteilt. In der Augustiner-Chorherrenkirche in Hamersleben (um 1130) trennt eine Doppelarkade über der Chorschranke das jeweils ungeteilte Querhausjoch von der Vierung.

Mit den vierjochigen Querhäusern in Doberan scheint nur die Lösung im Straßburger Münster vergleichbar zu sein. Mit hohen Doppelarkaden öffnen sich hier die Querhäuser zur Vierung. Der Doppelarkade entsprechen vier um einen Pfeiler gruppierte Joche. Die Übermittlung dieser Raumidee nach Doberan könnte auf direktem Wege erfolgt sein. Die Verpflichtung für jeden Abt eines Zisterzienserklosters, jährlich am Generalkonvent in Citeaux teilzunehmen, macht es wahrscheinlich, dass Abt Konrad III. auf einer dieser Fahrten das Straßburger Münster gesehen hat und so stark von dem Raum mit dem Engelspfeiler beeindruckt war, dass er diese Lösung für das vorgegebene Querhausquadrat und andere Details

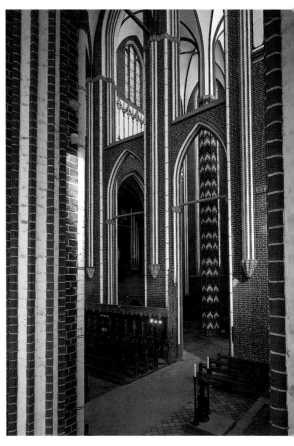

Blick in das nördliche Querhaus

(beispielsweise den Dreistrahl in Maßwerken des Chorgestühls) in sein Itinerar (Reisejournal) notierte. Sie muss nicht nur den Doberaner Konvent überzeugt haben, sie wurde auch an den Tochterkonvent in Pelplin weitergereicht und auch dort wurde das Querschiff entsprechend konzipiert.

In Doberan wurde in der Durchführung jedoch von der Vorlage abgewichen. Die Arkaden sind in ihrer Höhe durch »eingehängte« Scheinarkaden unterteilt. Dadurch werden die Querhäuser deutlich vom Mittelschiff getrennt – es wird keine Vierung gebildet, um in jeder Hinsicht eine kathedrale Wirkung zu vermeiden. Das Mittelschiff wirkt wie ein einschiffiger Raum, entsprechend der Bauverpflichtung der Zisterzienser zur Einfachheit, nur einen Betraum zu schaffen. Dieses in Norddeutschland

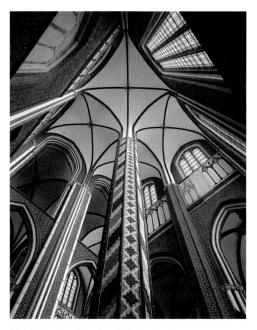

Blick in das Gewölbe des südlichen Querhauses

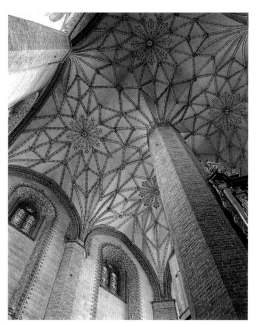

Pelplin, Klosterkirche, Blick in das Gewölbe des nördlichen Querhauses

singuläre Bauelement wird auch in Pelplin nicht übernommen. Eine statische Notwendigkeit bestand nicht, wie die Durchführung in Pelplin und später auch im anderen Tochterkloster in Dargun zeigt. Hier wird sogar auf den Mittelpfeiler verzichtet und das Querhaus mit einem weiten Sterngewölbe eingewölbt. Dennoch werden im Südgiebel die Fenster zwei-

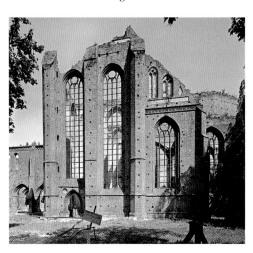

Dargun, Ruine der Klosterkirche, Südgiebel

achsig angeordnet, so dass der Südgiebel in Dargun wie eine Kopie des Nordgiebels in Doberan wirkt. Es ist eine Form der Filiation im Rahmen zisterziensischer Mutter-Töchter-Abhängigkeiten.

Erstaunlich ist, dass diese Raumidee auch in der Hansestadt Wismar bei der querhausartigen Erweiterung der Seitenkapellen der Kirchen St. Marien und St. Nikolai in reduzierter Form übernommen wurde. Hier bot sie sich geradezu an, da die Doppelarkade schon in den Arkaden der Seitenkapellen angelegt war und lediglich die Außenwände abgetragen werden mussten. An ihrer Stelle wurde in der Nikolaikirche der Mittelpfeiler errichtet und die Giebelwand des neuen Querhauses um eine Jochtiefe nach außen versetzt angeordnet.

Die »eingehängten« Scheinarkaden machen die Doberaner Lösung einzigartig. Sind sie wirklich aus zisterziensischer Bauaskese, das Mittelschiff einräumig erscheinen zu lassen, »erfunden« worden? Es verwundert, dass diese Elemente den »echten« Seitenschiffarkaden nicht genau angeglichen wurden. Im Gegenteil: Es wird eine Minimierung der Maße und der

Massen vorgenommen, die aus der geringeren Arkadenweite gegenüber der Weite der »echten« Seitenschiffarkaden zu resultieren scheint. Auch ihre Höhe wird unterschritten. Fast zwangsläufig werden die Sohlbänke darüber tiefer angesetzt und das »raumumfassende« Element, das Kaffgesims unterhalb des Triforiums, als solches aufgegeben. Es wird um 15 Steinschichten (ca. 150 cm) tiefer angeordnet. Die Zusammenfassung von Obergaden und Triforium zu einer offenen Arkade ist eine Doberaner Erfindung und schafft eine eigene Ausformung »diaphaner Struktur« (Jantzen 1957). Sie verleiht den Querhäusern eine lichte Räumlichkeit kaum abschätzbarer Dimension.

Sucht man nach vergleichbaren Lösungen beziehungsweise nach diesem Bauelement in anderen Bauten, so wird man zunächst bei englischen Kathedralen wie in Canterbury oder Salisbury fündig. Hier sind sie allerdings statisch unverzichtbar. Sie stabilisieren die Vierungspfeiler und anschließenden Joche, um die Last des Vierungsturmes aufnehmen zu können. Damit erfolgt zugleich eine Scheidung der Querhäuser vom Mittelschiff mit einer dem Doberaner Raum vergleichbaren Transparenz. So kann es kaum verwundern, dass im Doberaner Münster ein weiteres »englisches Element« zu entdecken ist, wenn man die Seitenschiffgewölbe begeht. Dort sind noch Strebebögen beziehungsweise deren Rudimente vorhanden, die zur Stützung der Hochschiffwände wirkungsvoller oberhalb der Seitenschiffdächer angesetzt worden wären – wie am Dom in Schwerin oder an den Nikolaikirchen in Stralsund und Wismar. Man hat dieses »Verstecken« wie auch das Abtrennen der Querhäuser als »typisch zisterziensisch« charakterisiert, um jede kathedrale Wirkung wider die Askese im Bauen zu vermeiden, obwohl die Strebebögen im System statisch unverzichtbar sind. An der Kathedrale in Salisbury findet man einige Varianten, wie Strebebögen reduziert und unter den Seitenschiffdächern oder hinter dem Triforium »versteckt« werden können.

Offen bleibt, ob der dreizonige Wandaufriss ebenfalls aus England oder »en passant« aus Frankreich mitgebracht worden ist. In Doberan

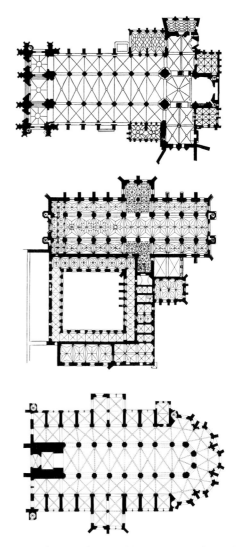

Grundriss (von oben) des Straßburger Münsters (1. Viertel 13. Jh.), der Klosterkirche Pelplin (1. Hälfte 14. Jh.) und der Nikolaikirche Wismar (Nord- u. Südhalle Mitte 15. Jh.)

entschied sich der Konvent jedoch für den strukturellen Unterschied, dass über den Arkaden kein offenes Triforium erscheint, sondern die entsprechenden Elemente nur mit schwarzer Farbe auf gekälkter Wand angedeutet werden. In der gleichzeitig errichteten Jakobikirche im benachbarten Rostock – die Ruine wurde 1960 abgetragen – wurden im Blendtriforium die Säulen und Wimperge aus dunkel glasierten Formsteinen vor hellem Fond gestaltet.

Wie ein lichtes horizontales Band – zwischen den Diensten von einem Gesims getragen – durchzieht das gemalte Triforium den backsteinroten Wandaufbau der Klosterkirche: auf weißem Fond stehen von Säulen getragene Wimperge und Fialen, die in stilisierten Lilien enden, aus denen wiederum rote Lilien herausragen. Die weiße und graue Farbgebung des Kaffgesimses – durch Fugenstriche (rot – weiß – rot) in Hausteinformate unterteilt – akzentuiert die raumfassende Wirkung dieser Architekturmalerei.

Der Obergaden öffnet sich dem Licht mit dreibahnigen Fenstern, deren graues Stabwerk und weiße Einfassung wie das Gesims »gefugt« erscheint. Im Erdgeschoss korrespondiert mit der weißen Einfassung der Fenster das weiße Hausteinformat der Ecksäulen an den Pfeilern. Die horizontale, durch die Gesimse betonte Addition – Arkade, Triforium, Obergaden – wird von den beiden zweigeschossigen Arkaden unterbrochen, mit denen sich das Mittelschiff anstelle von Vierungsbögen zu den Querhäusern öffnet.

Von dem mittleren Pfeiler dieser Doppelarkade ausgehend setzen die von Konsolen gestützten Dienste diese Zäsur jochweise fort und werden über dem Kämpfer in Schild- und Gurtbögen sowie Kreuzrippen, von denen die Kappen der Gewölbe getragen werden, aufgefächert. Die Farbgebung Rot (Schild- und Gurtbögen) und Blau (Kreuzrippen) akzentuiert die Struktur der schmucklosen Gewölbe, die im Mittelschiff in geschnitzten Ornamentscheiben anstelle von Schlusssteinen kulminieren. In den Seitenschiffen und Chorkapellen ließ Möckel um 1890 aus Kupferblech getriebene Scheiben anbringen.

Konsolen und Kämpfer sind abwechslungsreich mit Blattwerk geschmückt, das sich botanisch identifizieren lässt: beispielsweise Eiche, Efeu, Wein, Ahorn, Beifuß, wie sie auch in den Grisaillefenstern zu finden sind. Bewusst wird auf die Darstellung von Menschen, Tieren oder Drôlerien verzichtet – wie schrieb doch Bernhard von Clairveaux: »Was sollen bei den lesenden Brüdern jene lächerlichen Monstrositäten, die unglaublich entstellte Schönheit und form-

vollendete Hässlichkeit? ... , die den Blick der Betenden auf sich lenken und die Andacht verhindern?« (nach Braunfels 1985)

Kämpfer und Konsolen sind nicht aus Kalkstein gehauen, sondern aus Kalk-Stuck-Blöcken im halbfeuchten Zustand herausgeschnitten worden. Das heißt, die Masse wurde (in situ?) in Schalungen gestampft und bevor sie ausgehärtet war ausgeschalt und zur Rohform reduziert. Solche Rohlinge sind im Schweriner Dom im nördlichen Querschiff unbearbeitet stehen geblieben. Mit Stichel, Zirkel, Streichmaß, Winkel und Schmiege wurden auf den Rohling Profilierungen und Ornament aufgerissen; wiederholt sind derartige Risse zu finden. In diesem Zustand war die Masse noch modellierfähig, so dass mit Schablonen, Modellierschlingen und -eisen Profile und ornamentaler Dekor herausgearbeitet werden konnten. In Doberan ist dieser Bauschmuck nicht farbig gefasst, sondern materialsichtig grau belassen worden.

So entstand die Großartigkeit des Doberaner Münsters aus Bauelementen unterschiedlicher Provenienz, die der Filiation des Ordens der Zisterzienser im europäischen Raum der römischen Kirche entspricht. Die verschiedenen Elemente zu dieser Klarheit zusammengefügt zu haben, ist vermutlich das Werk des aus Lübeck stammenden Abtes Konrad III. und seines namentlich unbekannten Werkmeisters. Sein Nachfolger Abt Hildeward (1290–1294) musste sich mit Aufräumarbeiten nach dem Brand und mit Reparaturen befassen, damit die Stundengebete Tag für Tag, auch während der Bauarbeiten, abgehalten werden konnten.

Bauabschluss und Verglasung

Wie jüngst von Tilo Schöfbeck erhobene dendrochronologische Daten anzeigen, besteht der Dachstuhl aus einheimischen Eichen, die zwischen 1292 und 1296/97 gefällt und anschließend verzimmert worden sind. Also war der Bau in diesen Jahren soweit gediehen, dass der Dachstuhl sukzessive über dem Mittelschiff und über den Querhäusern errichtet werden

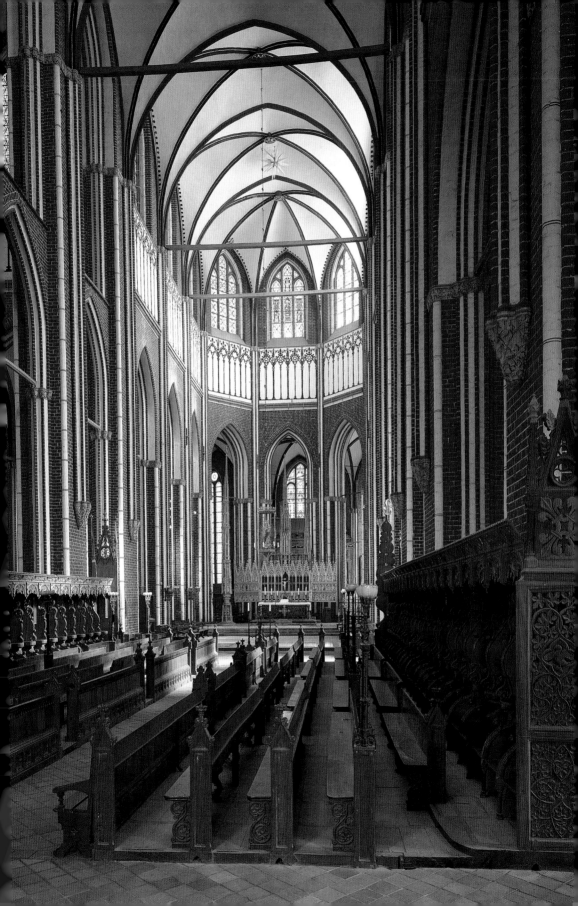

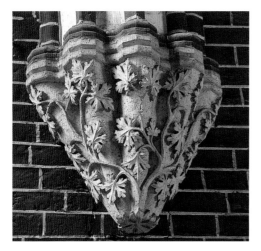 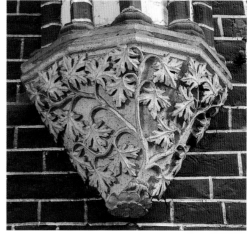

Konsolen im Mittelschiff mit Efeu- und Weinranken

konnte. Dieser Abschluss »gegen Wind und Wetter« sowie der Beginn der Einwölbung erfolgten unter Abt Johann I. van Dalen (1294 bis 1299) und seinem Werkmeister Heinrich. Dies hebt Ernst von Kirchberg rühmend hervor: »… und machte es schone steynen wider.«

War der Rohbau unter Dach, konnte der Raum jederzeit im Trockenen eingewölbt werden. Dieser Interimszustand ermöglichte die konsequente Befolgung der täglichen Konventsmessen und der Stundengebete. Im Hohen Chor scheint man längere Zeit, ohne die Einwölbung abzuwarten, den Altardienst versehen zu haben. Zu dieser Annahme gibt ein Befund Anlass: als Zwischenlösung sind die Wände in diesem Bereich bis zur Mauerkrone geweißt.

Weitere Abschnitte der Fertigstellung zeichnen sich in den Querhäusern ab. Sicherlich wurde die zum Einwölben erforderliche Einrüstung in einem Zuge auch für das Verputzen der Gewölbekappen und der Flächen des Triforiums sowie für deren Ausmalung genutzt. In der gemalten Architektur der Triforien ist ein stilistischer Bruch zu erkennen: Im nördlichen und südlichen Querhaus sind die Wimperge spitzwinklig, dagegen finden wir im gesamten Mittelschiff spitzbogige Wimperge.

Da die Maler diese Gestaltung zunächst mit Zirkel, Richtscheid und Griffel in den frischen Putz aufrissen und dann ausmalten, konnten

bei der Restaurierung des Münsters (1976–1984) Arbeitsspuren entdeckt werden, die Aufschluss über den Ablauf der Fertigstellung geben. Im nördlichen Querhaus wurden die Proportionen der Wimperge entworfen: auf der westlichen Fläche die Höhe, auf der östlichen Fläche die Breite; es überschneiden sich unterschiedliche Proportionen. Auch im Mittelschiff hatte man auf der Südwand im ersten Joch von Westen mit dem Aufriss eines spitzwinkligen Wimpergs begonnen, dann aber bei der Ausführung in Farbe den Wechsel zum spitzbogigen Wimperg vollzogen. Mit derselben Methode wurde im südlichen Querhaus an der Westwand ein Blendfenster gestaltet. Aus diesen Befunden kann geschlossen werden, dass zunächst die Querhäuser – auch zur Stabilisierung der Gewölbe des Mittelschiffes – einschließlich der Ausmalung fertiggestellt worden sind.

Der gleiche stilistische Wechsel ist am Hochaltar zu finden: während die um 1300 entstandene Fassade des Schreins von spitzwinkligen Wimpergen dominiert wird, stehen in dem um 1368 untergefügten Geschoss die Heiligenfiguren unter spitzbogigen Wimpergen (▸ Abb. S. 37).

Aus stilistischer Übereinstimmung mit dem gemalten Triforium und einigen dendrochronologischen Daten [mit »d« gekennzeichnet] lässt sich schließen, dass gleichzeitig die wichtigsten Ausstattungsstücke (Hochaltar, Kelch-schrank [d], Kredenz, Levitenstuhl [d], Gestühl der Mönche und Konversen [d]) hergestellt wurden. Die liturgische Funktionsfähigkeit des Neubaus war um 1310 erreicht, obwohl das Mittelschiff erst nach einigen Unterbrechungen eingewölbt und ausgemalt worden ist. Bereits für das Jahr 1306 ist eine Lichtstiftung »vor der Eucharistie in unserem Altar« beurkundet. Und in einer 1336 ausgestellten Urkunde lässt der Wortlaut auf eine seit langem befolgte Regel schließen: »… cum conventus officium … in choro monasterii more solito decantaret …« (da der Konvent im Chor des Klosters üblicher-weise das Stundengebet singt; nach Schlie 1899).

Unter Ausnutzung der Außeneinrüstung muss auch die Verglasung durchgeführt wor-den sein, die 1302 in einer Urkunde als »fenes-trae laudabiles« (lobenswerte Fenster) bezeich-net wird. Die floralen Motive – Blatt- und Ran-kenwerk – sind in der für die Zisterzienser charakteristischen Grisailletechnik ausgeführt. Zur Gliederung der Felder wurden sparsam auch farbige Gläser verwendet. Darin zeigt sich ein vorsichtiges Abweichen von den strikten Bestimmungen des Generalkonvents in der Frühzeit: »Die Glasfenster sollen weiß sein« (1134; nach Braunfels 1985). In Doberan blieben die figürlichen Darstellungen um 1300 fast aus-nahmslos auf Darstellungen der Madonna, Schutzpatronin des Ordens, und der Schutz-heiligen der Klosterkirche, Johannes des Evan-gelisten und Johannes des Täufers, beschränkt. Letzteren bartlos darzustellen, war in Nord-deutschland unüblich. Dagegen ist der Täufer in Wandmalereien dänischer Kirchen zuweilen in dieser jugendlichen Gestalt zu finden. Zum dänischen Zisterzienserkloster Sorø hatte das Kloster Doberan nachweislich Beziehungen, so dass die Vorlage für die Glasmalerei aus dieser Region stammen könnte.

Memorialstiftungen verbunden mit reichen Geschenken an den Konvent scheinen weitere Ausnahmen ermöglicht zu haben. Von beson-derem Reiz ist das Glasmalereifeld mit der langgewandeten Fürstin, die ein Grisaille-Fenster stiftet (▸ Abb. S. 137). Vermutlich ist die

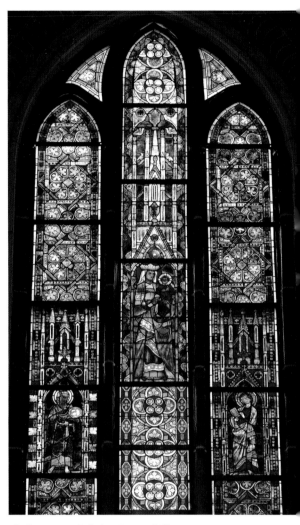

Glasfenster im nördlichen Seitenschiff, um 1300

Fürstin Anastasia dargestellt, deren Mann Heinrich I. »der Pilger« († nach 1301) als erster Fürst in der soeben fertiggestellten Grabkapelle im nördlichen Querhaus, der Pribislav-Kapelle, beigesetzt wurde.

Dass siebzig Jahre zwischen der Amtszeit des Abtes Johann I. van Dalen und der Schluss-weihe (1368) vergingen, gibt zu denken. An der Leistungsfähigkeit der Werkstätten und des Bauhofes im Kloster sowie seiner Zahlungs-fähigkeit bestand offensichtlich kein Mangel. Eine Krise im Konvent verursachte die Störun-gen im Bauablauf (▸ S. 58).

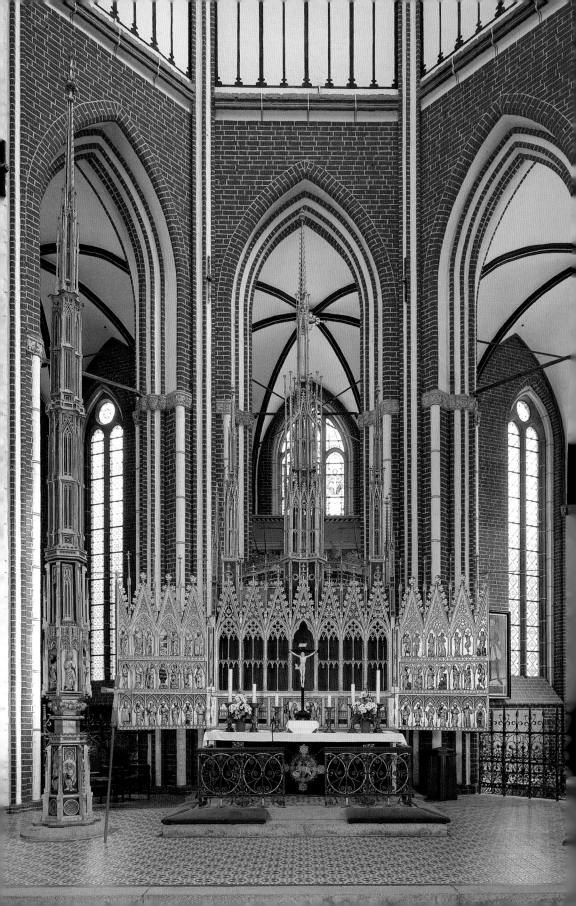

Die Erstausstattung der Klosterkirche

Die roten Ziffern in Klammer verweisen auf den Rundgang auf Seite 127 bis 157
und den Grundriss in der hinteren Umschlagklappe

Seit der 1984 abgeschlossenen Restaurierung ist die mittelalterliche Raumstruktur der Klosterkirche wieder erlebbar geworden – überlagert von der nachreformatorischen Bestimmung zur Predigtkirche der evangelischen Kirchengemeinde. Der Hohe Chor bildete ursprünglich eine abgestufte Einheit mit dem Chor der Mönche, von dem der Chor der Konversen durch die Chorschranke mit dem Kreuzaltar getrennt war. Diese Chorschranke wird häufig als Lettner bezeichnet, obwohl sie im wörtlichen Sinne nicht mit einem Lesepult (Lectorium) ausgestattet ist. Damit die Mönche beim Chorgebet weder optisch noch akustisch abgelenkt würden, war das Mönchsgestühl – wie generell jedes Chorgestühl – am westlichen Ende zusätzlich abgewinkelt, wie es im Zisterzienserkloster Maulbronn oder im Erfurter Dom heute noch steht. Diese Sitze waren für den Abt, Prior, Kantor und Subcensor bestimmt. Chorschranken schirmten auch den Hohen Chor gegen den Chorumgang ab. In Doberan kann man beim Rundgang am Sockelmauerwerk des Oktogons noch eine Vorstellung von dieser Zäsur gewinnen, die im späten 19. Jahrhundert beseitigt worden ist.

Obwohl infolge der Auflösung des Klosters (1552) und durch Kriege Verluste von unbekanntem Ausmaße entstanden, stellen die erhalten gebliebenen Ausstattungsstücke in doppelter Hinsicht eine Ausnahmesituation dar. Es sind nicht nur die Prinzipalstücke, vor denen die Gottesdienste der Mönche und Konversen »inszeniert« wurden, vollständig erhalten, sondern es sind an ihnen auch Spuren der Nutzung und des Funktionswandels zu entdecken, die im Laufe des 14. Jahrhunderts bis zur Schlussweihe 1368 vollzogen wurden. Obwohl einige dieser Spuren bei den Restaurierungen im 19. Jahrhundert ausgelöscht worden sind, insbesondere durch die Erneuerung der Polychromie (Farbfassung), ist die Einheit von Raum und Ausstattung gewahrt geblieben beziehungsweise seit 1984 wieder ablesbar geworden.

Hochaltar

Der HOCHALTAR [1] steht wie das Modell einer »Sainte Chapelle« im Chorpolygon. Die Schaufront symbolisiert mit der Siebenzahl der Achsen die vollkommene Schöpfung – ungeachtet des jüngeren, predellenartigen Untergeschosses –, bekrönt mit steilen, blattwerkgeschmückten Wimpergen und drei hoch aufragenden Türmen. Die seitlichen Türme sind jeweils über einem Quadrat konstruiert, der Mittelturm ist aus einem Sechseck entwickelt, das in den un-

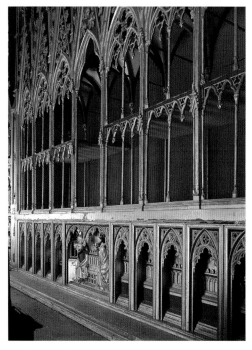

Hochaltarretabel

Hochaltar
schematische Darstellung (nach Bartning, Badstübner und Verfasser)

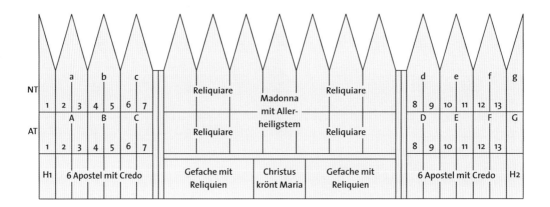

Oberes Register

NT: Neues Testament

  1 Johannes der Täufer
a Verkündigung an Maria
  2 Erzengel Gabriel
  3 Maria
b Geburt Christi / Anbetung des Kindes
  4 Maria mit dem Kind, Ochs und Esel
  5 Joseph
c Darbringung des Kindes im Tempel
  6 Maria mit zwei weißen Tauben
  7 Priester Simeon setzt den Jesus-Knaben auf den Altar
d Geißelung Christi
  8 Geißelrute schwingender Scherge
  9 Christus an der Geißelsäule
e Kreuztragung
  10 Maria mit Schreckensgestus
  11 Christus das Kreuz tragend
f Kreuzigung
  12 Maria mit Klagegestus (»Schmerzensmutter«)
  13 Christus am Gabelkreuz hängend
g Auferstehung: Christus steigt aus dem Grab zwischen schlafende Wächter

Unteres Register

AT: Altes Testament

  1 Eva (Ergänzung des 19. Jhs.)
A 2 Sarah mit Spruchband (Ergänzung des 19. Jhs.)
  3 Hesekiel vor dem verschlossenen Tempeltor »porta clausa«; Hes. 44,2
B Moses vor dem brennenden Dornbusch; 2. Mos. 3,1
  4 Gottvater im brennenden Dornbusch
  5 Moses zieht sich die Schuhe aus
C Darbringung Samuels vor den Priester Eli; 1. Sam. 1,24 – 28
  6 Hannah, die den Samuelknaben auf den Händen tragend darbringt
  7 Priester Eli mit offenen Armen entgegenkommend
D 8 Moses schlägt Wasser aus dem Felsen; 2. Mos. 17,6; 4. Mos. 20
  9 Hiob wird von seiner Frau verspottet; Hiob 2,7 – 9
E Opferung Isaaks (Abraham mit Isaak auf dem Wege zum Brandopfer); 1. Mos. 22,3 – 9
  10 Abraham trägt Rauchfass und Opfermesser (Schwert)
  11 Isaak trägt das Holzbündel auf den Berg zum Altar
F Aufrichtung und Anbetung der ehernen Schlange; 4. Mos. 21,8 – 9
  12 Anbetender Israelit
  13 Moses weist auf die aufgerichtete eherne Schlange
G Simson mit dem geschulterten Tempeltor von Gize

Untergeschoss

UNA SANCTA: die Gemeinschaft der Heiligen in Gestalt der Märtyrer Papst Fabian und Ritter Sebastian sowie der zwölf Apostel, die vermutlich ursprünglich alle Spruchbänder oder Bücher mit Sätzen des Glaubensbekenntnisses (Credo) – nur vier erhalten – in ihren Händen hielten (v.l.n.r.): Papst Fabian (**H1**), Bartholomäus, Thomas, Simon, Matthias, Andreas, Petrus – Marienkrönung – Paulus, Jakobus d.Ä., Johannes Ev., Philippus, Judas Thaddäus, Matthäus, Ritter Sebastian (**H2**). Die zwölf Apostel vergegenwärtigen die Nachfolge Christi und die Entstehung der Christlichen Kirche.

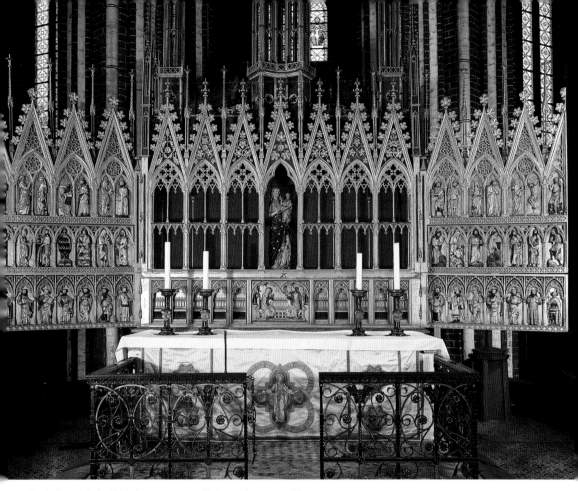

Hochaltarretabel mit Madonna, um 1300, Untergeschoss um 1368

teren Geschossen mit angesetzten Quadraten dreistrahlig erweitert ist; die Maße dieser Quadrate entsprechen denen der Seitentürme.

Im Mittelschrein ist die mittlere Arkade in ganzer Höhe bis in das Gewölbe des Schreininneren geöffnet – ein Tabernakel im Schrein. Dagegen sind die seitlichen Arkaden mit zierlichem Maßwerk vertikal und horizontal zweigeteilt. Letztere Teilung entspricht dem Doppelgeschoss im Innern des Schreins. Das kreuzrippengewölbte Schreininnere gleicht den Seitenschiffen der Klosterkirche bis hin zu Schlusssteinen und Farbigkeit. Diese Gliederung findet abgewandelt auf den Innenseiten der Flügel ihre Fortsetzung. Vierpassfriese verstärken dort die horizontale Teilung entsprechend der Gliederung des Bildprogramms in »Typen« und »Antitypen«. In der unteren Reihe sind Ereignisse und Personen aus dem Alten Testament (Typen) als Hinweis auf Begebenheiten im Neuen Testament (Antitypen) dargestellt, die das Erlösungswerk Christi verkörpern. Der linke Flügel thematisiert die Menschwerdung, der rechte den Opfertod Christi. Menschwerdung und Opfertod werden in der Marienfigur im Tabernakel des Mittelschreins (der heutigen Leuchtermadonna [**6**]) zu einer Gestalteinheit und zum Zentrum der Verehrung. Die Figur war nicht nur als Schutzpatronin des Zisterzienserordens präsent, sondern war zugleich ein heiliges Gefäß (Vasa sacra), da in der Dose (Pyxis), die sie gemeinsam mit dem Christusknaben hält, die konsekrierte Hostie – das Allerheiligste – verwahrt wurde. Mit seiner erhobenen Rechten segnet das Kind den eucharistischen Leib. Das zylindrische Gefäß mit 80 mm innerem Durchmesser und 45 mm Höhe konnte die im Mittelalter übliche große Hostie aufnehmen, die der Priester bei der Wandlung für alle sichtbar hoch hielt. Die Marienfigur (125 cm hoch) ist aus Eichenholz geschnitzt und, um dem Reißen des Holzes vorzubeugen, so sorgfältig entkernt worden, dass nur eine Wandung von durchschnittlich 25 mm Stärke übrig blieb – und damit auch ein so geringes Gewicht, dass die Figur mühelos aus dem Schrein herausgenommen und auf Prozessionen mitgeführt werden konnte. Dafür ist eine spitzbogige Tür in der Rückwand vorgesehen; zwei seitliche, rechteckige Türen lassen sich für das Hantieren mit Reliquiaren und anderen Gegenständen, die in den Seitenräumen verwahrt wurden, öffnen. Sogar im Mittelturm ist ein Geschoss rückseitig mit einer Tür versehen worden. Ob darin der legendäre Hirtenstab mit der Hostie in sicherer Höhe ausgestellt wurde, ist nicht überliefert. Verwunderlich ist, dass diese Heilig-Blut-Reliquie in der Zeit nach dem Brande nicht mehr erwähnt wird.

Solche Marienfiguren mit eucharistischer Funktion waren nicht nur im Zisterzienserorden verbreitet, sie sind auch in Pfarrkirchen nachweisbar. 1418 wird in Lübeck bei einer Altarstiftung »ene nyge taffelen, darynne stan moghe vnde wol bewaret dat werde hilghe sacrament des hilghen lichames vnses Heren Jhesu cristi in ener monstrancien edder in enen marienbilde« erwähnt (nach Kroos 1986). Bezeugt sind solche Marienfiguren auch in Sagard/Rügen (bildlich auf der Sakramentsschranktür) und in der Marienkirche in Stralsund: »... up dem middelsten altare; dar droch men ein sulver ne Marienbild vp, bi 3 scho lanck, dett hadde eine monstrantie in der hand, darinne stund eine ostie« (nach Zober 1837).

In derart ausgestatteten Marienfiguren war Christus nicht nur bildlich sondern auch fortwährend »leiblich« präsent, umgeben von den Märtyrern und Heiligen in Gestalt der Reliquien, deren Verwahrung und Präsentation in den Kirchen der Zisterzienser nur auf dem Hochaltar gestattet war, wie es das Generalkapitel 1289 und letztmalig 1316 verordnet hatte. Ein Schatzverzeichnis der »allhier zahlreich aufbewahrten Reliquien« existiert nicht. Doch lässt sich aus Urkunden und dem Inventar, das bei der Auflösung des Klosters 1552 erstellt wurde, die Vielzahl der Verwahrgefäße und deren Inhalt ermitteln. Neben den Silberfiguren der Ordensheiligen Benedikt und Bernhard werden die der Apostel Johannes des Evangelisten und Jakobus des Älteren genannt; außerdem war eine in Silber gefasste Hand des hl. Nikolaus vorhanden. In vielen Zisterzienserklöstern waren Reliquien der Elftausend Jungfrauen zu finden, die von Köln ausgehend durch das Kloster Altenberg bei Köln Verbreitung fanden. In Doberan dürfte zu dieser Gruppe eine Schädelkalotte gehören, die in feines Leinen gehüllt ist – nochmals verpackt in ein Stück Lampas, ein mit doppelköpfigen Adlern und paarig steigenden Löwen gemustertes Damastgewebe.

Ein Stück vom Kreuz Christi brachte Herzog Heinrich II. von einer Pilgerfahrt nach Jerusalem mit. Diese erstrangige Reliquie, die ihm der Sultan von Konstantinopel geschenkt hatte, teilte er und vermachte einen Teil dem Doberaner Kloster, das andere Stück den Dominikanern in Wismar. Zu den »erstklassigen Reliquien« zählten auch ein Stück von einer Windel Christi und etwas Leinwand, das die Jungfrau Maria eigenhändig gewebt haben soll. In dem Auflösungsprotokoll von 1552 werden neben liturgischem Gerät (Vasa sacra) auch ein »Silbernn Crucifix« und »ein verguldet Monstranzie« genannt. Dass diese »Monstranzie« so gestaltet war wie die Monstranz auf der Tafel über dem Corpus-Christi-Schrein, ist wahrscheinlich, da keine weitere Monstranz erwähnt wird (►Abb. S. 55).

Die Stiftung von Reliquien war gewissermaßen ein Angeld auf das ewige Leben und gewährte Ablass nicht allein dem Stifter sondern auch seinen Vorfahren und seiner Familie entsprechend seinem Vermächtnis; darüber hinaus auch all denen, die sie an Festtagen verehrten und um Fürsprache des in der Reliquie präsenten Heiligen beteten. Das Vorleben der Heiligen war Vorbild und Ansporn, in der Nachfolge Christi nicht nachlässig zu werden.

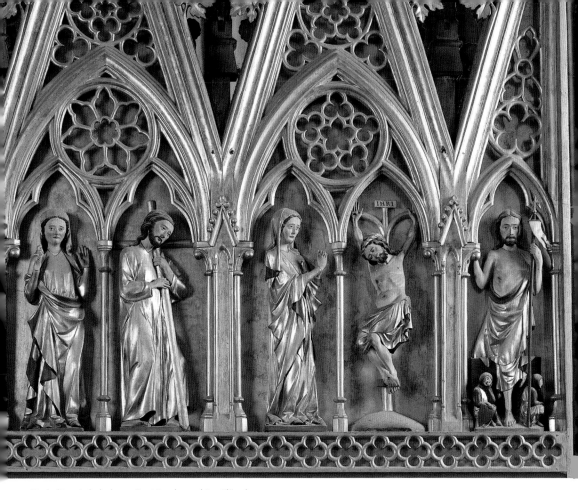

Hochaltarretabel, oberes Register des rechten Flügels

Ins Bild gesetzt ist dieser Gehorsam bedingungsloser Nachfolge in den Darstellungen Marias auf den Flügeln des Hochaltars. Durch ihren Gehorsam und das Mitleiden (compassio) hat Maria Anteil am Erlösungswerk Christi und ist zur Miterlöserin (corredemptorix) geworden, wie es in einem Hymnus am Hochaltarretabel der Zisterzienserinnen-Klosterkirche Zum Heiligen Kreuz in Rostock heißt: »sola mundi reparatrix« (alleinige Erneuerin der Welt).

Im linken Flügel (▶ Abb. S. 126) folgt auf Johannes den Täufer, der auf Christus als Lamm Gottes hinwies (auf der Scheibe in seiner Linken dargestellt), die Verkündigung an Maria. Mit erhobenen Händen bekundet sie ihre Bereitschaft: »Ich bin des Herren Magd – mir geschehe, wie Du gesagt hast«. Mit der gleichen Geste folgt sie auf dem rechten Flügel ihrem kreuztragenden Sohn. Der Opfergedanke wird

schon in den Darstellungen der Geburt Christi und der Darbringung im Tempel angedeutet. Neben der anbetenden Mutter liegt das Kind auf einem altarähnlichen Unterbau wie auf einem Altarblock. Daneben in der Szene »Darbringung im Tempel« thront das bekleidete Kind auf dem Altar des Tempels und wird von dem Priester mit verhüllten Händen gehalten.

Aus der Passion Christi folgen auf dem rechten Flügel die Geißelung, Kreuztragung und Christus am Kreuz sowie seine Auferstehung. Beachtenswert ist in der Kreuzigung zum einen, dass Christus an einem Astkreuz hängt, in dem der Baum des Lebens zu sehen ist, und zum andern, dass Maria sich dem Gekreuzigten mit der Gebärde der Trauer und der Anbetung zuwendet.

Diesen Darstellungen von Menschwerdung und Opfertod Christi sind in der unteren beziehungsweise der mittleren Reihe Begebenheiten aus dem Alten Testament »unterlegt«, die den Heilsplan zur Erlösung der Menschheit vom Anbeginn der Welt verdeutlichen sollen. Im linken Flügel sind die Figuren der Eva, der Sarah und des Hohepriesters Eli (letzte Figur in der »Darbringung des Knaben Samuel«) bei der Restaurierung 1848/49 nach Vorgaben von Friedrich Lisch ergänzt worden, so dass die Deutungen nicht abgesichert sind. Beispielsweise wäre unter Johannes dem Täufer eher der Prophet Jesaia als dem Künder des Messias und Eva unter dem Engel Gabriel der Verkündigung zu erwarten – Eva in Anspielung auf Maria als die »neue Eva«, die der Engel mit dem gedrehten Namen der ersten Mutter »Ave« grüßt. Die Darstellungen des Propheten Hesekiel vor der verschlossenen Tempeltür (Porta clausa), durch die nur Gott – dargestellt mit einer kleinen Büste über dem Tor – eingehen kann, deutet auf die Empfängnis Mariae als Jungfrau hin. Dieselbe Bedeutung ist auch in der nächsten Szene verbildlicht: Moses zieht vor dem brennenden Busch, der nicht verbrennt, seine Schuhe aus, wie ihn Gott aufgefordert hat. Wiederum ist Gottvater durch eine Halbfigur im Busch angedeutet.

Auf dem rechten Flügel folgen alttestamentarische Präfigurationen zum Opfertod. Während allgemein die auf zwei Figuren reduzierten Szenen auf zwei Arkaden verteilt zu finden sind, erscheinen in den beiden ersten Arkaden zwei separate Vorgänge: Moses schlägt auf der Wüstenwanderung Wasser aus einem Felsen als Hinweis auf die geöffnete Seitenwunde Christi – hier bezogen auf den blutenden Christus bei der Geißelung. Daneben wird Hiob von seiner Frau verspottet, als Hinweis auf die Verspottung Christi, die nicht separat dargestellt ist. Es folgt die Szene »Abraham mit seinem Sohn Isaak«, der gehorsam das Holz für seine Opferung auf den Berg trägt wie Christus sein Kreuz. Auf die nächste Begebenheit, die Erhöhung der ehernen Schlange in der Wüste hat Jesus selbst als Vergleich für seine Hinrichtung am Kreuz hingewiesen: »Und wie Mose in der Wüste eine Schlange erhöht hat, so muss auch des Menschen Sohn erhöht werden, damit alle,

die an ihn glauben, das ewige Leben haben.« (Joh. 3, 14–15) Der Auferstehung Christi ist Simson mit dem geschulterten Tempeltor von Gize gegenübergestellt.

Erinnert man sich der von Bernhard von Clairvaux geforderten strikten Beschränkung auf das Bildnis des Erlösers, so überrascht und verwundert dieser Bilderreichtum. Zugleich ist zu erkennen, dass der Themenkreis des Erlösungswerkes Christi einschließlich seiner Mutter Maria als Miterlöserin nicht verlassen wird. Diese Bildaskese einschließlich allegorischer Darstellungen der Menschwerdung und des Opfertodes bestimmt das Bildprogramm auf allen Altarretabeln in der Doberaner Klosterkirche. Szenen aus Heiligenlegenden sind nur vereinzelt auf den Flügeln einiger Nebenaltäre zu finden.

Bereits im 13. Jahrhundert wurden derartige Bilderzyklen zusammengestellt, um der Versuchung der Künstler, sich in fabulösen Darstellungen zu verlieren, entgegenzuwirken. In einem englischen Zisterzienserkloster entstand im frühen 13. Jahrhundert solch eine Bildkonkordanz in Versform: Pictor in carmine – in Versen malen. Andere, auch illustrierte Schriften folgten: Biblia pauperum – Bibel der Armen, gedacht für schriftunkundige Menschen; Speculum humanae salvationis – Spiegel der menschlichen Erlösung; Concordantia caritatis – Sammlung der Liebeswerke Gottes. An der Zusammenstellung der Bildprogramme lässt sich verfolgen, welche »Vorlagen« Auftraggeber und Werkstätten benutzt haben.

Da »aller zierde wunder« – Reliquiare und Vasa sacra – nur beim Öffnen der Schreine an Hochfesten sichtbar wurden, das Allerheiligste jedoch zur Verehrung sichtbar und zugänglich sein musste, wurde die Madonnenfigur während der Konventsmessen auf die Altarmensa gestellt, wie es aus der Stralsunder Marienkirche berichtet wird: »… up den middelsten altare; dar droch man ein sulverne Marienbild vp, … dett hadde eine monstrantie in der handt, darinne stund eine hostie.« (nach Zober 1837)

Da diese Figuren und Gefäße einen erheblichen Materialwert besaßen – sie waren der

Kirchenschatz – musste man sie sicher verwahren können. Im Doberaner Münster ummanteln die Steine des Stipes einen Eichenkasten (Innenmaße: 151 × 71 × 57 cm), der rückseitig durch eine Tür (54 × 55 cm) geöffnet und mit einem schweren Riegel verschlossen werden kann; einen Zwischenboden gab es nicht, und der Boden ist im Laufe der Jahrhunderte vermodert. »Der Altartisch diente also zusätzlich zur Funktion als Theaterboden auch als Tresor, von dem aus das Retabel bestückt werden konnte.« (Andreas Köstler)

Auf den Außenseiten der Flügel waren ehemals gemalte Gestalten zu sehen: auf dem linken Flügel die Heiligen Benedikt, Andreas und Johannes der Täufer sowie auf dem rechten Flügel Maria, Johannes der Evangelist und Bernhard von Clairvaux – insgesamt die Schar der Heiligen (ausgenommen Andreas), denen schon die romanische Kirche 1232 geweiht worden war. Auf den Schmalseiten des Schreins waren links oben die Verkündigung an Maria und rechts oben ihre Krönung, jeweils darunter zwei Evangelisten dargestellt. 1848 waren diese Tafelbilder so schadhaft, dass man sich entschloss, sie zu beseitigen, »da sie für die heutigen Zwecke nicht gebraucht« würden, wie Friedrich Lisch in seinem Bericht formulierte, obwohl er sie noch identifizieren konnte. Da weitgehende stilistische Übereinstimmungen von Hochaltar und Kelchschrank festgestellt worden sind, darf man vermuten, dass die Malereien auf den Flügeln des Hochaltars den Gestalten Melchisedeks und Abels auf den Innenseiten der Türen des Kelchschrankes glichen. Die Entscheidung zur Beseitigung dieser Fragmente hat gewiss bedeutende Zeugnisse der norddeutschen Malerei um 1300 und des etwa fünfzig Jahre jüngeren Untergeschosses zerstört und die Möglichkeit zu einem höchst spannungsvollen Vergleich beider Stilphasen für immer ausgelöscht. Man kann noch eine Ahnung von diesem Wandel in der Malerei gewinnen, vergleicht man die Tafelbilder des Kelchschrankes, der beiden Nebenaltäre (Corpus-Christi-Altar; Altar mit der Kreuzigung Christi durch die Tugenden) und die Malereifragmente des Kreuzaltars.

Kelchschrank

Die Entstehung des KELCHSCHRANKES [2] ist durch dendrochronologische Daten auf die Jahre um 1300 anzusetzen. Sein ursprünglicher Standort befand sich wahrscheinlich in der zweiten Chorarkade von Westen auf der Nordseite des Hohen Chores (Evangelienseite) gegenüber dem Levitenstuhl auf der Epistelseite, wo er 2002 wieder aufgestellt worden ist. Er muss dort in das Mauerwerk der Chorschranken eingebunden gewesen sein, wie Verfärbungen im Eichenholz des Schrankkorpus deutlich zeigen: gewissermaßen eine Schaufassade mit hoch aufragendem Wimperg wie sie in Kirchen Gotlands noch vorhanden sind. Der architekto-

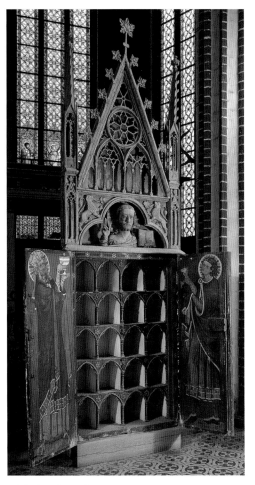

Kelchschrank, geöffnet, um 1300

nische Aufbau des Wimpergs – frei vor einer Rückwand stehendes Maßwerk – gleicht dem der Wimperge der Hochaltarflügel. Die scheinbar tiefe Räumlichkeit steigert die geometrische Präzision. In der von einem Kleeblattbogen überfangenen Nische ist Raum für eine Christusbüste. Die vierfache Reihung von Blendarkaden unter Kleeblattbögen verleiht der Schaufront eine gewisse Altertümlichkeit, so dass man in der Vergangenheit die Entstehung bereits um 1290 ansetzte und in diesem Schrank einen Vorgänger des Hochaltarschreins sah. Zweifelsohne ist der Schrank aber als sicheres Verwahr für zwanzig Kelche und andere beim Altardienst benötigte Gefäße und Gegenstände gebaut worden, wie eingeritzte Zählvermerke auf der Innenseite der linken Tür und auf dem Türsturz belegen: »xviii calices« – 18 Kelche; »vij coclearia« – 7 Löffel, die beim Vermischen des Weins mit Wasser benutzt wurden. Die Kelchränder haben auf den Innenwänden der Gefache Schleifspuren hinterlassen. Fünf Vorrichtungen sicherten diesen Klosterschatz und machen den Schrank zu einem Tresor. An der Schaufront sind die ovalen Schlüsselbleche in den mittleren Kleeblattbögen zu finden. Geradezu abwehrend wirkt die durchdachte Vorrichtung, durch fünf rechteckige und an den Seiten angebrachte, schwenkbare Ösen einen schweren Riegel schieben und wohl mit einem Vorhängeschloss verschließen zu können.

Den eucharistischen Bezug der Funktion als Kelchschrank verdeutlichen auch die gemalten Gestalten auf den Innenseiten der Türen: links der Priesterkönig Melchisedek mit erhobenem Kelch und rechts Abel, der mit verhüllten Händen ein Lamm darbringt. Sie erheben ihre Opfergaben zu dem Christus im Wimperg, der sich mit dem Text des offenen Buches an die zelebrierenden Priester wendet: »Corde / manu / labijs mundandos impero quosvis / haec mea qui tulerunt vasa vel hiis biberint«. Der Doberaner Pastor Peter Eddelin († 1674), der diesen Text »ad Repositorium in quo Calices cum patinis recondati« (an dem Verwahr, in dem Kelche mit Patenen zurückgestellt wurden) notierte, übersetzte recht frei: »Wer wird essen Christi Leib und trinken sein Blut, der so das Hertz, die

Händ und Lippen reinigen gut« – die wörtliche Übersetzung klingt wie ein Befehl: »Herz, Hand, Lippen sollen reinigen, ich befehle [es] allen, die diese Gefäße getragen oder aus ihnen getrunken haben werden«. Mit »reinen Händen« das dargebrachte Opfer anzufassen, verdeutlicht sowohl der Gestus Abels als auch der des greisen Simeon am Hochaltar, der in der Darbringung Jesu das Kind mit verhüllten Händen ergreift. Die tradierte Bezeichnung »Kelchschrank« folgt offensichtlich dem mittelalterlichen Funktionsbegriff »repositorium calicum«.

Der figürliche Besatz der Schauseite ist stark reduziert. In der obersten Reihe flankieren die Apostelfürsten Petrus (1941 gestohlen) und Paulus die Marienkrönung. In der zweiten Reihe lässt sich aus den Umrissen eine Anbetung der Könige rekonstruieren; eine thronende Maria befand sich unter einem Stern in der ersten Blendarkade von rechts. In der dritten Reihe waren Typologien angeordnet, von denen nur das zweite Relief mit dem Propheten Hesekiel vor dem verschlossenen Tempeltor erhalten ist. Wie am Hochaltar war die Abbreviatur des Tempels ehemals von einem Kelch mit einer Büste bekrönt; der Fuß des Kelches ist noch vorhanden. Dieses Motiv sollte die Anwesenheit Gottes gleich des Allerheiligsten in der Eucharistie vergegenwärtigen. Die Darstellung suggeriert, dass der Kelchschrank selbst als ein verschlossener Tempel zu verstehen ist. Unübersehbar gleicht am großen Kreuz auf der Marienseite in dem Relief derselben Thematik der verschlossene Tempel mit dem Gotteshaupt der Schaufront des Kelchschrankes (► Abb. S. 69).

Die verlorenen typologischen Darstellungen lassen sich wiederum nur aus den Umrissen und dem ikonografischen Zusammenhang erschließen. In der ersten Arkade befand sich wahrscheinlich »Moses vor dem brennenden Dornbusch« – wie am Hochaltar ein Verweis auf die Jungfrauengeburt. In den beiden rechten Arkaden sind zwei thronende Gestalten zu vermuten, von denen die linke unter einem Stern angeordnet war, die rechte wie in den meisten Feldern unter einer sechsblättrigen goldenen Blüte. Die Deutung dieser Konfiguration ist

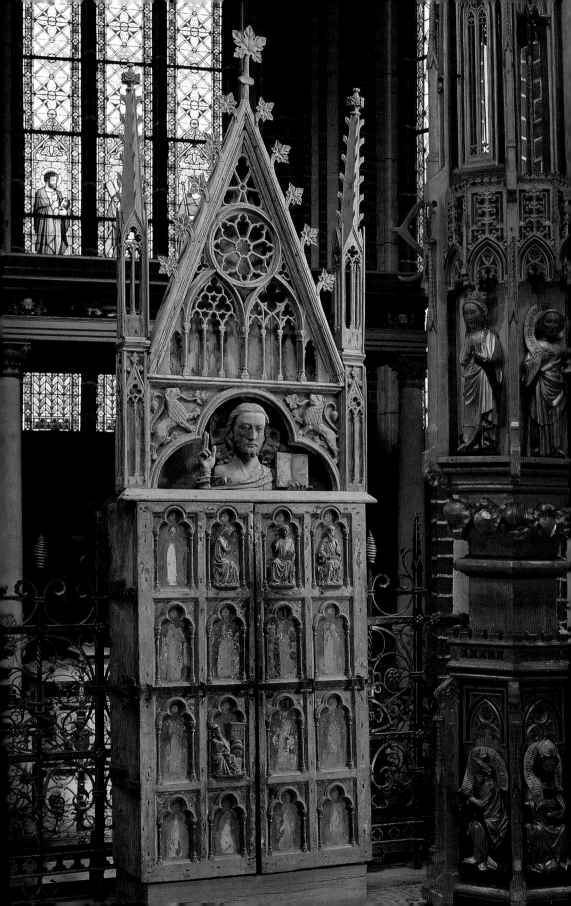

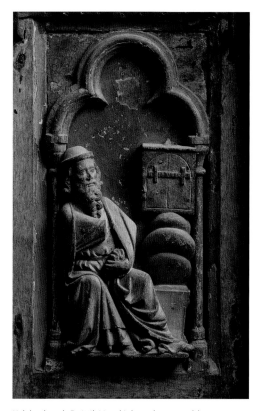

Kelchschrank, Detail: Hesekiel vor dem verschlossenen Tempeltor

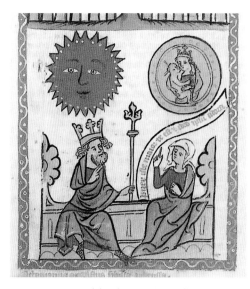

Kaiser Augustus und die Tiburtinische Sybille, Miniatur im Heilsspiegel, um 1360 (Universitäts- und Landesbibliothek Darmstadt)

schwierig und scheint am ehesten mit dem »Dialog Kaiser Augustus' mit der Tiburtinischen Sybille« übereinzustimmen: Die Sybille, eine Prophetin, von dem Kaiser befragt, ob nach ihm ein noch bedeutenderer König geboren werde, verweist auf Maria mit dem Kind: »Dieser Knabe ist größer als Du: deshalb bete denselben an« – »puer iste maior te est: item ipsum adora«, so steht es auf dem Spruchband der Sybille in einer Darstellung im Speculum humanae salvationis. Die Anordnung beider Figuren unter der thronenden Madonna in der Anbetung der Könige bestärkt diese Deutung.

In der untersten, niedrigeren Arkadenreihe waren wiederum sitzende Gestalten angeordnet – jedoch ohne die goldene Blüte über ihren Köpfen. Die Vierzahl legt nahe, dass sich hier ehemals Sitzfiguren der vier Kirchenväter befanden – wie in der Predella des Kreuzaltars.

Der Kelchschrank ist unter den erhaltenen liturgischen Schränken ohne Vergleich. Mit der Arkadenfront steht er dem Reliquienschrank in dem dänischen Zisterzienserkloster Løgum nahe. Während dort nur gemalte Einzelfiguren von Heiligen die Schaufront zieren, wecken die fein durchgebildeten Relieffiguren in Doberan die Vorstellung von Elfenbeinfiguren, die unter Einfluss rheinischer oder gar französischer Bildwerke geschaffen wurden. Ihre lichte Bemalung – reduziert auf das Hellrosa der Inkarnate, das Weiß der Gewänder mit goldenen Säumen und rotem Innenfutter sowie das sparsame Kolorit der Attribute – bestärkt diese Illusion.

Liturgische Schränke

Neben dem kostbaren Kelchschrank sind noch vier weitere, eher unscheinbare Schränke erhalten geblieben, die Einblick in Vorbereitung und Ablauf der Konventsmessen gewähren. Es musste ein Ort vorhanden sein, an dem der Subdiakon den Wein mit etwas Wasser vermischen, die Weihrauchfässer zur Inszenierung vorbereiten oder die Ölkännchen bereit halten konnte. Diesen besonderen Anforderungen scheint der turmartige KREDENZSCHRANK [3] zu entsprechen, der östlich des Levitenstuhls im

Hohen Chor (Epistelseite) gegenüber dem Sakramentsturm (Evangelienseite) steht. Seine Konstruktion mit gekreuzten Satteldächern, hoch aufragenden Wimpergen und Eckfialen gleicht der des Hochaltars, als sei dort ein Wimperg beziehungsweise ein Joch herausgelöst worden. Denn auch in diesem Schrank ist das obere Gefach innen mit einem Kreuzgewölbe versehen. Über vier Eckdiensten steigen profilierte Rippen auf, über die grobes Gewebe als Gewölbekappen gespannt ist. Im Zenit der Rippen bezeugt ein Stift den ehemals dort befestigten Schlussstein. Wie die unteren Gefache war auch dieses kapellenartige Gefach mit zwei Türen verschließbar. Die jeweils drei Bänder der Türen waren an den Schäften der Eckfialen, deren Spitzen heute verloren sind, so befestigt, dass sich die Türen weit öffnen ließen und den Blick in den gewölbten Raum freigaben. Es muss ein besonderer Raum gewesen sein, der durch eine Ampel, deren schwenkbare Halterung an der linken Seite noch vorhanden ist, erhellt werden konnte. Sollte hier jene Sitzmadonna gestanden haben, die in dem Siegel von 1337 überliefert ist?

Die Art der Befestigung der Scharnierbänder wechselt von Geschoss zu Geschoss. Sie deutet eine spezifische Zweckmäßigkeit der Gefache an. Die Türen des mittleren Gefaches geben im geöffneten Zustand die lichte Breite desselben frei, so dass ein Schubfach oder eine Art »Arbeitsplatte« herausgezogen werden konnte, wie die Laufleisten an den Seitenwänden belegen. Eine solche »Arbeitsplatte« könnte beispielsweise zum Abstellen der Vasa sacra, beim Mischen des Weins oder anderen Zubereitungen genutzt worden sein. Obwohl an den Türblättern keinerlei Spuren eines Schlosses oder andersartigen Verschlusses zu erkennen sind, konnten sie mit einem T-förmigen Riegel, der vertikal davorgesteckt werden konnte, gesichert werden. Ein Vorhängeschloss verhinderte den Zugriff unbefugter Personen. Dagegen ist der Verschluss der unteren Türen recht einfach. Hier sind keine Hinweise für eine besondere Bestimmung dieses Gefaches zu finden. Ein Ringgriff ist am rechten Türblatt befestigt; am linken Türblatt sind deutlich die Spuren eines Kasten-

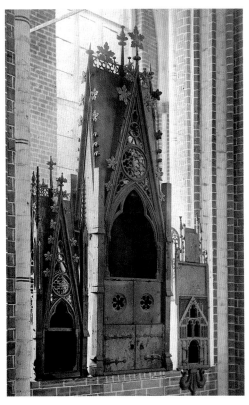

Kredenzschrank und zwei kleine Schränke auf der südlichen Chorschranke, Aufnahme 1878

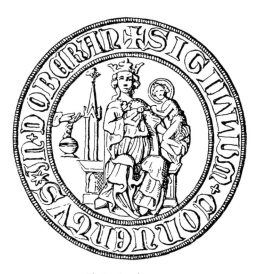

Klostersiegel von 1337

45

schlosses zu sehen. Feuchtemarkierungen eines Mauerwerkes mit abgeschrägter Mauerkrone und Mörtelreste am Korpus verraten, dass dieser Schrank ursprünglich innerhalb der Chorschranken stand, wo im 19. Jahrhundert ein Durchgang vom Hohen Chor zum »neuen Beichtstuhl« (heute Johann-Albrecht-Kapelle) angelegt wurde. Über dieser Tür wurden der Kredenzschrank zusammen mit zwei weiteren liturgischen Schränken wie ein monumentales Tympanon aufgestellt (► Abb. S. 45, 129).

Höchstwahrscheinlich wurde er als Kredenz genutzt, wie die »Arbeitsplatte« vermuten lässt, und hatte entsprechend der liturgischen Ordnung seinen Platz in der Nähe des Levitenstuhls auf der Epistelseite, wo er 2002 wieder aufgestellt worden ist.

Nach dem gleichen Schema ist ein wesentlich kleinerer Schrank mit zwei Gefachen gebaut, der heute in der Pribislav-Kapelle seinen Platz hat (► [31]; Abb. S. 45 links). Sein ursprünglicher Standort – vermutlich ebenfalls eingebunden in die Chorschranken – konnte nicht ermittelt werden. Wie in vielen Kirchen sind auch im Doberaner Münster in einigen Kapellen Wandnischen vorhanden, in die kleine Fassadenschränke für Leuchter und andere Gebrauchsgegenstände des Altardienstes eingelassen waren. Von derartigen Kirchenmöbeln sind in Doberan zwei Exemplare mit dekorativen, ehemals auch bemalten »Fassaden« erhalten geblieben (► [31]; Abb. S. 45 rechts). Diese Schauseiten überragen die Kästen in Höhe und Breite, um Zwischenräume zum Mauerwerk zu verdecken. Beide Fassadenschränke befinden sich ebenfalls in der Pribislav-Kapelle.

Levitenstuhl

Im Hohen Chor zählt auch der LEVITENSTUHL [4] zu den Ausstattungsstücken, die für den Vollzug der Gottesdienste unentbehrlich waren. Hier nahmen neben dem Priester der Diakon und Subdiakon Platz und assistierten ihm bei der Messe. Mit seiner Dreiteilung – Wimperge, dahinter sich kreuzende Satteldächer und hoch aufragende, filigran gearbeitete Türme – folgt

der Levitenstuhl dem Architekturschema des Hochaltars. Mittelalterlich sind jedoch nur noch die drei Sitze. Der Überbau ist eine Kopie der originalen Bauteile, die seit 1809 in der Katholischen Kirche in Ludwigslust stehen. Die drei rückseitigen Wimperge bilden seit der Mitte des 19. Jahrhunderts das Rahmenwerk des Altarretabels in der Kapelle zu Althof. Ein anderes Fragment – die hohe Gestühlswange mit dem Fischadler – bildet seit der Umsetzung des Fürstenstuhls (1983) den westlichen Abschluss der südlichen Mönchsgestühlreihe.

Die auf Naturbeobachtung beruhenden Details (männliches Eichhörnchen im mittleren Wimperg!), Tiere und Pflanzen sowie als Dreistrahl konstruiertes Maßwerk sind charakteristisch für die Erstausstattung der Klosterkirche. So ist auch an den Konsolen in der Kirche eine Vielfalt an Rankengewächsen und Gehölzen zu finden und ganz versteckt auch ein apotropäisches (Unheil abwehrendes) Zeichen: ein Pentagramm an der Konsole neben dem Nordportal, das zum ehemaligen Mönchsfriedhof führt. Es sollte böse Mächte, die »von Mitternacht« (von Norden; Ort der bösen Geister und Mächte) eindringen wollten, abwehren.

Chorgestühl der Mönche

Dem Hohen Chor schließt sich achsial in westlicher Richtung der Chor der Mönche (Chorus maior) mit dem beidseitigen CHORGESTÜHL [9, 11] an, in dem die geweihten Mönche während der Stundengebete und Konventsmessen Platz nahmen. Parallel vor diesen Reihen, eine Stufe tiefer, stand bis in das frühe 19. Jahrhundert das Gestühl der Novizen, von dem nur Fragmente der Wangen erhalten geblieben sind. Den Abschluss der Gestühlsreihen bilden hohe Wangen, reich mit geschnitzten Reliefs verziert, die östliche Wange der nördlichen Reihe sogar mit Figuren: unter der Verkündigung an Maria, die mit erhobener Rechten ihren Gehorsam und ihr Einverständnis bekundet – eine Gebärde, die bereits am Hochaltar zu finden war – stehen die heiligen Mönchsväter Benedikt und Bernhard von Clairvaux.

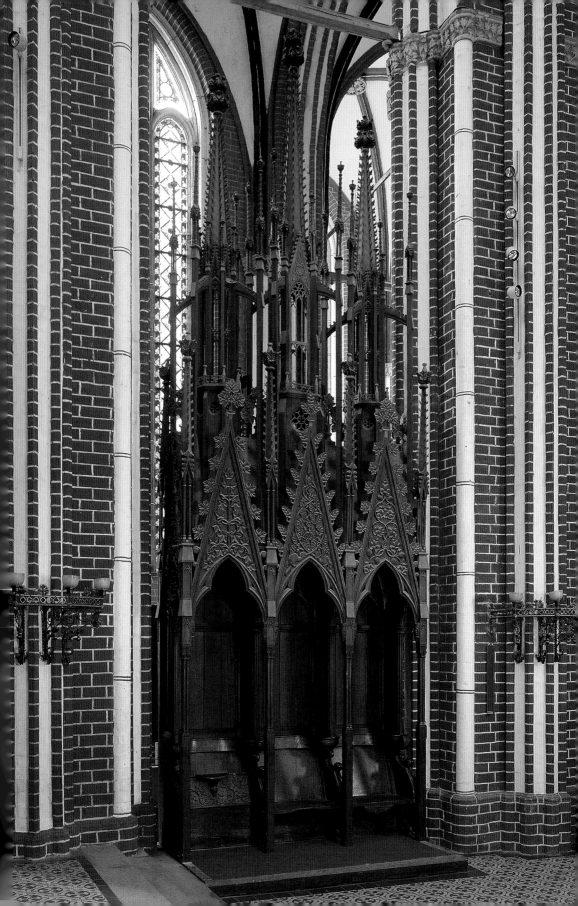

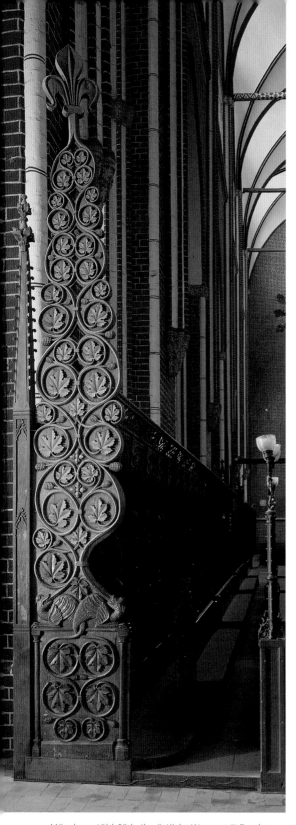

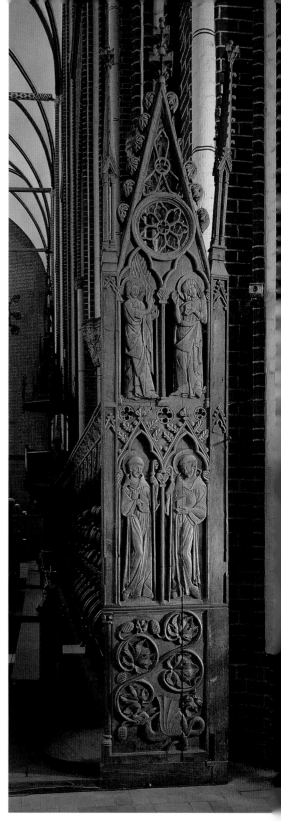

Mönchsgestühl, Südreihe, östliche Wange mit Drachen
und Rankenwerk, um 1310

Mönchsgestühl, Nordreihe, östliche Wange mit
Figurenreliefs, um 1310

Das Relief der westlichen Wange der Nordreihe vereint Pflanzen- und Tiersymbolik. Der Weinstock und der in seinen Reben nistende Pelikan, der seine Jungen mit seinem eigenen Blut nährt, erinnern an Christi Fleisch und Blut, mit denen er die Menschheit erlöst hat (▸ Abb. S. 131). Dieser Gedanke wird auch durch die Efeuranke verdeutlicht, die am Weinstock emporrankt. Diese immergrüne Pflanze war ein Zeichen für ewiges Leben. Am westlichen Ende der südlichen Gestühlsreihe steht die bereits erwähnte Wange mit dem Fischadler, den man gewiss häufig über den Fischteichen des Klosters und der Conventer Niederung nördlich von Doberan kreisen sah. Dieser Adler, der mit einem Fisch im rechten Greif aufsteigt, und auch das männliche Eichhörnchen im mittleren Wimperg des Levitenstuhls oder die ruhende Gans, die einen Pfosten statt einer Kreuzblume bekrönt [**37**], lassen die durch die Feldarbeit entstandene Naturnähe spüren; ohne ornamentale Erstarrung sind die Lebewesen und Pflanzen dargestellt.

Jeder Sitz (Stalla) ist mit Armstützen und Klappsitzen versehen, unter denen konsolartige Stehhilfen, sogenannte Misericordien (misericordia = Barmherzigkeit) angebracht sind, auf denen sich die Mönche beim langen Stehen während der Stundengebete abstützen durften. In Doberan sind die Sitze zusätzlich durch vertikale Ranken voneinander geschieden – wohl als Konzentrationshilfen gedacht und als Stützen der Abdeckung des Gestühls erforderlich. Das Doberaner Chorgestühl weicht in der Anordnung von der Norm für Chorgestühle darin ab, dass an den westlichen Endungen keine rechtwinklig angeordnete Reihe mit einem mittleren Durchgang angesetzt wurde. In diesen kurzen Reihen sind jeweils zwei Sitze dem Abt und dem Kantor beziehungsweise dem Prior und dem Subcensor vorbehalten, so dass sie während der Stundengebete den Konvent anleiten und überschauen konnten. Auch sollten diese abgewinkelten Reihen den Chor der Mönche gegen den westlichen Teil der Kirche abschirmen. Dass diese »Riegel« in der Doberaner Klosterkirche um 1300 vorhanden waren, ist nicht auszuschließen, obwohl bislang keine Befunde dafür vorliegen.

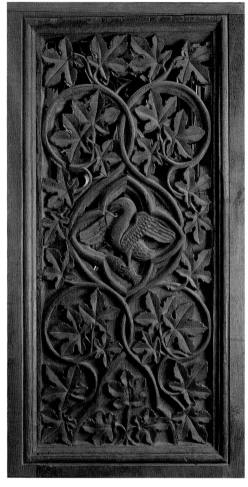

Mönchsgestühl, Südreihe, westliche Wange mit Fischadler, um 1310

Chorgestühl der Konversen

Eine Chorschranke trennte den Chor der Mönche (Chorus maior) vom westlichen Teil der Klosterkirche, dem Chor der Konversen, der Laienbrüder (Chorus minor). Er wurde ebenfalls um 1295 beidseitig mit einem CHORGESTÜHL [**14**, **15**] ausgestattet. Es gleicht im Aufbau dem Gestühl der Mönche. Jedoch erhielt es die Maßwerke und bekrönenden Zierleisten erst 1844/45 während der Neugestaltung des Kirchenraumes durch Baurat Krüger. Hierbei wurde es ebenso an den östlichen Enden um

49

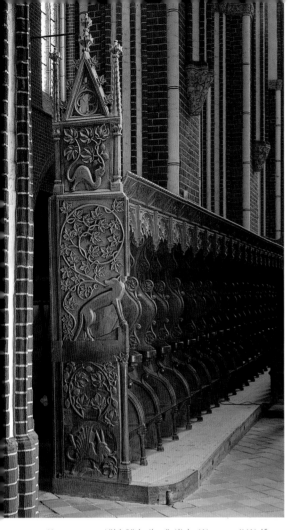

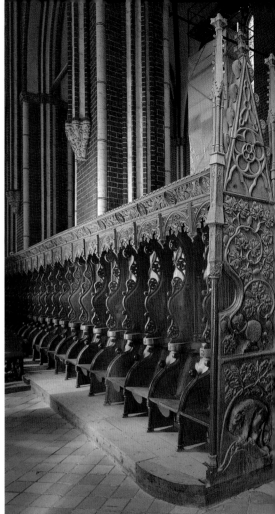

Konversengestühl, Südreihe, östliche Wange mit Wolf, um 1295

Konversengestühl, Nordreihe, östliche Wange mit seine Junge erweckendem Löwen, um 1295

fünf Sitze verlängert: »symmetriehalber« zu den westlichen Enden des Mönchsgestühls, wie die Begründung im Kostenvoranschlag lautet. An den Reliefs der Wangen haben offensichtlich auch minder begabte Bildhauer oder gar Laienbrüder (Konversen) mitgearbeitet: derb und grob sind die Formen. Kaum überarbeitet, wie ausgesägt wirken die beiden Vögel, die auf den Wangen am westlichen Ende des Gestühls stehen: Pelikan und Adler, Symboltiere für die Selbstaufopferung und Liebe Gottes. Dagegen ist das Relief im Sockelfeld der östlichen Wange der Nordreihe besonders reizvoll in der Ausfüllung der Fläche und in der Durchbildung des Löwen unter dem jungen Eichbaum. Der hand-

werklich interessierte Betrachter wird erkennen, dass der Bildhauer nicht nur mit Schnitzeisen arbeitete, sondern auch mit Bohrern die grobe Form des Löwen vorbereitete. Der Löwe, der nach den spätantiken Tierfabeln im Physiologus, eine naturgeschichtlich-religiöse Schrift des 4. Jahrhunderts, die geborenen Jungen erst am dritten Tage mit seinem Atem ins Leben ruft, symbolisiert die Auferstehung Christi.

Unmittelbar in den Alltag des Klosters versetzt uns das Relief mit dem Teufel, der einem Mönch am Mantel zupft mit den Worten »Quid facies hic frater vade mecum« (Was machst Du hier, Bruder – komm mit mir). Der Mönch antwortet: »Nil in me reperies mali cruenta bestia«

(Du wirst in mir nichts Schlechtes finden – blutrünstige Bestie). In der plattdeutschen Übertragung wird die Verführung beim Namen genannt: »Kumm mit mi inn Kraug – in de Karg sin Lue nauch«. Vis à vis der Konversenpforte ist diese naive Darstellung durchaus als eindringliche Mahnung zu verstehen: Bleib' den Gottesdiensten nicht fern! Und immer wieder begegnen dem Betrachter am Gestühl Drachen und Wolf – Verkörperungen des Teufels, aus deren Rachen Weinranken wachsen: Selbst diese Bestien müssen der Schöpfung dienstbar sein.

Frühe Retabel der Nebenaltäre

Von den Nebenaltären der Doberaner Klosterkirche sind als Triptychon einschließlich der Vierertafel im Oktogon und des »Altars der Leiden Christi« insgesamt acht Retabel in sehr unterschiedlichem Zustand erhalten geblieben, außerdem ein Kasten mit Kruzifix und Paulusfigur sowie vier Predellen und eine Einzeltafel (Dorotheen-Tafel), die vermutlich der rechte Flügel einer verschollenen Predella war. Die Standorte ehemaliger Nebenaltäre sind durch die in den Fußboden eingelassenen Mensaplatten überliefert. Einschließlich der Altäre im Oktogon, in der Bülow- und der Pribislav-Kapelle und ausgenommen Haupt- und Kreuzaltar gibt es noch zehn Mensaplatten. Schröder zählte 1732 dreizehn Altäre, Röper nennt 1808 zwölf Altäre.

Von den frühen Retabeln auf Nebenaltären sind liturgisch und ikonografisch interessante Beispiele erhalten geblieben, deren Entstehung zwischen 1320 und 1340 angesetzt wird.

Retabel der Leiden Christi
Den Mittelpunkt des »Kirchraumes in der Kirche« bildet der Kreuzaltar vor der Chorschranke. Wie das Retabel des Kreuzaltars in der Erstausstattung gestaltet war, ist nicht überliefert. Möglicherweise ist dieses erste Kreuzaltaretabel in dem großen Triptychon mit horizontal geteilten Flügeln (die unteren Hälften verloren) auf uns überkommen (► Abb. S. 145).

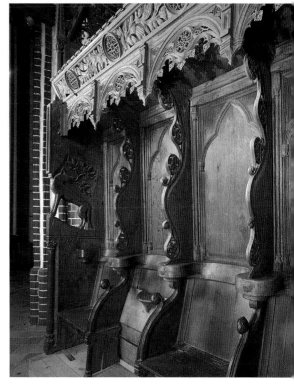

Konversengestühl, Südreihe, östliches Ende, Innenseite, um 1295

Die Zweiteilung bietet eine ungewöhnliche Vielfalt an Wandlungsmöglichkeiten. Dieser Gliederung entsprechend sind auch die Flächen in der Malerei horizontal geteilt. Friedrich L. Röper erkannte im Hauptgemälde der Mitteltafel, die in sechs gleich große Felder geteilt ist, »Christum in seinen Leiden …, umgeben von vielen Heiligen und Märtyrern« und nannte dieses Retabel entsprechend dieser Darstellung »ALTAR DER LEIDEN CHRISTI« [43] – dagegen nannte es Hans Wentzel, der seitlich des mittleren Wimpergs auf Goldgrund gemalte Engel entdeckte, »Altar der Goldenen Engel«. Diese Engel wenden sich anbetend einer Maria mit Kind zu, die – ebenfalls auf Goldgrund gemalt – wie ein Medaillon dem mittleren Wimperg eingefügt ist. Dies suggeriert eine doppelte Thematik dieses Retabels: Menschwerdung und Opfertod Christi, die mit dem Satz aus der Einleitung des Johannes-Evangeliums bekräftigt wird: »et verbum caro factum est et habitabit in nobis« (und das Wort wurde Fleisch und wird unter uns wohnen). Reste dieses Zitates sind auf der bekrönenden Schrifttafel zu finden, die ursprünglich von einem Kruzifix überragt wurde. Dieses zweifache Bildprogramm wird im doppelseitigen Kreuzaltar mit breit angelegter typologischer Kommentierung im Schrein und auf dem monumentalen Kreuz tradiert. Diese Entsprechung bestärkt die Annahme, dass dieses Triptychon ehemals das Retabel des Kreuzaltars gewesen sei. Für seine frühe Datierung an den Anfang des 14. Jahrhunderts spricht auch die architektonische Gliederung der Tafeln, die mit den Wimpergen wiederum dem Schema des Hochaltars folgt. Die Wimperge sind aus aufgedoppelten Eichenbrettern gebohrt und geschnitzt worden; die zugehörigen Pfeiler und horizontalen Gliederungen sind verloren. Heute steht dieses Retabel mit einer jüngeren Predella (um 1450) in der Margarethen-Kapelle. Das Relief der Predella zeigt eine Deesis (Christus mit Leidenswerkzeugen flankiert von fürbittender Maria und Johannes d. T.) zwischen den Heiligen Katharina und Petrus einerseits sowie Paulus und Dorothea andererseits.

Retabel »Kreuzigung Christi durch die Tugenden«

Befremdend ist die Darstellung auf dem RETABEL »KREUZIGUNG CHRISTI DURCH DIE TUGENDEN« [45], das in der Margarethen-Kapelle steht: sieben Frauen vollziehen die Kreuzigung Christi. Kronen und Nimben kennzeichnen sie als Erwählte und Heilige; jede ist benannt – im Nimbus steht ihr Name: Misericordia (Barmherzigkeit) und Veritas (Wahrhaftigkeit) nageln die Hände an das rote Kreuz; Oboedientia (Gehorsam) drückt die Dornenkrone auf das Haupt Christi; Caritas (Liebe) vollführt mit einer Lanze – gehalten wie im Turnier – den Todesstoß und fängt in einem Kelch das Blut auf; zur Linken Christi hält Perseverantia (Beharrlichkeit) die drei Nägel bereit und fängt in einem Kelch das Blut aus der linken Hand auf; Justitia (Gerechtigkeit) nagelt gemeinsam mit Pax (Friedfertigkeit) die Füße an das Kreuz.

Diese allegorische Darstellung des Kreuzestodes Christi – frei von zeitbezogenen Personen – hat ihre Wurzeln in einer Osterpredigt Bernhards von Clairvaux. So kann es kaum verwundern, dass dieses Thema häufig auf Bildwerken in Zisterzienserklöstern zu finden ist, wie etwa

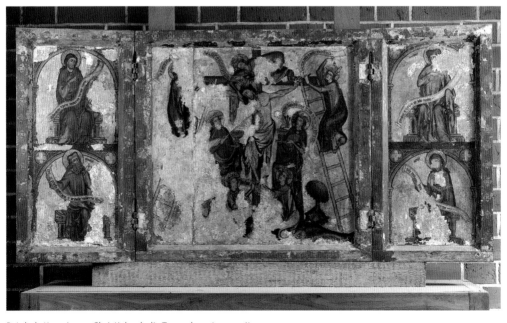

Retabel »Kreuzigung Christi durch die Tugenden«, Innenseiten, um 1320

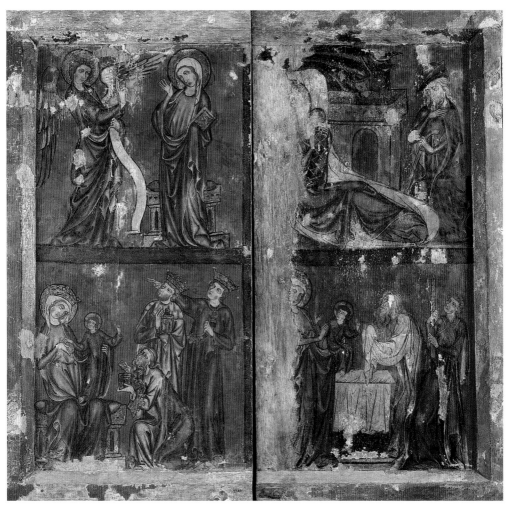

Retabel »Kreuzigung Christi durch die Tugenden«, Außenseiten, um 1320

im Frauenkloster Wienhausen (Glasmalerei) oder im Tochterkloster Pelplin, wo es thematisch durch das Astkreuz (arbor crucis – arbor vitae), das im Höllenrachen mit dem ruhenden Adam fußt und aus dessen Geäst ein Vogel aufsteigt, erweitert ist. Der Vogel wird in der Umrandung als »spiritus« bezeichnet – zu erwarten wäre ein Adler als Symbol der Himmelfahrt.

Bernhard von Clairvaux legt in der Predigt die Bedeutung des Kreuzesgeschehens und der Auferstehung aus. Beide Ereignisse sind Zeichen für Christus als Sieger über Tod und Teufel: »Das Kreuz wird zum Siegeszeichen durch

die Tugenden des Gehorsams, der Geduld, Demut und Liebe, die Christus am Kreuz bewies« (Kraft 1972). Die Tugenden sind die Triebkräfte des Opfertodes zur Erlösung der Menschheit, wie es auf dem Spruchband der Oboedientia (Gehorsam) steht: »Christus factus est obediens prout usque ad mortem« (Christus ist gehorsam geworden bis zum Tode; Phil. 2, 8) oder wie die Perseverantia (Beharrlichkeit) bezeugt: »Cum dilexisset suos qui erant in mundo in finem dilexit eos« (Wie er die Seinen geliebt hatte, die auf Erden waren, so hat er sie bis an das Ende geliebt; Joh. 13, 1). Die Liebe (Caritas), die Bernhard als die höchste christologische Tugend bezeichnet, führt – selbst Teil des Heilsplans der Erlösung – mit dem Lanzenstich den Tod Christi herbei und zugleich fängt sie Christi Blut auf »zur Erlösung für viele«.

Die Kronen und Nimben sind als Zeichen der Verheißung zu verstehen: »Sei getreu in der Nachfolge Christi [imitatio Christi] bis in den Tod, so will ich dir die Krone des Lebens geben«.

Auf den Flügeln sind jeweils in einem Bogenfeld die vier großen Propheten des Alten Testaments dargestellt. Wie Gelehrte thronen sie auf gepolsterten Bänken und weisen auf das Ereignis der Kreuzigung hin. Im linken Flügel oben prophezeit Jesaias, dass sieben Frauen einen Mann ergreifen werden; darunter kündigt Hesekiel die Verspottung an. Im rechten Flügel oben beklagt Jeremias den unvergleichlichen Schmerz; dem fügt Daniel hinzu: »… jede Farbe wich aus meinem Antlitz …«

Auf die Außenseiten der Flügel sind vier Szenen aus dem Marienleben beziehungsweise der Kindheit Jesu gemalt – unübersehbar sind die gleichen Bildmetaphern wie im linken Flügel des Hochaltars: Verkündigung an Maria, die auch hier die offene Rechte als Zeichen ihres Gehorsams erhebt; rechts folgt die Geburt Christi mit einer ähnlichen, stipesartigen Krippe; auf die Anbetung der Könige folgt die Darbringung Jesu im Tempel – wiederum nimmt der greise Simeon mit verhüllten Händen den Jesusknaben in Empfang, als fasse er ein heiliges Gefäß: »mei oculi vidunt tuum salvatorem« (meine Augen haben Deinen Heiland gesehen; Luk. 2, 30).

Obwohl die Gestik der Personen erstarrt erscheint und manche Gesichter typisiert wirken – die Köpfe des Propheten Hesekiel, des knienden Königs und Simeons folgen derselben Vorlage wie das erhobene Haupt Melchisedeks auf der Tür des Kelchschrankes – lassen die Farbigkeit und Modellierung das außerordentliche Können dieses Malers beziehungsweise der Klosterwerkstatt erkennen. Weit und breit sind keine vergleichbaren Tafelbilder zu finden. Der Verlauf der Blutstropfen auf Leib und Armen Christi wie auch die Linienführung der Gewän-

der sind kalligrafisch ausgeführt. Die Verdichtung und Aufhellung ihrer Farbigkeit hat etwas Melodisches und das Lendentuch Christi wirkt entmaterialisiert.

Corpus-Christi-Retabel

Der feinfühlige Maler des Retabels der »Kreuzigung Christi durch die Tugenden« hat auch die Tafelbilder des CORPUS-CHRISTI-RETABELS [44] in der Margarethen-Kapelle geschaffen, von denen leider nur der rechte Flügel mit der Abendmahlsszene (► Abb. S. 147) erhalten geblieben ist. Auf der Außenseite ist ein trauernder Johannes dargestellt, der einem Kruzifix und einer trauernden Maria auf dem verlorenen linken Flügel zugeordnet werden kann. Aus dieser beidseitigen Thematik zur Passion können auch die fehlenden Szenen auf der Innenseite erschlossen werden: Geißelung und Kreuztragung. Eine Vorstellung dieser Darstellungen ermöglichen Pinselzeichnungen in einem Elfenbeinbüchlein zur Passionsandacht, das sich im Victoria & Albert Museum in London befindet.

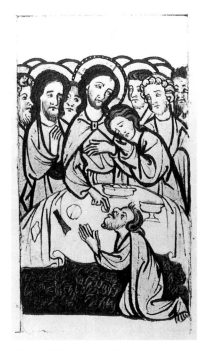

Elfenbeintäfelchen mit Abendmahlszene, London, Victoria & Albert Museum, um 1350

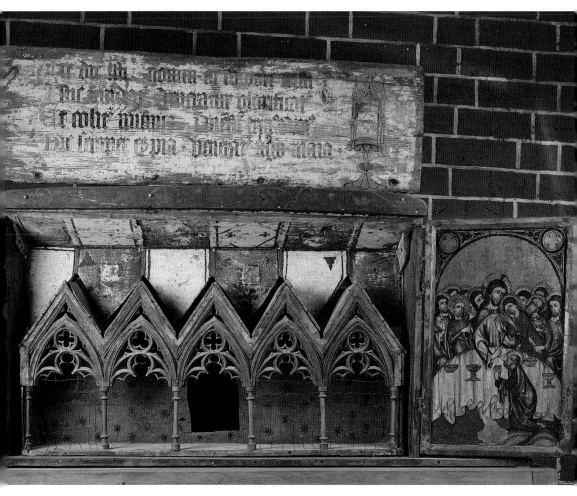

Corpus-Christi-Retabel, Schrein mit rechtem Flügel, um 1320

Die Spur zu diesen sparsam kolorierten Minia-
turen weist die ungewöhnliche Form des halb-
runden Abendmahltisches. Sogar für eine Glasmalerei in Thorn / Torun an der Weichsel diente
sie als Vorlage, höchstwahrscheinlich vermittelt
durch das nördlich von Thorn / Torun gelegene
Tochterkloster Pelplin. Möglicherweise hat
diese Form selbst Meister Bertram so beeindruckt, dass er auf dem Passionsaltar in der
Landesgalerie Hannover Jesus und die Jünger
um einen halbkreisförmigen Tisch gruppierte.
Derselben Vorlage folgen auch der Chris-
tustypus der Abendmahlstafel und des Retabels
»Kreuzigung Christi durch die Tugenden«.

Was bereits von der ungewöhnlichen Struktur
des Querhauses der Pelpliner Klosterkirche
gesagt wurde, gilt auch für die Verbreitung
dieser Abendmahlsdarstellung: Beides ist Ausdruck der Bindungen zwischen Mutter- und
Tochterkloster im Zisterzienserorden und der
Filiation auch im Bau- und Kunstschaffen der
Klöster.

Die Anfertigung dieses Retabels wurde
wahrscheinlich aus einer Stiftung finanziert,
die der Lübecker Bürger Peter Wise († 1338) für
den Corpus-Christi-Altar sowie die Altäre der
11 000 Jungfrauen und des Apostels Andreas
eingerichtet hatte; das Datum dieser Stiftung

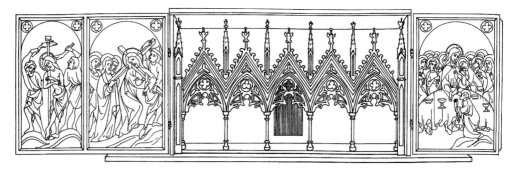

Corpus-Christi-Retabel, Rekonstruktionszeichnung

ist nicht überliefert. Für diese Altäre richteten seine Brüder Heinrich und Johann – beide waren Mönche im Kloster – gemeinsam mit ihrer Schwester Gertrud 1341 Altardienste ein, die indirekt aus dem Nachlass Peter Wises finanziert wurden.

Das Corpus-Christi-Retabel nimmt unter den Altaraufsätzen der Klosterkirche eine Sonderstellung ein. Der Schrein besteht aus einem

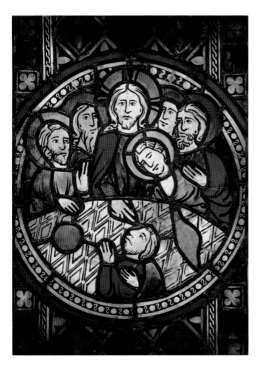

Glasmalerei mit Abendmahlszene, Bezirksmuseum Thorn

recht grob gearbeiteten äußeren Kasten, an den die Flügel montiert wurden, und einem inneren Gehäuse, dessen Schaufront aus einer Reihung von fünf Wimpergen und zwei flankierenden Fialen sowie vier Fialen zwischen den Satteldächern dem Aufriss des Hochaltars en miniature folgt. Die Arkaden unter goldenem Maßwerk gewähren Einblick in die kleine »Halle«, deren rote Rückwand mit silbernen Sternen übersät ist. Dieser innere Schrein ist lose in den Kasten eingestellt, dessen Rückwand nur den Freiraum zwischen und über den Satteldächern hinten abschließt. Dieses zierliche Gehäuse kann für unterschiedliche Präsentationen innerhalb der Kirche und für Prozessionen herausgenommen und mitgeführt werden, wie es auf manchen mittelalterlichen Darstellungen zu finden ist. Welche Kostbarkeit – ob eine Monstranz, wie auf der nachträglich montierten Tafel dargestellt, oder Reliquiare – hier gezeigt wurde, ist nicht überliefert. Es muss ein Gegenstand gewesen sein, von dessen Berühren oder gar Besitz Gläubige Wunder erwarteten. In solchem haptischen, aber vom Konvent unerwünschten Verlangen – die Beschlüsse des Generalkapitels mahnten immer wieder das sichere Verwahren an – darf der Anlass zum Vergittern der Arkaden mit Kupferdraht und, um diesen Gegenstand herausnehmen und hineinstellen zu können, das Einarbeiten einer Türöffnung in die Rückwand vermutet werden. Nachträglich wurde auch eine Krampe zur Sicherung durch Anbinden oder Anketten in die Rückwand geschlagen.

Unter den benannten Reliquien kann wohl nur der legendäre Hirtenstab, der zu grünen begann als ein Hirte eine Hostie in ihm verbarg, in der zierlichen Halle zur Präsentation gekommen sein. Und da diese Reliquie in der Fronleichnamsoktav in der Torkapelle Pilgern gezeigt werden sollte, wie es in der Weiheurkunde vom 4. Juni 1368 festgelegt war, und wo auch Frauen hinzutreten durften, wird verständlich, dass dieser Stab vor dem Andrang der Pilger und unerwünschter Berührung geschützt werden musste.

Im Mittelalter erfolgten noch zwei Veränderungen an der Schaufront. Zunächst wurde ein recht derb gearbeitetes Kantholz oben am äußeren Kasten angebracht, mit einer goldgelben Ranke auf rotem Fond bemalt und mit drei Bohrungen in der Oberkante versehen. Da an den Bohrungen weder Leimreste noch irgendwelche Abnutzungen zu erkennen sind, bleibt ihre Bestimmung völlig ungewiss – die beabsichtigte Veränderung scheint nicht zum Abschluss gekommen zu sein, aber das Kantholz wurde belassen um der großen Schrifttafel Halt zu bieten. Die Schrifttypen werden in das zweite Viertel des 14. Jahrhunderts datiert, also in einen zur Entstehung der Bildtafel nahen Zeitraum.

Are dic isti nomen de corpore cristi
   Nenne den Namen dieses Altars nach dem Leibe Christi/
Istic fundatur veneratur glorificatur
   Hier wird ausgeteilt, verehrt, verherrlicht/
Et colitur munus immensum trinus et unus
   Und angebetet das unermessliche Liebesopfer des Dreieinigen/
Hic semperque pia venetatur virgo maria
   Hier wird auch fortwährend die reine Jungfrau Maria verehrt.

Die Abbildung einer Monstranz mit zylindrischem Schaugefäß kann wohl nicht allein als Beweis gewertet werden, dass eine Monstranz in dem zierlichen Schrein präsentiert wurde; das Bewegen durch die kleine Tür dürfte sehr umständlich gewesen sein. Die Monstranz ist wie die »reine Jungfrau Maria« ein Gefäß, in dem das wahre Brot des Lebens Christus in Gestalt der Hostie sichtbar wird; auf der Hostie ist eine mit zarten Pinselstrichen gezeichnete Kreuzigungsgruppe zu erkennen, die wiederum auf »das unermessliche Liebesopfer des Dreieinigen« verweist.

Retabel mit Reliquienmulde

Um sich die Vielfalt der Ausgestaltung der Retabel von ehemaligen Nebenaltären in der Klosterkirche vergegenwärtigen zu können, sei auf ein Triptychon aufmerksam gemacht, von dessen Bemalung allerdings nichts erhalten geblieben ist, und dessen Tafeln – wie die regelmäßigen Nagelungen entlang der Profile verraten – in nachreformatorischer Zeit mit Leinwandbildern überspannt wurden. Dass es dennoch beachtenswert ist, fällt beim ersten Blick auf. Mit eingetieften Vierpässen sind die Rahmen gestaltet, in die – wie die wechselnd rot und grün bemalten Kreidegrundreste vermuten lassen – edelsteinartige Glasflüsse eingefügt waren. Diese kostbar machende Steigerung umgab »… vormals ein Reliquienkästchen [am Fuße des Kreuzes], oben her mit Glas verwahrt« (Röper 1808). Erhalten blieb eine ovale Vertiefung, ein sogenanntes Sepulcrum (Grab), in die eine Reliquie eingebettet war; die kleine Mulde ist in die Mitteltafel am unteren Rand eingearbeitet. Das Glas oder ein Bergkristall wie am Triumphkreuz in der Rostocker Klosterkirche Zum Heiligen Kreuz wurde von einer Metalleinfassung gehalten, wie die Nagelungen um das Sepulcrum herum erkennen lassen. Vielleicht war diese Reliquie der Anlass, dieses Merkmal katholischer Frömmigkeit mit Leinwandbildern zu verdecken. Solch ein RETABEL MIT RELIQUIENMULDE [**38**] ist nicht nur im Doberaner Münster einmalig, sondern im ganzen Land. Im weiteren Umkreis sind in Böhmen Bilder mit derart reich gestaltetem Rahmenwerk und Sepulcren auf Burg Karlstein und auf der Prager Burg zu finden. Annegret Laabs vermutet, dass hier der Splitter vom Heiligen Kreuz verwahrt worden ist, den Herzog Heinrich II. aus dem Heiligen Land mitgebracht und einen Teil dem Doberaner Kloster gestiftet hatte, den anderen Teil dem Dominikanerkloster in Wismar.

Der Mönchskrieg

Man kann es sich nicht oft genug vergegenwärtigen: Die Klosterkirche war mit dieser Ausstattung liturgisch im vollen Umfange funktionsfähig. Die festlichen Gottesdienste dürften keinen wesentlichen Einschränkungen unterworfen gewesen sein, obwohl Bauarbeiten und Ausmalung noch nicht abgeschlossen waren. An der Leistungsfähigkeit des Baubetriebes und der Werkstätten der Schreiner, Bildschnitzer und Maler scheint kein Mangel bestanden zu haben, wie die Retabel und die Gestühle anschaulich dokumentieren. Der Konvent war um 1310 in eine Krise geraten. Die Ursachen für die Konflikte im Doberaner Kloster sind in der wirtschaftlichen Schwäche des Mutterklosters Amelungsborn zu suchen. Doberans weit verstreute Besitzungen, seine Anteile an Salinen, Fischereirechten und seine üppigen Einkünfte aus mancherlei Geschäften weckten Begehrlichkeiten. Und da der Vaterabt Visitationspflichten in Doberan nachkommen musste und die Abtswahl dort seiner Bestätigung bedurfte, nutzten die Amelungsborner Äbte diese Möglichkeiten, Einfluss auf Leitung und Verwaltung im Tochterkloster zu nehmen. Unmut erregte bei den einheimischen Mönchen und Konversen (»Slaven«), dass als Abt und Leitungskräfte zumeist Mönche aus Amelungsborn und dem Umland (»Sachsen«) bestätigt wurden. Diese Personalpolitik ging soweit, dass »Slaven« – eine regional, nicht ethnisch zu verstehende Bezeichnung –, die in das Kloster eintreten wollten, abgewiesen oder nur sehr verzögert aufgenommen wurden. Mit diesen Ereignissen soll ein wirtschaftlicher Niedergang des Klosters, Verschuldung und Verpfändungen verbunden gewesen sein. Die Auseinandersetzungen spitzten sich derart zu, dass die Klosterleitung zu Verbannung und Folter griff; die Gegenpartei verübte Überfälle und Brandstiftung auf den Wirtschaftshöfen; es soll sogar Giftmischerei im Spiel gewesen sein, um Herzog Albrecht II. umzubringen, der sich hinter die Gruppe der einheimischen Mönche und Konversen gestellt hatte. Der amtierende Abt Konrad IV. brachte Urkunden, Vasa sacra, Ornate und Messbücher nach Rostock in den Doberaner Hof in Sicherheit.

Im Mai 1337 gelang es dem Vaterabt aus Amelungsborn, unterstützt von vier weiteren Äbten, einen Kompromiss zwischen dem Abt und dem Konvent herbeizuführen; entsprechend den Statuten des Ordens wurden auch die Äbte der benachbarten Klöster Dargun und Neuenkamp hinzugezogen. Abt Konrad resignierte. Sein Nachfolger Abt Martin (1337–1339) wurde aus den eigenen Reihen gewählt. Am 11. Mai 1337 wurde der Konvent im Kapitelsaal informiert, und alle vierzig Mönche verpflichteten sich mit ihrer Unterschrift, die Entscheidungen der anwesenden Äbte einzuhalten und den seit dreißig Jahren schwelenden Streit beizulegen. Dennoch setzte Abt Jakobus 1341 eine Klageschrift gegen das Mutterkloster Amelungsborn auf. Kern der Klage war die wirtschaftliche Ruinierung des Klosters unter der Führung der sächsischen Äbte, die das Mutterkloster eingesetzt hatte. Die Langzeitrechnung belief sich auf 8500 Mark. Wohl nicht von ungefähr wird Abt Jakobus auf seinem Grabstein gerühmt: »qui huic ecclesie xxii annis laudabiliter prefuit« (der diese Kirche durch 22 Jahre lobenswert leitete). Bis es zu einer beurkundeten Schlichtung mit dem Mutterkloster kam (1. Mai 1361), sollten jedoch noch gut zwei Jahrzehnte vergehen.

Vollendung des Münsters und Schlussweihe 1368

S eit 1356 residierte Albert von Sternberg als Bischof in Schwerin. Papst Innozenz IV. hatte ihn auf Bitten Kaiser Karls IV. ernannt, der damit seine Politik verfolgte, sich entlang der Elbe Stützpunkte zu schaffen. Albert von Sternberg aus hohem böhmischen Adel war nach Studienaufenthalten in Bologna und Paris (Theologie, Philosophie, Jura) bis zum Rat Kaiser Karls IV. aufgestiegen. Der kunstsinnige Bischof hatte in Mecklenburg eine Aufgeschlossenheit geweckt, die offensichtlich Künstler aus Prag und Böhmen anlockte, hier tätig zu werden. Sie hinterließen auch in Doberan am Bauwerk und an der Ausstattung Spuren, wie beispielsweise Meister Bertram.

Anzeichen dafür ist der bereits erwähnte Wechsel vom spitzwinkligen zum spitzbogigen Wimperg sowohl in der Triforiumsmalerei als auch im predellenartigen Unterbau des Hochaltars. Und auch im Zuge der Fertigstellung der Chorgewölbe wurden die Schildbögen, also der Ansatz der Gewölbe mit gemalten Krabben und im Scheitelpunkt mit stilisierten roten Lilien oder Palmetten hervorgehoben – ein Element, das von der Parler-Bauhütte häufig an Fassaden verwendet wurde. In Doberan prägen diese Wimperge auch die Architektur des Sakramentsturmes und werden am Oktogon in üppiger Durchbildung ausgeführt.

Bis zur Schlussweihe war nicht nur die Fertigstellung des Mittelschiffes zu bewältigen, sondern es wurden auch Veränderungen an der Erstausstattung vorgenommen und neue Bildwerke von zentraler ikonografischer und liturgischer Bedeutung geschaffen. Zum einen betraf dies den Hochaltar mit der Erhöhung durch ein predellenartiges Untergeschoss und die Umsetzung der Madonna aus dem Hochaltar in einen neuen Chorleuchter. Ausgelöst durch das gesteigerte Schauverlangen und die Einführung des Fronleichnamsfestes (erstmals 1246 in Lüttich gefeiert), das 1317 vom Generalkapitel als verbindlich für alle Klöster erklärt wurde, trat an die Stelle der eucharistischen Madonnenfigur eine Monstranz mit einem Schaugefäß, in das die bei der Wandlung erhobene Hostie (Elevation) – nunmehr als das Allerheiligste bezeichnet – eingesetzt wurde. Zwar war diese Hostie von Weitem nicht zu erkennen, aber im Wissen um ihr Vorhandensein in der Monstranz, sollte dieselbe während der Messe vom im Chorgestühl versammelten Konvent betrachtet werden können.

Unterbau des Hochaltars

Aus diesem neuen Schauverlangen heraus wurde das HOCHALTARRETABEL [1] durch einen Unterbau erhöht. Dieses Untergeschoss ist wie das Retabel mit Flügeln ausgestattet. In der Mitte ist eine Marienkrönung zwischen zwei Reliquiengefachen angeordnet, die bei der Restaurierung 1848/49 durch Arkadenreihungen ersetzt worden sind.

Sehr wahrscheinlich sind die Figuren um 1368 von einem böhmischen Bildhauer ge-

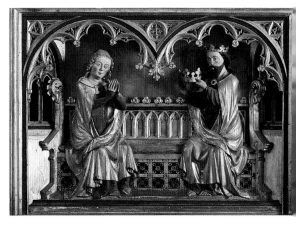

Hochaltarretabel, Untergeschoss: Marienkrönungsgruppe, um 1368

schaffen worden. Maria hat das typisch böhmische Gesicht mit den Grübchen und der Christuskopf gleicht den Köpfen böhmischer Könige – ein Typus, der auch am Sakramentsturm im König David und anderen Figuren vertreten ist. Die Reihe der zwölf Apostel, erweitert um Papst Fabian (links) und den Ritterheiligen Sebastian (rechts) vertreten die Gemeinschaft der Heiligen und bringen dies mit einigen Zitaten aus dem Glaubensbekenntnis zum Ausdruck (im linken Flügel Thomas: »Descendit ad inferna tercia die resurrexit a mortuis«; im rechten Flügel Jakobus d. Ä.: »Qui conceptus est de spiritu sancto natus ex maria virgine«; Philippus: »Inde venturus est judicare vivos et mortuos«; Mathaeus: »Sanctam ecclesiam catholicam sanctorum communionem«). Da diese Textfolge nicht logisch ist, muss angenommen werden, dass bei der Restaurierung 1848/49 oder schon zu einem früheren Zeitpunkt die Aufstellung verändert wurde. Dass Apostelfiguren neben ihrem Attribut auch ein Buch oder Spruchband mit einem Satz des Credo halten, ist wiederholt auf Altären des 14. Jahrhunderts zu finden, beispielsweise sind im ehemaligen Hochaltarretabel des Havelberger Doms (1330), das seit 1607 in der Dorfkirche zu Rossow bei Wittstock steht, alle Sätze des Credo in korrekter Folge auf Spruchbänder der zwölf Apostel verteilt.

Sakramentsturm

Die neue Monstranz beziehungsweise das Schaugefäß blieb nach der Feier nicht im Verborgenen, im Hochaltar stehen, sondern konnte im neu geschaffenen SAKRAMENTSTURM [5] weithin sichtbar im Geschoss über den stehenden Figuren ausgesetzt werden. Dass die Tür zur Exposition (Aussetzung) über der Maria immaculata (unbefleckt, rein) angeordnet wurde, macht den Satz des Glaubensbekenntnisses anschaulich: »Filius Dei … incarnatus de Spiritu Sancto ex Maria virgine« (Sohn Gottes … fleischgeworden vom Heiligen Geist aus Maria, der Jungfrau). Im Kern des Figurengeschosses wurde zur sicheren Verwahrung des Allerheiligsten ein Gefach (Repositorium)

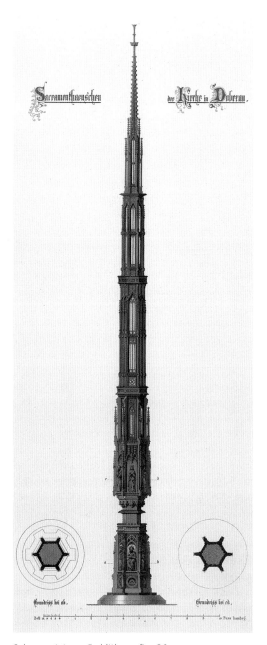

Sakramentsturm, Farblithografie, 1864

ausgearbeitet. Die Tür zu dem Repositorium befindet sich hinter der Figur des Apostels Jakobus d. Ä. Die höheren Geschosse lassen sich nicht öffnen.

Das Bildprogramm der Figuren wird von der Funktion »Exposition des Allerheiligsten zur Verehrung« bestimmt. Die Gestalten im Sockel sind Vertreter des Alten Bundes und Präfigurationen für Christi Opfertod: Abel mit Opferlamm, David, Melchisedek mit Mitra und Kelch (als Pendant zu Abel wie am Kelchschrank und am großen Kreuz), Deborah, Bernhard von Clairvaux (1847 neu geschaffen; die verlorene Figur war vermutlich Elias, dem ein Rabe in der Wüste lebensrettendes Brot brachte) und Moses mit Wasserkrug (Teller mit Manna 1847 hinzugefügt). Die Figur des David unter der Maria bezeugt die königliche Abstammung Jesu. Mit Deborah, der Sprecherin für das Volk Israel, verglich man Maria als Fürsprecherin für die Menschheit. Von den stehenden Figuren verweisen Johannes der Täufer (links von Maria) und der Apostel Thomas – als Diakon mit einer Dalmatika bekleidet und mit der Linken einen Kelch haltend – auf Christus, das Opferlamm. Petrus und Paulus sowie der Apostel Jakobus d.Ä. vertreten die Gemeinschaft der Heiligen, die Kirche. Mit der Anfertigung und Aufstellung des Sakramentsturmes zur sichtbaren Aussetzung des Allerheiligsten erhielt der Hohe Chor um 1368 einen neuen festlichen Akzent auf der Evangelienseite. Der Doberaner Sakramentsturm ist der älteste seiner Art in Norddeutschland und ist wiederholt nachgebaut worden (Rostock, Zisterzienserinnenkloster Zum Heiligen Kreuz), in einigen Kirchen wurde der Sakramentsturm – wohl aus Platzmangel – direkt an der Nordwand des Chores montiert (Hanstorf, Lichtenhagen, Petschow).

Der Doberaner Sakramentsturm ist über einem Sechseck konstruiert und sein Aufbau gleicht dem »Lego-Prinzip«: Der Sockel ist bis zum Expositionsgefach aus einem Eichenstamm gearbeitet. Dagegen bestehen die sechs Geschosse bis zur Spitze aus drei jeweils zweigeschossigen Bauteilen, deren Standflächen in Aussparungen in der Deckplatte des unteren Bauteils einrasten. Mit Keilen arretierte Überfälle (drei in jeder Kontaktstelle) verleihen dem System Stabilität und Sicherheit.

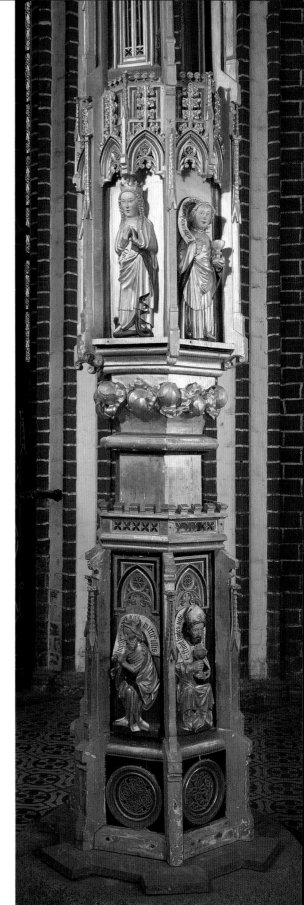

Sakramentsturm, unterer Teil, um 1370

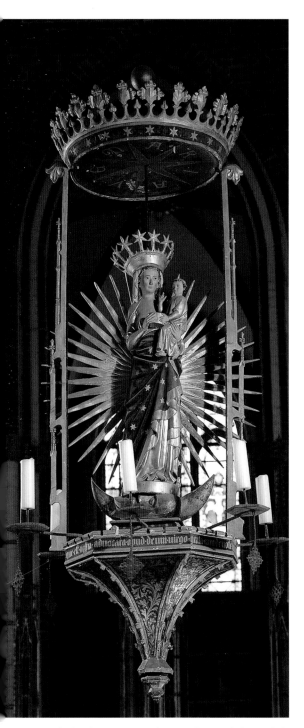

Chorleuchter mit Marienfigur aus dem Hochaltarretabel, um 1300, Gestänge um 1368

Chorleuchter

Auch die Umsetzung der Marienfigur aus dem Hochaltar um 1368 und ihre Erhöhung im neuen CHORLEUCHTER [**6**] ist unübersehbar ein Zeichen für die Marienverehrung im Orden der Zisterzienser, aber auch für die Bewahrung eines verehrten Andachtsbildes in neuer Funktion. In der Ausstaffierung mit dem großen Strahlenkranz, gekrönt mit einer sternenbesetzten Krone und erhöht auf der Mondsichel stehend, gleicht das Bildwerk nunmehr der Vision des Johannes in der Offenbarung (12, 1): »Und es erschien ein großes Zeichen am Himmel: eine Frau mit der Sonne bekleidet und der Mond unter ihren Füßen und auf ihrem Haupt eine Krone von zwölf Sternen …« Über dem Haupt der Himmelskönigin erscheint zwischen den Zacken eines achtstrahligen Sterns der Gruß des Engels Gabriel: »A·V·E · M·A·R·I·A« und am Rande der Hängekonsole steht der Hymnus zu lesen:

Hec est illa dulcis rosa
Dies ist jene süße Rose
pulchra nimis et formosa
schön überaus und wohlgestaltet
que est nostra aduocata
die unsre Fürsprecherin ist
apud deum virgo grata
bei Gott die willkommene Jungfrau
eam deuote salutate
sie sollt ihr ehrerbietig grüßen
illam rogo inclinate.
vor jener – so bitte ich – verneiget euch.

Die Konstruktion ist so durchdacht wie das Stecksystem des Sakramentsturmes. Die verkeilten Halterungen sind problemlos zu lösen, so dass 1980 eine Demontage möglich war, um die Madonna ohne jüngeres Beiwerk im Hochaltar aufzustellen. Dieser Versuch begründet die Annahme, dass diese Madonnenfigur das zentrale eucharistische Bildwerk des Hochaltars war (▸ Abb. S. 37). Das Christuskind erhebt die segnende Rechte über der gemeinsam von Mutter und Kind gehaltenen Pyxis.

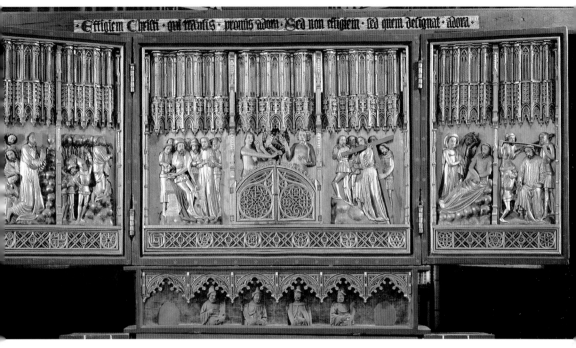

Kreuzaltarretabel, Christusseite mit Predella, um 1368

Kreuzaltarretabel und Triumphkreuz

Macht das gesteigerte Schauverlangen während der Wandlung des Allerheiligsten in der Messe die Anschaffung einer Monstranz für den Hochaltar und die »Erhöhung« der Madonnenfigur im neuen Chorleuchter verständlich, so regen sich beim Anblick des Triumphkreuzes mit dem sockelartigen, doppelseitigen Schrein und der Vielfalt typologischer Darstellungen Zweifel, ob der Doberaner Konvent sich die Beschlüsse des Generalkapitels zur Ausstattung der Kirchen des Ordens (1213) zu eigen gemacht hatte: »Mit der Autorität des Generalkapitels wird verboten, dass in Zukunft im Orden Bilder und Skulpturen – ausgenommen das Bild des Erlösers Christi – hergestellt werden.« (nach Braunfels 1985) Und doch ist trotz der Mannigfaltigkeit der Bildwerke eine strikte Konzentration auf »das Bild des Erlösers Christi« festzustellen. Vor dem Hintergrund dieses ordensinternen Konflikts, Bildwerke nicht um ihrer

Schönheit, sondern wegen ihrer Bedeutung zuzulassen, sind die Schriftsätze an den Retabeln, die vorhandenen und überlieferten, aufschlussreich und wenden sich als Mahnung direkt an die Vorübergehenden, wie die Worte am Haltebalken über dem Mittelschrein der Christusseite: »Effigiem Christi · qui transis · pronus adora · Sed non effigiem · sed quem designat · adora« (Dem Bilde Christi erweise immer die Ehre, wenn Du vorübergehst. Doch nicht das Bild bete an, sondern den es abbildet.)

Facettenreich werden am Doberaner KREUZALTARRETABEL und am TRIUMPHKREUZ [12] Menschwerdung und Opfertod Christi in den Typologien gespiegelt und erläutert. Wie die bereits genannten Bildhandschriften, die in Auswahl als thematische Vorlagen genutzt wurden, ist dieses monumentale Bildwerk eine Concordantia caritatis (Zusammenfassung des göttlichen Liebeswerkes) »in einer geradezu triumphalen Steigerung«.

In dieser Konzentration, die eine Form zisterziensischer Simplicitas (Einfachheit) ist,

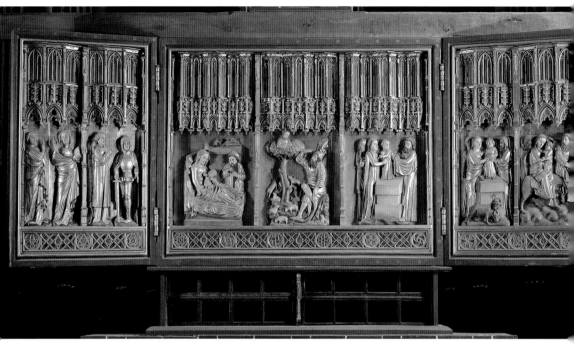

Kreuzaltarretabel, Marienseite mit Predella/Reliquienkasten, um 1368

gleichen sich die Bildprogramme von Hoch-altar und Kreuzaltar – hier jedoch mit einer Verdoppelung der Typologien. Wer dieses Bildprogramm zusammengestellt hat, ob die programmatischen Bildhandschriften in der Bibliothek des Klosters verfügbar waren, oder ob das Konzept in einem der Studienhäuser erarbeitet worden ist – diese Fragen bleiben offen. Allein das monumentale Bildwerk lässt die Entschlossenheit des Konventes spüren, dem Retabel des Hochaltars ein triumphales Zeichen des göttlichen Heilsplanes gegenüberzustellen.

Vergleichbare Bildwerke mit einer so dichten Folge von Darstellungen – sieht man von den irischen Hochkreuzen ab – und typologischen Bezügen zu den zentralen Figuren sind nicht zu finden. Aufgrund der Vernetzung der Zisterzienserklöster scheinen unterschiedliche Bildfindungen die Gestaltung beeinflusst zu haben. Jensen hat auf ein sieben Meter hohes Kreuz hingewiesen, das Abt Suger um 1140 für die Kathedrale in St. Denis fertigen ließ, aus-

staffiert mit typologischen Darstellungen auf Emailplatten. In der Anbringung einer Madonnenfigur auf der Rückseite des Gekreuzigten sind wiederum dänische Kreuze vergleichbar. So zum Beispiel zwei Vortragekreuze aus der Kirche in Sjöbo/Schonen, das im Mittelalter zum dänischen Königreich gehörte. Oder das Triumphkreuz in der Zisterzienserklosterkirche in Sorø, in dessen unteren Kreuzbalken zu Füßen des Gekreuzigten ein Relief mit einer stehenden Madonna eingearbeitet ist.

Kreuz und Retabel in Doberan sind nicht aus einem Guss und es waren unterschiedliche Bildhauer beteiligt, wie an den Reliefs im Schrein der Marienseite unschwer zu erkennen ist. Die Figuren der Verkündigung an Maria beziehungsweise an Gideon wirken steif gegenüber den anderen Reliefs mit erzählerischer Ausstrahlung. Wiederum bilden die Reliefs mit den Passionsszenen und den zugehörigen Typologien (Elias am Berge Karmel; Hiob wird von seiner Frau verspottet) eine Gruppe, denen eine parallele Reihung der Figuren gemeinsam

ist. Ganz anders wirkt die bildhauerische Umsetzung der Reliefs am Kreuz, insbesondere der
Stücke der Marienseite, da diese nicht wie die
Reliefs der Christusseite durch die um 1896 entstandene Neufassung verunklärt sind. Diese
Reliefs lassen ein Bemühen spüren, beobachtete Vorgänge künstlerisch umzusetzen: so
beim Schreiten der Kundschafter mit der
großen Traube oder wie der Matthäus-Engel
am Schreibpult mit einem Messer das Perga-
ment beim Schreiben glatthält; auch Stier und
Adler, die anderen Evangelistensymbole, sind
in ihrer Körperlichkeit realitätsnah. Der Adler
hält das Evangelienbuch so, als habe er ein Tier
auf freiem Felde geschlagen. Frisch beobachtet
wirkt auch eine vorbereitende Skizze für das
Adlerrelief, die auf der Rückseite des Reliefs
»Esthers vor Ahasver« entdeckt wurde (1983).
Die Übertragung von Naturbeobachtungen ins
Bild verrät ein naturkundliches Interesse, das
sich in der zweiten Hälfte des 14. Jahrhunderts
ausbreitet.

Auf beiden Seiten des Mittelschreins sind
die Gefache erheblich breiter als die eingesetz-
ten Reliefs, ausgenommen die Reliefgruppe mit
dem Sündenfall in der Mitte der Christusseite.
Diese Divergenzen zeigen an, dass während der
Arbeiten am Mittelschrein das Konzept ge-
ändert wurde. Ein Befund auf der Marienseite
eröffnet die Möglichkeit einer Klärung: Das Relief »Darstellung Jesu im Tempel« verdeckt Teile
der originalen Rückwandvergoldung beziehungsweise der Aussparungen, die nicht diesem Relief entsprechen, sondern dem Relief
der Kreuztragung, das dementsprechend näher
zur Kastenseite eingesetzt werden sollte. Für
die Christusseite war also ursprünglich in der
Mitte ein breiteres Gefach angeordnet, das in
der Abfolge der Passionsdarstellungen nur für
eine figurenreiche Kreuzigung vorgesehen sein
konnte.

Ganz offensichtlich ist während der Fertigung der Reliefs die Idee eingebracht worden,
nicht das Kreuz allein im Zentrum mit der
Farbe Grün als Baum/Holz des Lebens (arbor/
lignum vitae) zu kennzeichnen, wie es schon an
den Triumphkreuzen des 13. Jahrhunderts wie
z. B. Halberstadt oder Wechselburg geschehen

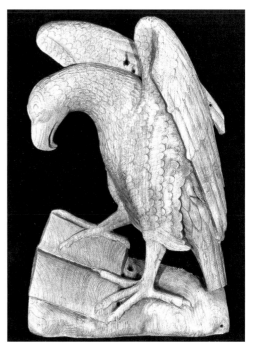

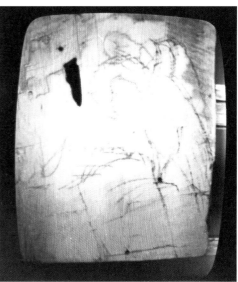

Triumphkreuz, Marienseite, Johannes-Adler und Adler-
Skizze rückseitig auf dem Relief ›Ester bittet Ahasver
um Freiheit für ihr Volk‹

war, sondern das Symbol »Baum« beidseitig im
Schrein als symbolische Verklammerung von
Kreuz und Schrein ins Bild zu setzen. Die
Schlüsselposition in diesem Prozess kommt der

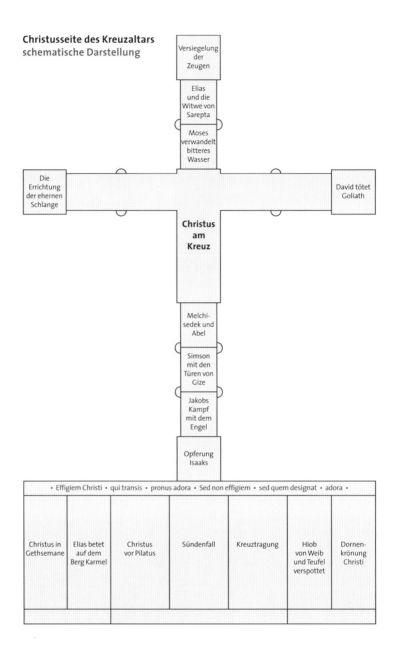

Christusseite des Kreuzaltars
schematische Darstellung

Versiegelung der Zeugen				
Elias und die Witwe von Sarepta				
Moses verwandelt bitteres Wasser				

Die Errichtung der ehernen Schlange	**Christus am Kreuz**	David tötet Goliath

Melchi-
sedek und
Abel

Simson
mit den
Türen von
Gize

Jakobs
Kampf
mit dem
Engel

Opferung
Isaaks

· Effigiem Christi · qui transis · pronus adora · Sed non effigiem · sed quem designat · adora ·

Christus in Gethsemane	Elias betet auf dem Berg Karmel	Christus vor Pilatus	Sündenfall	Kreuztragung	Hiob von Weib und Teufel verspottet	Dornen-krönung Christi

Sündenfall-Gruppe zu: Über dem Baum der Erkenntnis und des Todes ist der Baum des Lebens aufgerichtet. Auf der Marienseite wurde das Relief »Moses vor dem brennenden Dornbusch« in die Mitte achsial unter das Kreuz gesetzt, als Typologie zur Jungfrauengeburt und zur Menschwerdung Christi. Dies hatte zur Folge, dass auf ein typologisches Bild zur

»Flucht nach Ägypten« verzichtet werden musste. Zur Auswahl hätten beispielsweise »David flieht vor den Nachstellungen Sauls« oder »Elias flieht vor Ahab und Isabel« gestanden. Beide Ereignisse benennt der »Pictor in carmine«.

Durch die Aufnahme des »Baums der Erkenntnis« in das Bildprogramm und den Verzicht auf eine Kreuzigungsszene wurde das

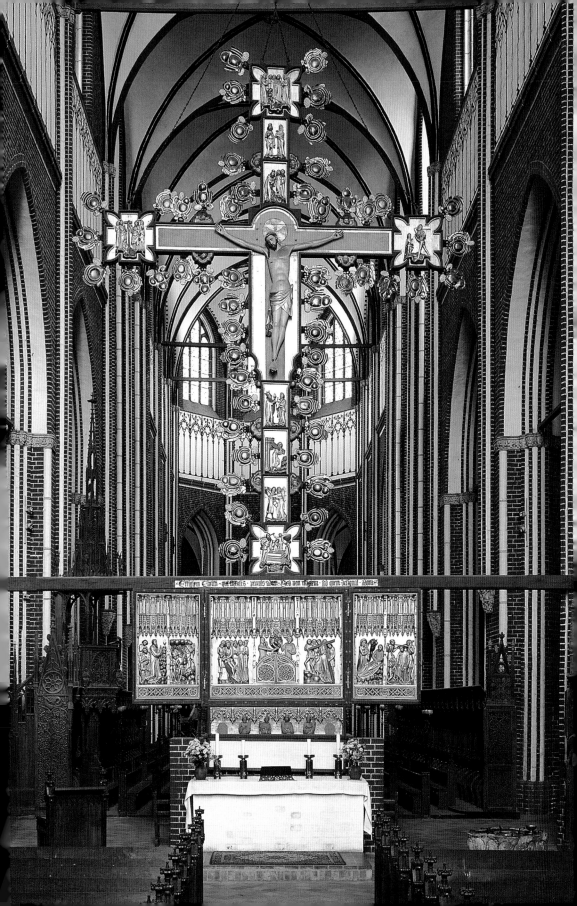

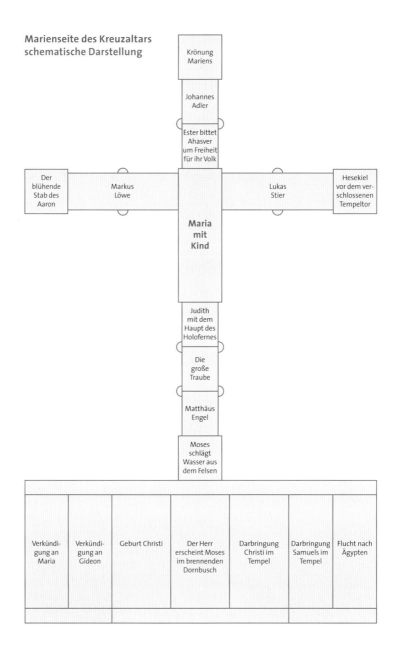

Marienseite des Kreuzaltars schematische Darstellung

Krönung Mariens

Johannes Adler

Ester bittet Ahasver um Freiheit für ihr Volk

| Der blühende Stab des Aaron | Markus Löwe | Lukas Stier | Hesekiel vor dem verschlossenen Tempeltor |

Maria mit Kind

Judith mit dem Haupt des Holofernes

Die große Traube

Matthäus Engel

Moses schlägt Wasser aus dem Felsen

| Verkündigung an Maria | Verkündigung an Gideon | Geburt Christi | Der Herr erscheint Moses im brennenden Dornbusch | Darbringung Christi im Tempel | Darbringung Samuels im Tempel | Flucht nach Ägypten |

Triumphkreuz zu einem heilsgeschichtlichen Zeichen vom Sündenfall bis an das Ende der Zeit, thematisiert in dem Relief »Versiegelung der Zeugen« (Offb. 7) am oberen Kreuzbalken.

Adam und Eva sind »in flagranti« dargestellt – der Versucher windet sich als Schlange mit gekröntem Frauenkopf durch das Geäst des Baumes, dessen Blattwerk ursprünglich emailartig leuchtete wie die 1983 rekonstruierte Fassung der Weinblätter (grüner Lack über Blattsilber/Blattaluminium).

Es ist lange gerätselt worden, warum vor Adam und Eva ein filigranes Gitter angebracht ist. Im 19. Jahrhundert hielt man es für eine Zutat aus Prüderie. Das Gitter gehört jedoch zum mittelalterlichen Bestand. Scharniere und

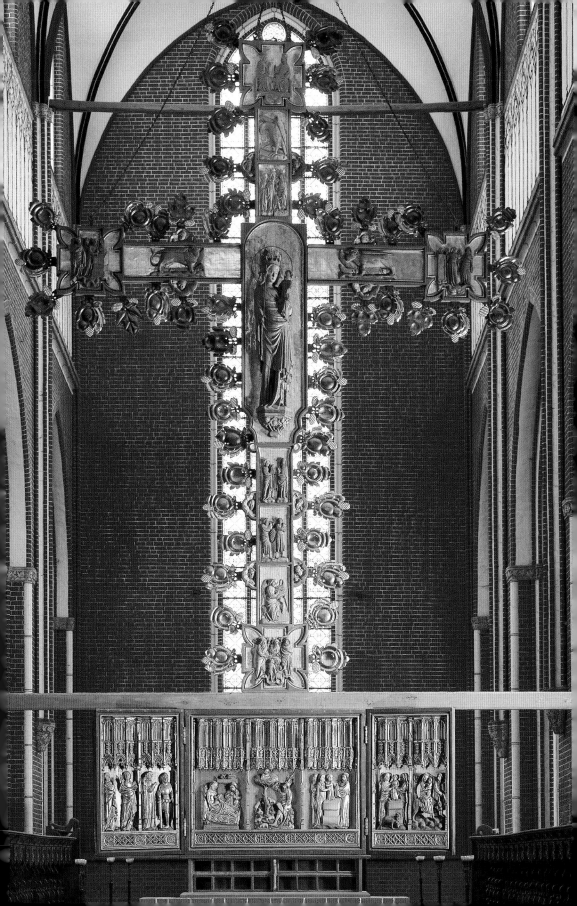

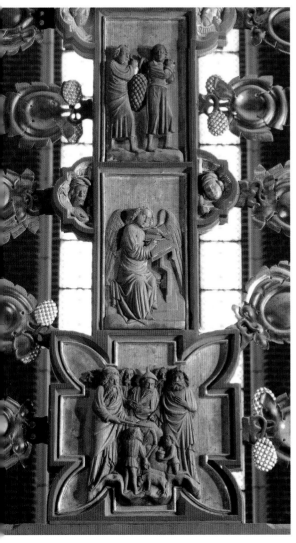

Triumphkreuz, Marienseite (v. u. n. o.): Moses schlägt Wasser aus dem Felsen; Matthäus-Engel am Schreibpult; Botschafter mit der großen Traube

Zu der Annahme, dass im Doberaner Kloster die Höllenfahrt Christi in einer besonderen Ausprägung gefeiert wurde, ermutigt ein Osterspiel, das vermutlich hier im Kloster entstanden und 1474 auf dem Doberaner Wirtschaftshof Redentin bei Wismar aufgeschrieben worden ist. Dieses Osterspiel ist im Kern eine Inszenierung der Höllenfahrt Christi. Dem filigranen Gittertor scheint in diesem Spiel eine Doppelfunktion zuzukommen. Zunächst ist es Abbild des Höllentores, das Christus zur Befreiung zerbricht – nicht allein von Adam und Eva sondern aller Menschen des Alten Bundes bis hin zu Johannes dem Täufer. Den geöffneten Toren kommt in der Endphase des Spiels die Bedeutung der »Tür zum schönen Paradeis« zu, in das der Erzengel Michael, der Seelenwäger, die Erlösten führt. Dementsprechend sind die Innenseiten der Gittertüren mit der Farbe der Freude Rot gestrichen. Es hat eine »Wandlung« stattgefunden: aus dem Zeichen des Ausgeschlossenseins ist ein Zeichen der Verheißung geworden.

Das Kreuz selbst steht für eine zweite Bedeutung. Unübersehbar ist es mit den leuchtend grünen Weinblättern und silbernen Weintrauben geschmückt. Sie symbolisieren zweierlei: zum einen die Worte Jesu: »Ich bin der Weinstock, ihr seid die Reben … ohne mich könnt ihr nichts tun« (Joh. 15,5) – eine bildgewordene Mahnung an Mönche und Konversen. Zum anderen umgeben die Weintrauben die große Marienfigur als den Weinstock, der die lebenspendende Traube Christus getragen hat. So ist das Doberaner Kreuz beides: »arbor vitae« und »vitis« (Weinstock) und hat mit dieser Symbolik die Gestaltung vieler Triumphkreuze in Norddeutschland angeregt (Güstrow, Pfarrkirche; Lübeck, Dom; Wismar, St. Georgen [heute in St. Nikolai] und St. Marien [heute im Schweriner Dom]).

Die Propheten in den muschelartigen Ansätzen an den Kreuzbalken kommentieren mit ihren Spruchbändern Menschwerdung und Opfertod Christi, wie es beispielsweise in der Bildhandschrift »Concordantia caritatis« vorgegeben ist. In der Predella schließen die vier Kirchenväter mit ihren Betrachtungen die Rei-

ein Verschluss ermöglichen Öffnen und Verschließen beider Türflügel – Vorgänge, die nur im Rahmen einer spezifischen Liturgie und örtlichen Brauchtums sinnvoll erscheinen und erklärbar sind. Da der Mittelschrein und somit auch die Gittertüren nur an hohen Festtagen zugänglich waren, wenn die Flügel geöffnet wurden, kann der entsprechende Zeitpunkt nur die Osternacht gewesen sein, in der die Höllenfahrt Christi gefeiert wird.

hung dieser prophetischen Worte. Die leeren Plätze links und rechts haben ehemals vermutlich die Mönchsväter Benedikt und Bernhard eingenommen. Nach der Beschreibung von Röper (1808) gehörte diese Figurenreihe vor der Umsetzung an das Westfenster (um 1840) zur Marienseite und die Reliquiengefache zur Christusseite, sie standen also über der Mensa des Kreuzaltars. Diese Anordnung entsprach dem Untergeschoss des Hochaltarretabels vor dessen Restaurierung 1848/49.

Von der ursprünglichen Farbigkeit ist infolge der Umsetzung vor das große Westfenster und der Überarbeitung (um 1896) nicht viel geblieben. Dennoch vermitteln die Reste eine Ahnung von der malerischen Qualität und festlichen Wirkung. An den 1982/83 freigelegten Prophetenköpfen auf der Christusseite ist die Frische der Malweise zu spüren: die »alla prima« aufgetragenen Farben und Binnenzeichnungen sind mit einem Griffel nachmodelliert worden. Erstaunlicherweise sind an der großen Madonnenfigur Fragmente flächig erhalten geblieben – ausgenommen die Inkarnate. Die Madonna ist festlich gekleidet: golden der Umhang mit matt vergoldetem Innenfutter, das mit rot-weißen Streublüten ornamentiert ist; das Untergewand wurde nach einem byzantinischem Stoff mit einem Rapport aus Kreisornamenten gemalt, der in Kniehöhe mit einer Borte aus silberner, lappiger Blattranke auf grünem Fond besetzt ist; die Schuhe bestehen aus einem Netzwerk aus Riemen. Um die Madonna wieder als Himmelskönigin kenntlich zu machen, wurden das verlorene Szepter und fehlende Kronenspitzen 1983 rekonstruiert. Für Proportionierung und Gestaltung der Kronenspitzen gaben Arbeitsspuren an den vorhandenen Stücken sichere Anhaltspunkte (► S. 105–106). Der Vogel, den das Kind in seiner Rechten hielt – vermutlich einen Distelfink oder Stieglitz als Symbol der Passion Christi – ist verloren.

Auch an anderen Reliefs konnten die Kronenspitzen anhand von Abgüssen nach erhaltenen Kronenspitzen ergänzt werden. Hier ist ein Rationalisierungsverfahren bereits im mittelalterlichen Fertigungsprozess nachvollzieh-

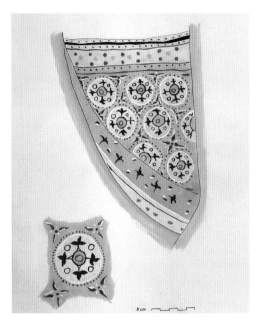

Triumphkreuz, Rapport mit Kreisornamenten auf dem Untergewand der großen Madonnenfigur

bar, das auch an anderen Retabeln des Meister-Bertram-Umkreises (z.B. Arendsee/Altmark) und Lübecker Arbeiten (z.B. sogenannter Neustädter Altar/Staatliches Museum Schwerin, Schloss Güstrow) entdeckt worden ist.

Hinter den Reliefs des Mittelschreins der Marienseite wurden 1982 drei Arbeitsproben entdeckt – quasi »Übungen für die leichte Hand« mit weichem Pinsel in Rot und Blaugrau ausgeführt. Diese Blattornamente sind in dieser monumentalen Ausführung weder in der Klosterkirche noch an irgendeinem Ausstattungsstück nachweisbar. Stilistisch verwandt erscheinen das lappige Blattwerk in der Zierleiste über dem Mönchsgestühl und in den

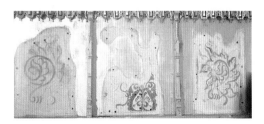

Kreuzaltarretabel, Mittelschrein, Marienseite, Pinselübungen auf der Rückwand

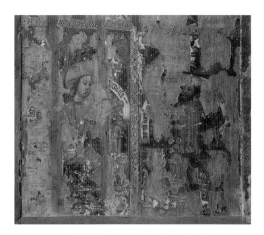

Kreuzaltarretabel, Christusseite, rechter Flügel,
Außenseite, Fragmente der Tafelmalerei:
Johannes Evangelist und Aaron

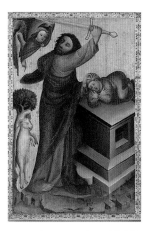

Meister Bertram, Opferung Isaaks, Tafelbild des Petri-
Altars, Hamburg, um 1380 (heute Kunsthalle Hamburg)

Zwickeln über den Maßwerkarkaden des Oktogons – en miniature auch die gemalten Blattfüllungen auf der Hängekonsole des Marienleuchters (► Abb. S. 62).

Die hohe Qualität der Tafelmalerei am Retabel des Kreuzaltars ist über die Jahrhunderte stark mitgenommen und nur noch in Fragmenten auf den Außenseiten der Flügel zu erkennen. Plastische Zierstreifen mit Edelsteinimitationen teilen die Fläche jedes Flügels in vier Flächen, in denen sitzende Männer des Alten Testaments und Apostel dargestellt sind.

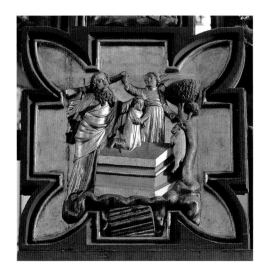

Triumphkreuz, Christusseite: Opferung Isaaks

Glücklicherweise sind einige Köpfe erhalten geblieben, die mit größter Wahrscheinlichkeit von Meister Bertram von Minden gemalt wurden, und zwar vor seiner Ansiedlung in Hamburg, wo er seit 1367 nachweisbar ist. Es ist anzunehmen, dass er nicht nur als Maler in Doberan gearbeitet hat, sondern auch als Bildhauer – zumindest hat er die Bildhauerarbeiten nicht nur an diesem Retabel sondern auch am Untergeschoss des Hochaltarretabels und am Sakramentsturm wesentlich beeinflusst.

In der Malerei sind einige Gesichter, Gebärden und Staffagestücke zu finden, die auf dem Petri-Altar in Hamburg (Kunsthalle) und dem kleinen Retabel aus dem Kloster in Harvestehude (ebenso Hamburg, Kunsthalle) wiederkehren oder vergleichbar sind, etwa der Evangelist Johannes in Doberan und Adam im Hamburger Schöpfungsbild oder der Schafbock im Relief »Opferung Isaaks« mit der gemalten Version in Hamburg.

Meister Bertram könnte einer der führenden, jüngeren Meister gewesen sein, die die Möglichkeiten nutzten, die sich mit der Politik Kaiser Karls IV. und im Besonderen durch das Episkopat Albrechts von Sternberg in der Diözese Schwerin boten. Sie übernahmen Arbeiten am unvollendeten Bau der Klosterkirche und ihrer Ausstattung bis zur Schlussweihe und wohl auch noch in der Folgezeit.

Veränderungen am Mönchsgestühl

Die Aufstellung des Kreuzaltars mit doppelseitigem Bildprogramm als Teil der Chorschranke – wie es in alten Überlieferungen heißt »in pariete« (in der Scheidewand) – zwischen dem Chor der Mönche und dem Chor der Konversen hatte gravierende Veränderungen der Raumstruktur zur Folge. In der obligatorischen Anordnung eines Chorgestühls mit abgewinkelten Sitzen für die leitenden Mönche wäre ein Betrachten und Bedenken des mariologischen Bildprogramms unmöglich. Es wäre wohl auch undenkbar, dass sie der Marienseite »den Rücken zukehrten«, im doppelten Sinne des Wortes. Die neue bipolare Situation im Chor der Mönche – im Osten der Hochaltar und ihm gegenüber im Westen die Marienseite des Kreuzaltars – muss zu Veränderungen am Mönchsgestühl, zum Abbau der Querreihung geführt haben. Dies kann auch aus den Markierungen für die Reihenfolge der Maßwerke geschlossen werden, die im späten 14. Jahrhundert angebracht worden sind. Es sind jeweils vier Maßwerke aus einem Brett geschnitzt. An den Brettfugen sind die Markierungen (Punkte auf der Südseite; Striche auf der Nordseite) lückenlos vorhanden und belegen, dass die Gestühlsreihen damals wie heute aus 24 Sitzen bestanden. Die Sitze der leitenden Mönche sind nunmehr am Ostende der beiden Reihen angeordnet, hervorgehoben durch kleine Kopfmedaillons in der bekrönenden Zierleiste. Die beiden gekrönten Köpfe verweisen vermutlich auf die Könige David und Salomo, deren Lieder – Psalmen und Hohes Lied – fester Bestandteil der Stundengebete waren.

Es muss ein tief begründetes Anliegen der Mönche gewesen sein, die ihr Leben sowohl Christus als auch der Gottesgebärerin und Fürsprecherin Maria geweiht hatten, sich Maria in ihrem überlebensgroßen, mit Reliquien ausgestatteten Abbild (1774 entnommen) nicht nur spirituell sondern auch räumlich verbinden zu können und dafür die Grundordnung des Chorgestühls aufzugeben. So konnte der Konvent das in der Vesper gesungene Magnificat (Lobgesang der Maria im Wortlaut des Lukas-Evange-

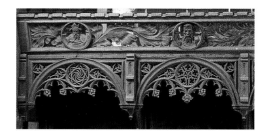

Mönchsgestühl, Südreihe, Maßwerk und Zierleiste, um 1368

liums 1, 46–55) direkt an sie richten, die kraft der Reliquien im Bildwerk gegenwärtig war.

Auch vom Mutterkloster muss dieses Anliegen einschließlich der Veränderungen am Mönchsgestühl gebilligt worden sein. Gemessen daran haben die anderen Veränderungen am Gestühl der Mönche nur dekorative Bedeutung: die kastenartige Strenge der Sitze (Stallien) wurde durch einen Fries filigraner Maßwerke und eine bekrönende Zierleiste mit einem Wechsel aus Rosetten und Blattwerk gemildert. Die gleichen dekorativen Elemente am Gestühl der Konversen sind erst nachträglich in der Mitte des 19. Jahrhunderts aus Gründen der Symmetrie angebracht worden.

Schlussweihe

Die Fertigstellung des Raumes und der Ausstattung glich einer festlichen Inszenierung zur Schlussweihe: hier der Hochaltar mit einer Monstranz in der Mitte umgeben von mehrgeschossigen Gefachen für Reliquien und flankiert vom Sakramentsturm, dort das hoch aufragende Kreuz über sockelartigem Schrein mit dem Bildwerk der Schutzpatronin des Zisterzienserordens Maria, Gottesgebärerin und Miterlöserin, die im neuen Chorleuchter eine zusätzliche Erhöhung erfuhr.

Liest man die Bau- und Kunstbestimmungen des Generalkapitels und welche Strafen bei Verstößen angeordnet wurden, so hätte ein Bann den Abt und den ganzen Konvent treffen müssen und erst dann wieder aufgehoben werden dürfen, bis dieser Luxus beseitigt ist und nur ein »bemaltes Kreuz aus Holz« die »Mitte« bildete. Das dies offensichtlich nicht geschah, dafür ist der lückenlose Bestand der liturgisch wichtigsten Ausstattungsstücke der sicherste Beleg.

Am 4. Juni 1368 – am Trinitatisfest – wurde die Schlussweihe der »ecclesie Doberanensi bene fundate et edificiis perfecte« (der gut gegründeten und im Bau vollendeten Doberaner Kirche) von dem Schweriner Bischof Friedrich II. von Bülow († 1375) in Anwesenheit des Herzogs Albrecht II. (um 1317–1379) und seines Sohnes Heinrich III. († 1383) unter Assistenz des Weihbischofs Goswin Grope, des Vaterabtes Engelhard von Amelungsborn, des Doberaner Abtes Gottschalk Höppener (1361–1384; † 1391) und anderer Würdenträger vollzogen. Geweiht wurde das Münster »zu Lob und Ruhm unseres Herrn Jesus Christus und zu Ehren Marias, der ewigen Jungfrau und Gebärerin des Herrn …« sowie den Heiligen Johannes der Täufer, Johannes der Evangelist und den Märtyrern Papst Fabian und Sebastian wie auch den »Bekennern« und Ordensheiligen Benedikt und Bernhard. Dieses Ereignis sollte jedes Jahr am Sonntag nach Pfingsten (Trinitatis) begangen werden, verbunden mit dem Zeigen der Heilig-Blut-Reliquie in der Torkapelle, wo auch Frauen die Verehrung ermöglicht war, und einem Ablass für alle Besucher dieser Zeigung.

Friedrich von Bülow war der vierte Bischof aus dieser Familie, deren in Messing gravierte Grabplatten sich im Schweriner Dom befinden. Er sorgte auch dafür, dass eine eigene Kapelle [E] mit einer Memorie für sich und seine Familienangehörigen in der Klosterkirche (unter der Orgel) eingerichtet wurde.

Astronomische Uhr

1390 vergab der Konvent einen bedeutenden Auftrag an den Rostocker Technikus Nikolaus Lilienfeld – ein anderer Baumeister dieser Befähigung ist nicht bekannt. Man ließ sich eine ASTRONOMISCHE UHR [65] für das Münster bauen. Es war ein Prestigevorhaben, das wie der Kirchbau selbst die wirtschaftliche Stellung

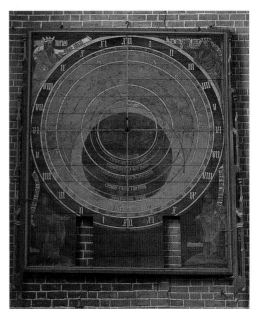

Zifferblatt der Astronomischen Uhr, um 1390

im Lande demonstrierte. Ursprünglich befand sich das Zifferblatt an der Westwand des südlichen Querhauses über die Treppe zum Dormitorium, dem Schlafsaal der Mönche im Obergeschoss des Ostflügels der Klausur. Seit 1894/95 nimmt diesen Platz das große Fürstenepitaph [57] ein. Die Uhr war ein Kunstwerk und mit einem Figurenumgang ausgestattet wie ein anderes Werk Lilienfelds: die große Uhr im Dom zu Lund (um 1420). Dies überliefern heute nur noch die beiden rechteckigen Öffnungen am unteren Rand. Silberne Apostelfiguren sollen es gewesen sein, die wahrscheinlich an einer silbernen Christus- oder Madonnenfigur vorbeizogen, die zwischen den beiden Öffnungen gestanden haben müsste. 1637 haben schwedische Soldaten die kostbaren Figuren geraubt. Die gemalten Gestalten neben dem Zahlenkranz stellen im späten Mittelalter anerkannte Astronomen oder Männer dar, die sich um die Astronomie Verdienste erworben hatten. Ihre Sentenzen lassen darauf schließen, dass sie aus theologischen Kreisen der Pariser Universität stammen und durch das dortige Studienhaus der Zisterzienser vermittelt worden sein könnten.

Retabel des 15. Jahrhunderts

Dorotheen-Tafel

Der Einfluss Meister Bertrams versiegte nach der Schlussweihe nicht. Als Herzog Johann IV. 1422 verstarb, war im Kloster ein Maler tätig, der seine Ausbildung noch unter Meister Bertram absolviert hatte oder Mitarbeiter in dessen Werkstatt war. Am deutlichsten ist die Abhängigkeit von den Bildern des Altarretabels aus St. Petri an der kleinen DOROTHEEN-TAFEL [**44**] zu erkennen, die vermutlich ursprünglich ein Flügel einer Predella war. Dargestellt ist die Enthauptung der standhaften Christin; außenseitig waren zwei stehende Heilige gemalt, von denen jedoch nur noch die ins Eichenholz eingeprägten Punzierungen der Heiligenscheine geblieben sind. Der anonyme Maler hat aus dem Bild »Kains Brudermord« des Petri-Altars die Gestalt des Kain für die des Scharfrichters übernommen; nur die Kopfdrehung und die schwertschwingenden Arme sind dem Vorgang der Enthauptung entsprechend verändert. Sein Kopftyp mit modisch frisiertem Voll- und Schnauzbart gleicht wiederum dem Gesicht des Dieners in der Szene »Hochzeit zu Kana« im Buxtehuder Altar. Diese Übernahmen gelten nicht in gleicher Weise für die Körperlichkeit dieser Personen – den Gestalten ist eine Zartheit eigen, die auch Einflüsse niedersächsisch-westfälischer Maler spüren lassen.

Mühlenretabel

Das Hauptwerk, das der Maler der Dorotheen-Tafel für die Klosterkirche schuf, ist das MÜHLENRETABEL [**26**]. Es wird auch als Martins-Altar bezeichnet, weil auf dem rechten Flügel eine Begebenheit aus dem Leben des heiligen Bischofs von Tours dargestellt ist: Kaiser Valentinian weigert sich, Bischof Martin anzuhören; zur Strafe schlägt Feuer aus seinem Thron. Auch das Fragment darunter gehört zu einem Ereignis aus dem Leben des hl. Martin, wie er den Teufel entlarvt, der als König daher kommt und sagt: »Diabol' [dicit]: Cur · ime · du-

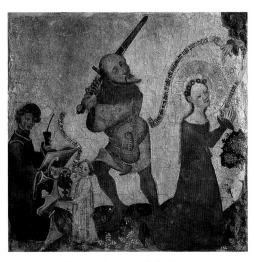

Dorotheen-Tafel, Flügel einer Predella (?), um 1420

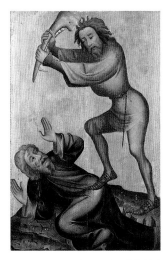

Meister Bertram, Kains Brudermord, Tafelbild des Petri-Altars, Hamburg, um 1380 (Kunsthalle Hamburg)

bitas · cristus · ego · sum« (Satan [spricht]: Warum zweifelst du an mir – Ich bin Christus). Worauf der hl. Martin erwiderte (das Spruchband ist zerstört): »Dominus Jesus Christus non se purpura venturum praedixit« (Der Herr Jesus Christus hat sich nicht in Purpur kommend angekündigt). Den gleichen Anspruch zur Altarbezeichnung könnte der hl. Nikolaus erheben, da auf dem linken Flügel jenes Ereignis wiedergegeben ist, wie der heilige Bischof von Myra die Enthauptung zu Unrecht verurteilter Männer verhindert. Die anderen Bilder auf den Innen- und Außenseiten der Flügel sind verloren. Auf der Mitteltafel ist detailgetreu und funktionsgerecht eine handbetriebene Kornmühle als Gleichnis für die Umwandlung des göttlichen Wortes in den Evangelien dargestellt. Die vier Wesen Engel, Löwe, Stier, Adler – Symbolgestalten der Evangelisten Matthäus, Markus, Lukas, Johannes – schütten aus langhalsigen Krügen Spruchbänder mit »ihrem Wort« als Korn in den Trichter; die zwölf Apostel mahlen das »Korn« zu »Mehl« – sie kommentieren die Wirkung des Wortes. Das »Mehl« läuft in Form eines Spruchbandes »Et verbum caro factum est et habitavit in nobis et vidimus gloriam« (und das Wort wurde Fleisch und wohnte in uns und wir sahen die Herrlichkeit) aus dem Mehlloch und wird von den vier Kirchenvätern in einem großen Kelch aufgefangen. Hinter ihnen knien erwartungsvoll Personen, von denen jeweils der anführende Mönch ein Spruchband hält. Die Texte bringen Erwartung und Bekenntnis zum Ausdruck: rechts: »Non liberaretur genus humanum nisi verbum dei fieret homo« (das menschliche Geschlecht würde nicht erlöst werden, wenn das Wort Gottes nicht Mensch würde) und links: »Opus restauracionis nostre est incarnacio verbi dei« (das Werk unserer Erneuerung ist die Fleischwerdung des Wortes Gottes). Bei genauem Hinsehen ist zu erkennen, dass nicht nur Klosterinsassen, Mönche und Konversen (rechts) dargestellt sind, sondern hinter den beiden Mönchen auf der linken Seite sind auch eine Frau und ein bürgerlich gekleideter Mann zu erkennen. Eine solche Konstellation ist auf keinem der anderen Mühlenbilder zu finden,

deren Fertigung durch das Doberaner Retabel angeregt worden ist. Auf den Bildern in der Rostocker Zisterzienserinnen-Klosterkirche Zum Heiligen Kreuz und in der Dorfkirche zu Retschow bei Doberan sind nur die Kirchenväter zu finden. Auf dem Mühlenretabel in der Stadtkirche zu Triebsees (südlich von Stralsund, nahe dem ehemaligen Zisterzienserkloster Neuenkamp / Franzburg) sind beiderseits der Kirchenväter Szenen mit Kommunikanten dargestellt; die rechte Gruppe bildet ein Kaiser mit Gefolge, in der linken Gruppe sind Kleriker und ein Laie versammelt. Dieses Retabel ist das einzige geschnitzte Werk dieser Thematik.

Für ein Männerkloster wirkt diese Vierergruppe befremdend, weckt aber die Vermutung, dass hier die bereits erwähnten vier Geschwister Wise aus Lübeck gemeint sind. Peter Wise († 1338) hatte das Doberaner Kloster reichlich mit Stiftungen beschenkt. Darüber hinaus lösten die Brüder Heinrich (1337 Schatzmeister des Klosters) und Johann mit Geldern des Nachlasses ihres Bruders das Dorf Admannshagen wieder ein, das während des Mönchskrieges verpfändet worden war. Mit den Einkünften aus diesem Dorf wurden die genannten Altardienste finanziert. Das Kloster erwies seine Dankbarkeit in mehrfacher Weise – selbst noch in nachreformatorischer Zeit wurde das Gedenken an ihn bewahrt. Wie geistliche, fürstliche und adlige Personen wurde Peter Wise im Münster bestattet und erhielt eine Grabplatte mit Metalleinlagen (vermutlich Schriftbändern, wenn nicht sogar figürlicher Darstellung), die verschollen ist. Erhalten ist eine Kalksteinplatte mit Darstellung des bartlosen Peter Wise mit wallendem Haar in betender Haltung [51]. Diese Platte diente zeitweilig als Altarmensa des Martinsaltars, auf der das Mühlenretabel ursprünglich stand. Sollte auf diese Weise der Stein vor Abnutzung durch Begehen oder Beschädigungen bewahrt werden, wie Friedrich Lisch vermutet? Über dem Grabstein im südlichen Chorumgang hängt ein im 16. Jahrhundert gemaltes Epitaph, das möglicherweise der Ersatz für eine spätmittelalterliche Totentafel mit Tüchleinmalerei ist. Auf die ältere Grundtafel mit Baldachin, die ehemals

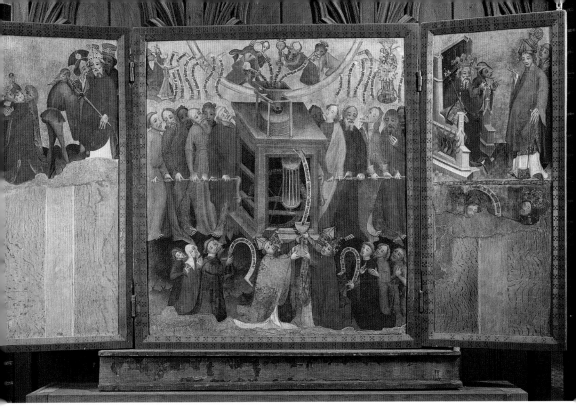

Mühlenretabel, um 1410/20

wohl doppelt so breit war, ist das jüngere Epitaph [**52**] montiert. Auch auf diesem Bild ist Peter Wise porträthaft jugendlich bartlos mit Pelzbarett gemalt; selbstbewusst hält er mit der Rechten das Familienwappen und die Linke greift nach der Geldkatze am Gürtel. Darunter werden in einem zehnzeiligen deutsch-lateinischem Gedicht seine Verdienste gewürdigt.

Dass auf dem Mühlenbild der letzte der knienden Stifter in bürgerlicher Kleidung gemalt worden ist, lässt vermuten, dass auch dieses Retabel aus dem Nachlass und im Andenken an diese Lübecker Familie finanziert worden ist.

In den oberen Ecken ist miniaturhaft die Vision der Tiburtinischen Sybille gemalt, wie sie dem Kaiser Augustus weissagt, dass das Kind auf den Armen der mit der Sonne bekleideten Frau (rechte Ecke) der größte Weltenherrscher sei – dieses Kind solle anbeten, nicht die Götzen. Aus dem Marienleuchter scheint die übermächtige, mit Sternen besetzte Krone übernommen zu sein. Figur und Bild folgen mit dieser Auszeichnung der Madonna wie

auch ihre Stellung über dem Mond der Schilderung »des Weibes mit der Sonne bekleidet« der Offenbarung des Johannes (Offb. 12, 1). Die Aufnahme dieser Vision in das eucharistische Mühlenbild soll hier die beiden untrennbaren Fundamente der zisterziensischen Frömmigkeit – Verehrung der Gottesmutter und der Eucharistie – in einer Zeit deutlich machen, als das Doberaner Kloster als regeltreu und vorbildlich in der Ordensprovinz galt und sein Abt Hermann Bockholt (1404–1423) vom Generalkapitel zum Reformator anderer Klöster eingesetzt worden war.

Demselben Maler kann auch die Tafel einer Predella zugeschrieben werden, die 1972 gestohlen wurde und somit nur fotografisch überliefert ist. Es ist nur eine Reihung von Köpfen auf der rechten Hälfte erhalten geblieben: Mittig Christus mit erhobener Linken, in der ein Spruchband endet; rechts von ihm Johannes der Täufer, Teil einer Deesis, zu der einst auch Maria zur Rechten Christi gehörte; es folgen Petrus, Jakobus der Ältere und eine weibliche Heilige.

77

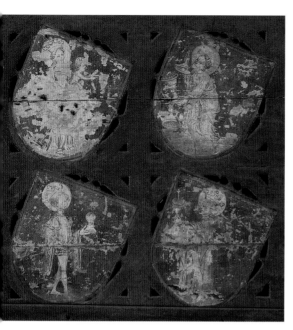

Oktogon, Rückseite der Brüstung mit Pinselzeichnung »Anbetung der Heiligen drei Könige«, um 1425

Drei-Königs-Retabel

Aufgrund der Vorzeichnungen, die am Mühlen-retabel und an der Dorotheen-Tafel mit Hilfe der Infrarotreflektografie sichtbar gemacht werden konnten, kann ein weiteres Retabel im Münster dieser Werkgruppe zugeordnet werden: das Drei-Königs-Retabel im Oktogon [L] hinter dem Hochaltar.

Mit leichter Hand und sicheren Strichen ist die Anbetung der Könige auf die Innenseiten von vier Wappenschilden gezeichnet: mit dem Pinsel auf hellen Kreidegrund; licht koloriert sind lediglich die Kronen und Attribute in ockergelb; der Fond ist abschließend oxidrot ausgelegt.

Dieses Retabel bildet über dem Altar im Oktogon die Rückseite der mittleren Brüstung über dem Grabgewölbe, das Herzog Albrecht II. dem Typus »Heiliges Grab« entsprechend für sich errichten ließ beziehungsweise nach seinem Tode († 1379) für ihn erbaut wurde. Darauf deuten die drei Wappen im Maßwerk der mittleren Arkade hin (► Abb. S. 113). Als Herzog Jo-

hann IV. 1422 verstarb, ließ seine Witwe Katharina von Sachsen-Lauenburg († 1448) vermutlich die Brüstungen verändern. Bei dieser Aktion erhielt die mittlere Brüstung die vier Wappenschilde des Herzogpaares, die innenseitig mit den zarten Pinselzeichnungen versehen wurden. Diese Daten der zweistufigen Entstehung und Umgestaltung des Oktogons lassen die Arbeiten des anonymen Meisters zwischen 1410 und 1425 einordnen.

Predella mit Deesis

Das Deesis-Thema (Maria und Johannes d. T. bitten Christus für die Menschheit) erscheint erneut auf einer geschnitzten Predella mit Halbfigurenrelief (► 43). Während die Deesis in der Gewölbebemalung des Beinhauses entsprechend der frühchristlichen Bildfindung Christus als Weltenherrscher und Richter zwischen Maria und Johannes dem Täufer zeigte (um 1250; 1879 von Carl Andreae übermalt), wird Christus hier als Schmerzensmann mit den Leidenswerkzeugen dargestellt. Links von Maria folgen Petrus und die hl. Katharina mit Schwert und Rad; hinter Johannes dem Täufer sind Paulus und die hl. Dorothea an ihren Attributen (Schwert und Blumenkorb) zu erkennen. Diese etwas derbe Schnitzarbeit ist in der »Rostocker Werkstatt« entstanden, die viele Retabel schuf – so auch das fünfteilige Retabel (Pentaptychon) in Teterow. Der Stilstufe der Teterower Skulpturen entspricht das Relief dieser Predella (um 1450). Zu welchem Retabel die Predella gehörte, ist nicht überliefert.

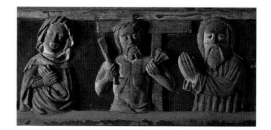

Predella mit geschnitzten Halbfiguren: Deesis und Heilige, um 1450

Retabel »Ehrenreiche Jungfrau« und »Schmerzensreiche Jungfrau«

Unter den von Nebenaltären verbliebenen Retabeln ist aus dem späten 15. Jahrhundert nur das RETABEL »EHRENREICHE JUNGFRAU« [**48**] erhalten, auf dessen Innenseite sich noch Fragmente von Malerei befinden. Auf der Mitteltafel erkennt man noch den Strahlenkranz einer Madonna, auf dem linken Flügel unten sind die Attribute der hl. Barbara (Turm) und der hl. Dorothea (Blumenkorb) zu finden; beide sitzen auf einer Bank, wohl eine Konversation pflegend. Die Fragmente darüber und auf dem rechten Flügel lassen vermuten, dass hier noch weitere weibliche Heilige (z. B. Katharina – Margarethe; Maria Magdalena – Ursula; Elisabeth – Gertrud o. a.) dargestellt waren. Auf den Außenseiten sind die Figuren des Judas Thaddäus und Andreas recht gut zu erkennen.

Ob die Predella »Schmerzensmann umgeben von Heiligen« mit sehr gut erhaltener Bildtafel ursprünglich zu diesem Retabel gehörte, ist fraglich. Das Bildprogramm entspricht eher dem 1808 noch vorhandenen Retabel »Schmerzensreiche Jungfrau«, denn im Zentrum steht der halbfigurige Schmerzensmann in einer Grabkufe; zwei Engel hüllen ihn in einen Purpurmantel als Zeichen seiner Königswürde trotz aller Erniedrigung in der Passion. Die ausgebreiteten Leidenswerkzeuge fordern den Betrachter auf, die Stationen des Leidens Christi zu verinnerlichen. Flankiert wird Christus von Heiligen. Links befinden sich die Halbfiguren von Petrus, Johannes dem Evangelisten und dem hl. Georg; rechts von Paulus, Katharina und Bernhard von Clairvaux. Die beiden Stifterwappen konnten bislang keiner Familie zugeordnet werden. Die Mitteltafel des Retabels »Schmerzensreiche Jungfrau« zeigte Maria, »wie sie Christum, nach der Abnahme vom Kreuze, auf dem Schoße hält … Zur Seite und oben sind mehrere Bilder, mit folgender Beischrift: Maria dedit celis gloriam, pacem mundo, finem viciis, moribus disciplinam«, d.h.: »Maria gab dem Himmel Ruhm, der Welt den Frieden, den Lastern Untergang, den Sitten Zucht.« (nach Röper 1808)

Die Konstellation dieser beiden Retabel steht im Einklang mit den Strömungen der Marienverehrung im ausgehenden Mittelalter, die in der intensiven Hinwendung zu den Sieben Freuden und Sieben Schmerzen Mariae ihren Ausdruck fand. Die festliche Begehung wurde 1423 auf einer Synode in Köln beschlossen. Parallel verbreiteten sich die Rosenkranzgebete, unter denen der Freudensreiche und der Schmerzensreiche Rosenkranz der besonderen Betrachtung der Sieben Freuden und der Sieben Schmerzen Mariae gelten. Die Rosenkranzgebete wurden Teil der Stundengebete im Zisterzienserorden. Die Aufstellung der beiden Retabel ist damit auch ein Zeichen erneuerter Formen der Marienverehrung im Doberaner Konvent. So kann es kaum verwundern, dass hier um 1500 eine der frühsten Kreuzwegstationen Norddeutschlands aufgestellt worden ist. Ob in diesem Zusammenhang das GROSSE KRUZIFIX [**28**] entstand, das heute in der Pribislav-Kapelle steht, ist nicht überliefert (▸Abb. S. 16). Die Schäden am Holz deuten darauf hin, dass dieses Bildwerk im Freien gestanden hat. Sein Standort könnte der Mönchsfriedhof nördlich der Kirche gewesen sein.

Wange mit Gnomen

Aus einer ganz anderen Welt scheint eine schmale, hohe WANGE MIT GNOMEN IM ASTWERK BEIM VOGELFANG [**49**] (▸Abb. S. 151) zu sein. In kein Gefüge klösterlicher Frömmigkeit lässt sie sich einordnen. Und für ihre Bestimmung gibt es keine Anzeichen. Ob sie überhaupt zur Ausstattung der Klosterkirche gehörte, bleibt ungewiss. Das sehr bewegte Astgeflecht mit den beiden eingeflochtenen Gnomen, die nach einem Papagei greifen, verrät, dass der Schnitzer eine grafische Vorlage der Zeit, etwa ein Blatt des niederrheinisch-westfälischen Kupferstechers Israhel van Meckenem umgesetzt hat – ganz unbekümmert darüber, dass die Zisterzienser alle Dinge meiden wollten, durch die »der Nutzen einer guten Meditation beeinträchtigt und die Erziehung zu religiösem Ernst vernachlässigt wird«.

Doberan zur Zeit der Reformation

Landtag an der Sagsdorfer Brücke 19./20. Juni 1549

Ein bedeutendes Ereignis für die Doberaner Klostergemeinschaft muss der Ordenskonvent der Ostseeländer 1478 gewesen sein – eine Anerkennung seiner geistlichen und wirtschaftlichen Führung. Im Protokoll wird hervorgehoben, dass das Doberaner Kloster seines Rufes würdig und in Anbetracht seiner Anlage und Ausstattung als reich zu bezeichnen sei. Auch war der Abt 1404 vom Papst zum Kurator der neu gegründeten Universität in Rostock berufen worden. Diese Kontakte sowie der Verkehr mit der Hansestadt über den klostereigenen Hof in Rostock vermittelten den Mönchen die vorreformatorischen Geistesströmungen.

Die öffentlich gehaltenen Predigten – Nicolaus Ruß trat bereits 1516/17 auf, als Martin Luther in Wittenberg seine Thesen vorbereitete – lösten sicherlich auch im Doberaner Konvent ein Nachdenken über Sinn und Bestimmung klösterlichen Lebens und des mit ihm prosperierenden Wirtschaftsbetriebes aus. Das Kloster, das sogar über eigene Handelsschiffe verfügte, war zu einem wirtschaftlichen Faktor aufgestiegen, auf den selbst die Herzöge, wenn sie finanziell in Bedrängnis gerieten, angewiesen waren.

Dass die Äbte bemüht waren, den Konvent und die ihnen unterstehenden Klosterdörfer beim althergebrachten Glauben zu halten, obwohl das Volk »von Herzen nach dem Worte Gottes durste«, zeigten sie schließlich am 19./20. Juni 1549 auf dem Landtag an der Sagsdorfer Brücke, wo die mecklenburgischen Fürsten, die Ritterschaft und die Städte beschlossen, die lutherische Lehre im Lande einzuführen. Nur drei Prälaten verweigerten ihre Zustimmung – vermutlich waren es der Prior der Kartause Marienehe bei Rostock sowie die Äbte von Doberan und Dargun, Letzterer wohl aus Gehorsam gegenüber dem Vaterabt. Denn als das Kloster Dargun am 6. März 1552 aufgelöst wurde, hatte der Abt Jakobus Baumann bereits das evangelische Pfarramt im Dorfe Röcknitz vor den Toren des Klosters übernommen und eine Frau geehelicht.

Am darauffolgenden Tage kam es in Doberan zur Auflösung beziehungsweise zur Übernahme des gesamten Klosters einschließlich der Wirtschaftshöfe in herzogliche Verwaltung, womit dem Prozess der Selbstauflösung ein Ende gemacht wurde. Abt Nikolaus Peperkorn mit den letzten fünf Mönchen, »olde, swacke bedagete lude«, war den Anforderungen des Grundsatzes »Ora et labora« nicht mehr gewachsen. Auch konnten die jährlichen herzoglichen Ablager mit umfangreichem Gefolge nicht mehr ordnungsgemäß ausgerichtet werden. Kleinodien mussten verkauft werden. Seine »ongedrungen unde unbedwungen« niedergeschriebene Rücktrittserklärung klingt so, als hätte er den Herzog um seine Entlassung gebeten. Dass er nicht konvertieren wollte, wurde von Herzog Johann Albrecht akzeptiert. Man stattete ihn mit einer Leibrente aus und er durfte sich mit Gegenständen seines täglichen Bedarfs in das Tochterkloster Pelplin zurückziehen. Daher besitzt das Priesterseminar in Pelplin noch heute Bücher mit Besitzvermerken des Mutterklosters Doberan. 1564 starb Nikolaus Peperkorn, der letzte Abt des Klosters Doberan in Pelplin. Aus der bislang gezahlten Leibrente konnte nunmehr der erste evangelische Pastor in Doberan, Herrmann Kruse († 1599) besoldet werden.

Doch nicht er und seine kleine Gemeinde waren die rechtlichen Nachfolger des Konventes, sondern der Herzog, in Personalunion auch Bischof der neuen Landeskirche, entsprechend dem Augsburger Religionsfrieden: »cuius regio – eius religio« (wessen die Herrschaft – dessen Glaube). Dies sollte sich erst 1918 nach der Abdankung Großherzogs Friedrich Franz IV. und der Trennung der Landeskirche vom Staat ändern. Erst dann wurde die Kirchengemeinde Bad Doberan Souverän des Münsters.

Herzog Ulrich verhindert den Abriss der Klosterkirche

Herzogliche Verfügungsgewalt und der eingetretene Leerstand leiteten wie so häufig die Verwüstung ein. Herzog Johann Albrecht kam dies nicht ungelegen. Er ließ umgehend die Klausur abreißen, um Baumaterial für den Umbau des Schweriner Schlosses zu gewinnen. Sein mitregierender Bruder Ulrich, der in Güstrow residierte, war offenbar nicht in die Pläne eingeweiht, hatte aber glaubhaft erfahren, »das du [Klosterverweser Jürgen Rathenow] bevehl haben sollest, unser Kloster und Kirche zu Dobberan ab- und nidderzureißen. Do nun deme also, trugen wir desselben nicht wenig wunder und begern demnach an dich, du wollest dem bekommenen bevehl nicht volge thun und dich des inhalts zu gehorsamen ohn unser mitvorwissen gentzlich enthalten … Daran thustu unser zuvorlessige meynung«.

Mit diesem Schreiben vom 15. Januar 1553 an den Klosterverwalter Jürgen Rathenow kam Herzog Ulrich III. dem Abbruch der Klosterkirche zuvor, wohl in dem Bewusstsein, verpflichtet zu sein, die Ruhestätte seiner Vorfahren zu erhalten.

Zur eindeutigen Teilung der Verfügung und Verantwortung über die Klöster in Mecklenburg kam es erst am 4. November 1557 mit der Besiegelung des Teilungsregisters. Herzog Ulrich erhielt endgültig die Klosterkirche und die angrenzenden Gebäude; im Wirtschaftshof wurde ein herzogliches Amt für Doberan und die Klosterdörfer eingerichtet. Das Kloster Dargun ließ Herzog Ulrich zu einer Nebenresidenz umgestalten, so dass die Klausur im Kern erhalten bleiben konnte. So blieb den mecklenburgischen Klöstern des Zisterzienserordens das Schicksal der beiden Klöster im Nachbarland Pommern – Eldena und Neuenkamp/Franzburg – erspart.

Die Klosterkirche wird Predigtkirche

Am 26. Februar 1556 heiratete Herzog Ulrich die Witwe seines Vetters Magnus, Elisabeth, Tochter des dänischen Königs Friedrich I., die engagiert in die Landespolitik eingriff. Im Güstrower Dom ist Herzog Ulrich († 1603) kniend zusammen mit Herzogin Elisabeth († 1586) und seiner zweiten Frau Anna († 1626), Tochter Herzog Philipps von Pommern-Wolgast, in dem großen Grabmonument dargestellt.

Herzogin Elisabeth ließ den Dom, der zu einem Lager für Baumaterialien und Gerät verkommen war, sanieren, eine Kanzel und ihr gegenüber eine Fürstenempore errichten, von der aus man nicht nur den Prediger vor Augen hatte, sondern auch das Triumphkreuz, das beim Abbruch des Lettners an die Nordwand versetzt worden war – eine Konstellation, wie sie Lucas Cranach d. Ä. vorbildhaft auf der Tafel mit dem predigenden Luther (Wittenberg, Stadtkirche) geschaffen hatte und als Holzschnitt seines Sohnes (um 1546) Verbreitung fand, beispielsweise als Vorlage für den Croy-Teppich (1554; Greifswald, Universität).

Mit der gleichen Energie, mit der Herzogin Elisabeth an ihrem Wohnsitz den Dom zur Hof- und Predigtkirche umgestaltete, wurde sie nicht müde, ihren Mann und ihren Schwager

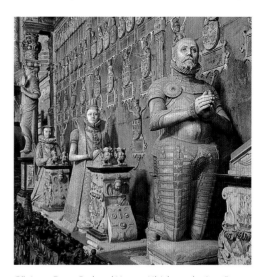

Güstrow, Dom, Grabmal Herzog Ulrichs und seiner Frau Elisabeth, Ende 16. Jh.

Herzog Johann Albrecht I. zu ermahnen, auch die Erhaltung der Doberaner Klosterkirche und ihre Herrichtung als Predigtkirche zu betreiben. Ist doch an keinem anderen Ort im Lande die Kontinuität des Fürstenhauses und in den Grabstätten die Unteilbarkeit des Landes präsent wie in dieser Kirche. Dies rühmte David Chytraeus in der Grabrede, die er am 23. November 1586 an ihrem Sarg im Güstrower Dom hielt: »Die herrliche Closter-Kirchen zu Doberan, darin von Anfang der christlichen Religion zu Mecklenburg vor 400 Jahren hero die lieben Fürsten zu Mecklenburg, darunter ihr erster Herr und Ehegemahl Herzog Magnus ihre Begräbnis gehabt … als die Lankheit der Zeit baufellig geworden, hat sie beiden Hertzogen zu Mecklenburg so lang angehalten und mit vermanen und bitten nicht abgelassen, bis sie ihren hochloblichen Voreltern zu schuldigen Ehren nicht mit geringen Unkosten dasselbige wiederrumb erneuert und allenthalben gebessert und gezieret haben …« (nach Bunners 1998)

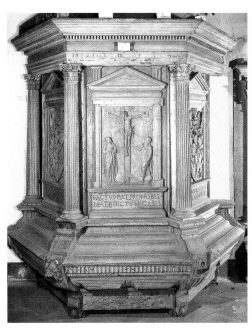

Doberaner Kanzel, 1586, Schwerin, Staatliches Museum

Umgestaltung der monastischen Raumstruktur

Es nötigt uns hohen Respekt ab, wie behutsam bei der Umgestaltung unter Beibehaltung der monastischen Raumstruktur vorgegangen wurde – eigentlich war es nur das Einfügen neuer, unentbehrlicher Ausstattungsstücke: am westlichen Ende des Mönchsgestühls, auf der Nordseite am vierten Pfeiler von Westen, wurde 1586, ohne irgendwelche Einschnitte an demselben vorzunehmen, eine schlichte KANZEL [10] mit Schalldeckel angebracht (heute Staatliches Museum Schwerin). Ihr gegenüber wurde auf Augenhöhe mit dem Prediger über das Mönchsgestühl hinweg eine FÜRSTENEMPORE [G] aufgestellt; sie könnte der ebenfalls von Herzog Ulrich und seiner Gemahlin 1578 gestifteten Empore in der Klosterkirche zu Rühn geglichen haben. Im Doberaner Münster ragte zwischen ihnen – dem Prediger zur Rechten, den fürstlichen Zuhörern zur Linken – das Triumphkreuz auf. Es ist wieder die von Cra-

nach geprägte Konstellation, wie der predigende Martin Luther mit erhobener Rechten auf ein Triumphkreuz weist – zuweilen simultan mit der Kommunion »in beiderlei Gestalt« dargestellt. Das heißt: die Gläubigen empfangen beides, Brot und Wein.

Im Doberaner Münster wurde für diese Hauptbestandteile des evangelischen Gottesdienstes – Predigt und Sakramentsfeier – die »monastische Raumstruktur« genutzt. Der Chor der Mönche mit Hohem Chor war dem Predigtgottesdienst und der Ohrenbeichte vorbehalten, für die man den Levitenstuhl herrichten ließ. Die Wirkung des Chores als geschlossener Raum wurde sukzessive durch die Überformung der Chorschranken erreicht. Auf die gemauerten Sockel und vor die schmiedeeisernen Gitter wurden die Standporträts der Herzöge und einiger ihrer Frauen gestellt, – ein Prozess, der von der Mitte des 16. Jahrhunderts bis zum Tode Großherzogs Friedrich Franz I. (1837) andauerte.

In den Chor der Konversen zogen nunmehr die »Kommunikanten«, jene Gemeindeglieder,

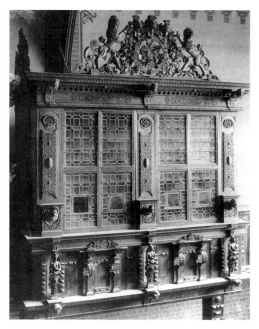

Rühn bei Bützow, ehem. Klosterkirche, Fürstenempore,
1579 (Bekrönung später)

die an der Sakramentsfeier teilnehmen wollten.
Diese funktional-liturgische Struktur blieb bis
zur Mitte des 19. Jahrhunderts bestehen.

Alte Retabel in neuem Dienst

Ob bereits Herzogin Elisabeth den sinnentleer-
ten Mittelschrein auf dem Hochaltar beziehungsweise seine von Reliquiaren etc. beräum-
ten Gefache mit Bildern der Passion Christi ab-
decken ließ, die erst bei der Restaurierung
1848/49 entfernt wurden, ist mit letzter Gewissheit nicht zu sagen. Doch belegt ein Weihestein
im Altarblock, dass hier 1586 Arbeiten durchgeführt worden sind.

Die Vielzahl erhaltener Bildwerke des Mittelalters in evangelischen Kirchen des Landes ist
ein beeindruckendes Zeugnis dafür, dass im
frühen Luthertum eine bewahrende Kraft aktiv
war. Gravierende Verluste an der Doberaner
Ausstattung sind erst im 19. Jahrhundert entstanden – in einer Zeit als die Gotik als der für
den Sakralraum angemessene Stil erachtet

wurde, aber in Doberan jede Mühe unterlassen
wurde, die geschädigten Bildwerke zu erhalten,
wie es in Berliner Museen bereits im frühen
19. Jahrhundert geschah. »… da sie für die heutigen Zwecke nicht gebraucht wurden, so erschien die ganz neue Herstellung als überflüs-
sig«, urteilte Friedrich Lisch.

Es waren aber nicht allein Frömmigkeit und
Geschichtsbewusstsein, die das Engagement
der Herzogin Elisabeth motivierten. Ihr Interesse galt auch sozialen und ökologischen Aufgaben. Die Einrichtung von Armenhäusern
oder die Umwandlung des Zisterziensernon-
nenklosters in Rühn in eine Internatsschule für
Mädchen aus adligen Familien legen dafür
Zeugnis ab – und nicht zuletzt, zeitlos aktuell,
die von ihr angeordneten Baumpflanzaktionen
auf Ödland. So hat Herzogin Elisabeth in der
neuen Zeit nach der alten Mönchsregel »Ora et
labora« gelebt.

Ein bildgewordenes Glaubensbekenntnis,
wie Herzogin Elisabeth und ihr Gemahl es in
Rühn mit dem neuen Altarretabel (Abend-
mahlsbild auf der Mitteltafel und das kniende
Fürstenpaar auf den Flügeln) oder im Güstrower Dom mit dem auf das Kreuzigungsretabel
ausgerichteten Grabmonument hinterlassen
haben, sucht man im Doberaner Münster ver-
geblich. Vergleichsweise bescheiden nimmt
sich das Relief mit der kleinen Kreuzigungsgruppe an der Kanzel aus. Doch mit dem Be-
kenntnissatz aus dem Galaterbrief stellen sie
sich neben Maria und Johannes unter den Gekreuzigten: »Factus est pro nobis maledictum«
(er ist für uns zum Fluch gemacht worden; Gal.
3, 13b). Indirekt ist diese Haltung auch darin gegenwärtig, dass nicht nur die Retabel auf Hoch-
und Kreuzaltar erhalten blieben, sondern auch
Retabel von Nebenaltären, die entsprechend
der Visitationsinstruktion von 1552 beseitigt
werden sollten. Sicherlich war der Umstand,
dass die Klosterkirche bevorzugte Grablege
mecklenburgischer Fürsten und ihrer Angehörigen war, ein retardierendes Motiv gegenüber solchem Aktionismus. Entscheidend
aber für das Bewahren war sicherlich, dass die
Konzentration zisterziensischer Bildprogramme auf Menschwerdung und Opfertod Christi

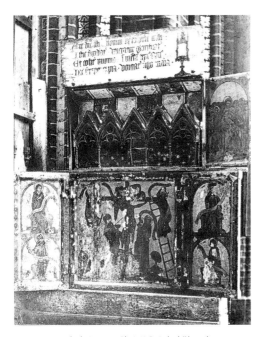

Kompositretabel: Corpus-Christi-Retabel über dem Retabel »Kreuzigung Christi durch die Tugenden«, Aufnahme 1878

liebt) folgt oben auf der Tafel der Hinweis, dass an diesem Altar das unermessliche Liebesopfer ausgeteilt, verehrt und verherrlicht wird. Und so fand auch die letzte Zeile auf der Tafel »Hic semperque pia veneratur virgo maria« (Hier wird auch fortwährend die reine Jungfrau Maria verehrt) in den vier Bildern auf den Außenseiten der Flügel des Retabels »Kreuzigung Christi durch die Tugenden« (Verkündigung an Maria; Christi Geburt; Anbetung der Könige; Darstellung im Tempel) einen bildhaften Hintergrund.

Links neben dem Retabel befand sich eine weitere Schrifttafel mit Erläuterungen der Handlungen der Frauen, die die Tugenden verkörpern: »Misericordia me spinis coronavit / Caritas latus meum perforauit … Sed iustitia in his locum non habet.« (Die Barmherzigkeit krönt mich mit Dornen / die Liebe öffnet meine Seite … Aber Gerechtigkeit ist an diesem Ort nicht zu haben.) Anzahl und Bezeichnungen

keinen Anlass zur Beseitigung solcher Bildwerke gab. Später scheute man sich auch in Doberan wie andernorts nicht, der Entwicklung vom Wandelretabel zum Retabel mit vertikal gestaffeltem Bildprogramm zu folgen und mittelalterliche Retabel übereinander anzuordnen – sie in sogenannten Kompositretabeln zu vereinen. So wurde in der Mitte des 17. Jahrhunderts über das Retabel »Kreuzigung Christi durch die Tugenden« [45] der Corpus-Christi-Schrein [44] montiert, wie es auch an anderen Orten in nachreformatorischer Zeit geschah (z. B. Wismar, Dominikanerkloster; Prillwitz bei Neubrandenburg, Dorfkirche; Wittstock, Stadtkirche).

In dieser Konstellation ergaben sich neue Querbezüge zwischen dem Text der Schrifttafel und den Darstellungen auf dem unteren Retabel. Dem unten von der »Perseverancia« (Beharrlichkeit) zitierten Text aus dem Johannes-Evangelium (»Cum dilexisset suos/qui erant in mundo/in finem dilexit eos« – wie er die seinen geliebt hatte/die in der Welt waren/hat sie bis an das Ende [bis ans Ende am Kreuz] ge-

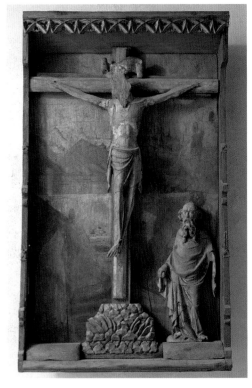

Schrein mit »Christi Kreuzigung in Figuren«, um 1370 (Konstellation nachmittelalterlich)

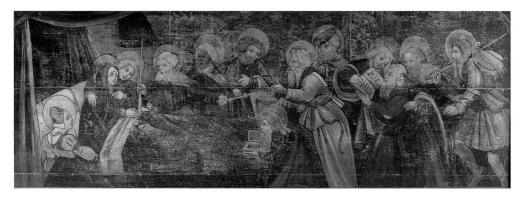

Marientod, Gemälde von Erhard Altdorfer (?), Dänschenburg, Dorfkirche, Mitte 16. Jh.

der Tugenden folgen nicht exakt dem Schrift-satz, der in seiner Nennung von neun Tugen-den vermutlich dem Kommentar Bernhards von Clairvaux folgt.

Für die Aufstockung eines Retabels mit einem anderen Bildwerk ist durch Röper ein weiteres Beispiel überliefert: »Über demselben [Altar der freudenreichen Jungfrau Maria] stand vormals Christi Kreuzigung in Figuren« (▶ 40). Aus diesem Retabel sind im 19. Jahrhundert, vermutlich vor Erscheinen des Buches von Röper (1808), das Kruzifix und eine Paulus-Figur entnommen und mit anderen Architekturteilen (Strebepfeiler, Fragment eines Maßwerkes aus Rosetten) auf eine Tafel mit gemalter Landschaft (Mitte 16. Jh.) montiert und nach 1855 über dem Retabel »Ehrenreiche Jungfrau« [48] aufgestellt worden. An der Rückwand des figurenleeren Schreins ist noch zu erkennen, dass er »im Kleinen« die Gliederung des monumentalen Kreuzaltarretabels wiederholt. An den Verfärbungen des Eichenholzes, den Nagelungen und Abdrücken einer reichen Punzierung kann man ablesen, dass ehemals »Christi Kreuzigung in Figuren« – wie Röper 1808 notierte – im Mittelschrein stand. Die Paulusfigur ist wie die Reliefs am großen Kreuz eine sehr empfindsam geschnitzte Skulptur.

An dem ursprünglichen Kastenschrein beziehungsweise an seinen Kastenflügeln sind die Veränderungen im 17. Jahrhundert noch ablesbar: An den Außenseiten der Flügel wurden frühbarocke Halbfiguren von Adam und Eva angebracht, deren Unterkörper mit ornamentalen Formen verschmolzen sind. Vergleichbare Retabel (z. B. in Wusterhusen bei Greifswald) tragen eine kartuschenartige Bekrönung, die wohl auch in Doberan den oberen Abschluss gebildet haben dürfte.

Dieser Trend, verschiedene Retabel in Kompositretabeln zu kombinieren, scheint zwei Ursachen zu haben. Zum einen entfiel der liturgische Brauch, ein Retabel entsprechend dem Kirchenjahr zu wandeln, zum anderen musste Platz geschaffen werden für repräsentative Grabmonumente. In der Schaffung von Kompositretabeln entsprach man einerseits der Visitationsinstruktion von 1552, andererseits wurde in diesem neuen Retabeltyp eine Möglichkeit zur Erhaltung der Bildwerke – zuweilen auch nur einzelner Figuren oder Ornamente – gefunden.

Ob in nachreformatorischer Zeit Bildwerke »altgläubigen« Inhalts in Kirchen der Klosterdörfer »abgeschoben« wurden, ist archivalisch nicht belegt, doch erregt ein Bild im ehemaligen Klosterdorf Dänschenburg südlich von Ribnitz diesen Verdacht. Es zeigt, wie sich die Apostel am Sterbebett Mariae versammeln und von ihr Abschied nehmen. Die Darstellung trägt Züge der Malerei Erhard Altdorfers. Es könnte in der Zeit entstanden sein, als er in Schwerin Hofmaler war (seit 1512), und dann als herzogliche Stiftung nach Doberan gelangt sein, denn noch 1732 erwähnt Schroeder ein Bild mit dem »Marientod« in der Klosterkirche.

Zerstörungen im Dreißigjährigen Krieg

1626 geriet Mecklenburg in die Wirren des Dreißigjährigen Krieges. Wallenstein erhielt als Entschädigung für den Sieg über Dänemark das Herzogtum und residierte zeitweilig im Güstrower Schloss. Die beiden Herzöge Adolf Friedrich und Johann Albrecht II. gingen ins Exil. Wallensteins Versuch, Mecklenburg als kaiserliche Bastion gegen die erstarkenden Königreiche Dänemark und Schweden auszubauen, provozierte den schwedischen König Gustav II. Adolf. Schwedische Truppen zogen durch das Land: mordeten, schändeten, plünderten hemmungslos. 1638 war ein »schwarzes Jahr« für das Klosteramt Doberan, wie Pastor Eddelin anschaulich in seinen Aufzeichnungen schildert. In der Klosterkirche wurden die Grabmale aufgebrochen, in den Sarkophagen nach Schmuck gesucht. Auch das Grabmonument, das Herzog Adolf Friedrich 1634 (Todesjahr seiner Frau Anna Maria von Friesland) von dem Leipziger Bildhauer Franz Julius Döteber hatte errichten lassen, wurde aufgebrochen und musste von dessen Mitarbeiter Daniel Werner restauriert werden. Vom Dachreiter und vom flachen Dach der Chorkapellen wurden Bleiplatten und Kupferblech heruntergerissen und auf dem nächsten Markt verhökert; den gleichen Weg mussten auch die Orgelpfeifen nehmen. Umfassende Reparatur- und Restaurierungsarbeiten belasteten das Klosteramt in den Nachkriegsjahren.

Eine Spur Gegenreformation

Ein Fremdling unter den Bildwerken der Klosterkirche – sowohl vom Material her als auch in seiner Ausstaffierung – ist das ELFENBEIN-KRUZIFIX auf dem Hochaltar [1]. Äußerst sensibel und minutiös sind der Körper, der Kopf, die Hände gearbeitet. Der Glanz des Materials verstärkt die plastische Wirkung des Körpers, gesteigert durch den Kontrast zu dem schmalen, schwarz polierten Kreuz. Den Sockel bildet ein Kasten mit profilierter Deck- und Sockelplatte

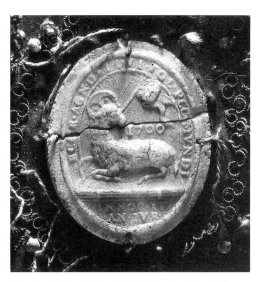

Reliquienplatte mit Papst-Plakette im Kruzifixsockel, 1700

sowie seitlichen Voluten ohne statische Funktion; rückseitig lässt sich ein Schubfach öffnen. Die Vorderfront ist mit einem Fenster versehen, in dem eine Putzmacherarbeit zu sehen ist: Auf einer mit roter Seide bespannten Pappe ist mittig zwischen spiralig und schleifenartig gewundenem Drahtbesatz eine ovale Wachsplakette mit einem liegenden Agnus dei (Lamm Gottes) appliziert; um die Plakette sind sechs mit Namen beschriftete Pergamentbänder angeordnet, unter denen Knochenpartikel verborgen sind. Es sind Partikel von den Märtyrern, deren Namen in goldener Unziale auf mattem Blau auf den Schriftbändern (Tituli) benannt sind. Den Anschein der Kostbarkeit dieses Arrangements steigern eingestreute Flussperlen. Eine zeitliche Einordnung des Kruzifixes ermöglicht die Jahreszahl auf der Wachsplakette neben dem Lamm: »1700« – und unter dem Lamm steht zweizeilig: INNOC · XI' / AN · IUB – aufgelöst besagt dies: [Papst] INNOC[ENS] XI' / AN[NO] · IUB[ILAI] 1700. Diese Plakette ist zur Erinnerung an das von Papst Innozenz XI. für das Jahr 1700 ausgerufene Heilige Jahr, in dem besonderer Ablass zu erlangen war, gestiftet worden.

Wie kommt ein so durch und durch römisch-katholisches Kruzifix in eine Evange-

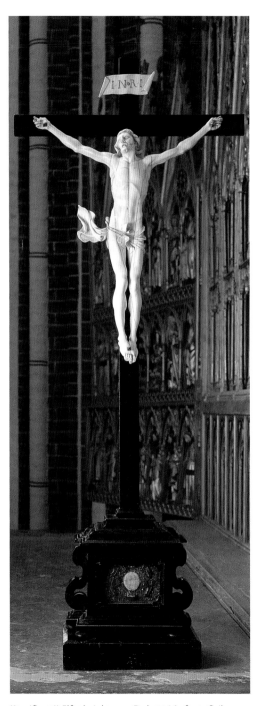

Kruzifix mit Elfenbeinkorpus, Ende 17. / Anfang 18. Jh.

lisch-Lutherische Kirche? Das Kruzifix ist keine kunstgewerbliche Kostbarkeit aus herzoglicher Wunderkammer, sondern ein Beleg für die Versuche des Herzogs Carl Leopold, in der ehemaligen Klosterkirche wieder den katholischen Ritus einzuführen und den Konvent mit Benediktinern aus Göttweig zu besetzen. Ein Schachzug des Herzogs, um mit Unterstützung des Papstes Clemens XII. und des Kaisers sein Regiment gegen die Stände und Städte zu stabilisieren. Als Gegenleistung stellte er seinen Wechsel zur katholischen Kirche und die Wiedereinrichtung der Doberaner Abtei in Aussicht. Zur Stabilisierung dieser Koalition wurde über die Heirat mit einer katholischen Prinzessin verhandelt, die der Papst vermitteln wollte. Für dessen Aktivitäten könnte die Doberaner Reliquienplatte – eine römische Arbeit – ein Beleg sein. Als Abgesandter des päpstlichen Nuntius erschien 1731 der Weihbischof von Hildesheim, Freiherr E. F. von Twickel in Schwerin. Er könnte dieses Kruzifix als Geschenk mitgebracht haben. Für die Provenienz des Kruzifixes aus Hildesheim spricht auch ein vergleichbares Kruzifix in der Ungarischen Nationalgalerie in Budapest, das unter der Bezeichnung »Hildesheimer Kruzifix« inventarisiert ist; es wurde 1875 vom Bischof in Hildesheim gekauft. Die Verhandlungen Herzog Carl Leopolds verliefen ohne Ergebnis – die Bemühungen zur Wiederbelebung des Doberaner Klosters blieb eine späte Episode der Gegenreformation auf diplomatischem Terrain zur Stabilisierung absolutistischer Bestrebungen.

Die Entdeckung Doberans im 18. Jahrhundert und Eröffnung des Seebades

»… dahin viel Reisens ist, …«

Mit diesen Worten hebt Hans Heinrich Klüver in seiner »Beschreibung des Hertzogthums Mecklenburg« die Bedeutung des Doberaner Münsters hervor: »In der schönen Kirche, dahin viel Reisens ist, sind zu sehen und werden von dasigen Organisten gewiesen: …«. Sehenswert erscheinen ihm nicht nur die Monumente und Bilder der Fürsten Mecklenburgs und die Bildwerke der Klosterkirche, sondern auch das Phänomen der Entstehung des Heiligen Damms und die Vielfalt der angespülten Steine: »nach gehaltenen Beth=Stunden im gantzen Lande / durch sonderbahre Göttliche Schickung in einer Nacht dieser Damm entstanden. Die Passagiere nehmen noch allezeit

welche von den Steinen mit / deren einer schöner wie der andere / und keiner den andern an Farbe gleichet.«

Vierzig Jahre später schließt sich der Engländer Thomas Nugent mit vorromantischer Empfindsamkeit dieser Begeisterung an: »… die Gegend so reizend und der Blick von der Doberaner Kirche so bezaubernd, dass mich diese vortreffliche Gegend fast ganz entzückte. Mit Freuden würde ich diesen Ort zum Aufenthalt meiner letzten Tage erwählt haben … Der Heilige Damm bezauberte uns gänzlich; er hat das Ansehen eines großen durch Kunst errichteten Deiches, um die See abzuhalten, die sonst das ganze Land überschwemmen würde. Wenn die Entstehungsgeschichte … wohl auch nur bloße Legende ist, so sind doch die Steine an der

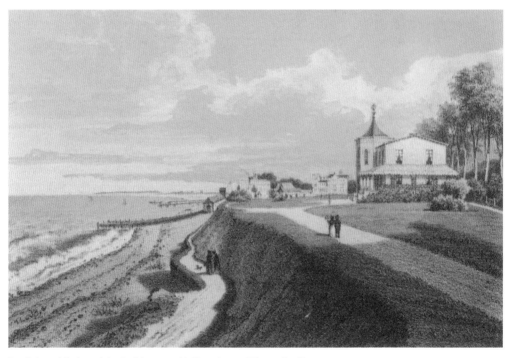

Das Salongebäude und das Badehaus am Heiligendamm, Lithografie, 1855

Küste immer eine große Seltenheit, denn sie sind von vorzüglicher Schönheit, und selten wird man zwei von einerlei Farbe antreffen. Wir sammelten einige davon auf, welches gewöhnlich diejenigen tun, die diesen Ort besuchen. Am Abend fuhren wir wieder nach Rostock zurück.« Deutlich ist zu spüren, man suchte Orte der Erbauung und zur Heilung von Leib und Seele. Herzog Friedrich Franz, selbst an Natur und Geschichte interessiert, erkennt die Tendenzen der Zeit und erteilt 1793 seinem Leibmedicus Hofrat Professor Vogel in Rostock den Auftrag, die Voraussetzungen zur Eröffnung eines Seebades zu prüfen und in einem Bericht darzulegen. Dies gilt als das Datum der Gründung des ersten Seebades in Deutschland. Im Sommer 1796 konnte der fürstliche Stifter »nebst mehreren Fremden und Kurgästen« das »neue Badehaus an der See, auch die Einrichtung zu warmen Bädern« aufsuchen und genießen. Auch im Münster wurde diesem Zustrom Rechnung getragen. Im südlichen Seitenschiff wurde zwischen dem zweiten und dritten Pfeiler eine Empore für Badegäste errichtet, die in diesen Jahren noch ausschließlich im »Flecken Doberan« im 1796 eröffneten Logierhaus am Camp (Johann Christoph Heinrich von Seydewitz) oder privat logierten. Hier fand das gesellschaftliche Leben statt, mit Empfängen im Salongebäude oder im neuen Palais beim Großherzog Friedrich Franz I., für den es hier keine Sitz- und Rangordnung gab.

Im 1805 eingeweihten Schauspielhaus besuchte man Konzerte und Aufführungen. Baumeister Carl Theodor Severin (1763–1836) hatte es nach den Theaterbauten seiner Berliner Lehrer Langhans und Gilly entworfen. 1889 musste es dem Neubau des Gymnasiums von Gotthilf Ludwig Möckel (1838–1915) weichen – ein Verlust für die klassizistische Architektur Doberans. Auch für die Bildung der Kurgäste wurde gesorgt. Praepositus Friedrich L. Röper gibt »auf Kosten des Verfassers … zur Belehrung für Fremde und Curgäste« die »Geschichte und Anekdoten von Dobberan in Mecklenburg – nebst einer umständlichen Beschreibung der dortigen Seebadeanstalten und einem Grundrisse von Dobberan« heraus, die 1808 als »zweite sehr vermehrte und verbesserte Auflage« erscheinen. Das Profil eines Fremdenführers hat bereits das 1855 in Rostock verlegte Buch von S. von Schreiber »Doberan und Heiliger Damm«, illustriert mit einigen kolorierten Stahlstichen und einem Plan des Ortes; ein katalogartiger Anhang half dem Besucher des Münsters, anhand eines »Grundplans« mit Nummerierung die Ausstattungsstücke vom Hochaltar bis zu den Grabsteinen zu finden.

Beliebt waren auch die Volksfeste rund um die chinesischen Pavillons und Boutiquen auf dem Camp, an denen sich auch die ländliche Bevölkerung des Umlandes beteiligte. Seit 1804 wurden Jahr für Jahr Pferderennen auf der Rennbahn an der Chaussee nach Heiligendamm veranstaltet.

Die »Abtei im Walde«

Wer die Ruhe suchte, konnte sich in der hügeligen Umgebung oder im Klostergelände ergehen, das im Stil englischer Parkanlagen umgestaltet war. Die Durchblicke von Ost oder von Nord über den ehemaligen Mönchsfriedhof hinweg auf das Münster lassen es wie eine »Abtei im Walde« erscheinen. Hier brauchten keine künstlichen Ruinen geschaffen zu werden: die Architekturstaffagen standen schon am Ort. Die 1830/31 durchgeführte Ausmalung der Kirche verlieh dem Raum entsprechend romantischer Lichtmystik eine lichte Aura – lichter in den Farben als die mittelalterlichen Vorgaben, wie im südlichen Querhaus an der Probe im Triforium nachempfunden werden kann. Wie eine verspätete romantische Verklärung kann auch die 1843 erfolgte Aufstellung des Granitsarkophags Großherzog Friedrich Franz' I. († 1837) [17] im Hohen Chor empfunden werden – vergleichbar mit »Huttens Grab« auf einem Gemälde Caspar David Friedrichs (Ernst Badstübner). Dies geschah im ersten Regierungsjahr seines Urenkels Friedrich Franz II., gegen den Widerstand des Praepositus Crull: »Nur was zum Christentum Beziehung hat, gehört hierher«. Dieses Votum blieb wirkungslos, denn der Großherzog hatte – wie

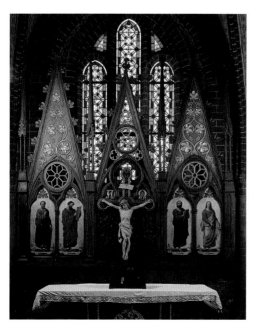

Althof, Kapelle, Retabel aus Wimpergen des Levitenstuhls (um 1310), 1844; Mitte umgestaltet um 1890

der Schmalseiten des ehemaligen Leviten-stuhls abgebaut und für die neue katholische Kirche zu einem Altartabernakel umgestaltet werden sollte. Die rückseitigen Wimperge bilden seit 1852 das Rahmenwerk des Retabels in der Kapelle zu Althof. Die Bilder beider Altargestaltungen schuf Rudolph Suhrland.

Nach dem Regierungsantritt Großherzog Paul Friedrichs 1837, Enkel des verstorbenen Großherzogs Friedrich Franz I., konzentrierte sich die Bautätigkeit auf den Ausbau der Wohngebäude in Heiligendamm, so dass die Badegäste direkt an der See logieren konnten. Nach dem Tod des Baumeisters Carl Theodor Severins 1836, dessen Bauten Stadt und Seebad unverwechselbar prägen, wurde Severins gleichnamiger Neffe zu seinem Nachfolger und Bauleiter in Doberan berufen.

Purifizierung und Regotisierung im 19. Jahrhundert

seine Vorgänger seit der Reformation – den Status eines Bischofs der evangelischen Landeskirche inne.

Schrittweise hatte Herzog Friedrich Franz – 1815 zum Großherzog erhoben – begonnen, die Geschichte Doberans unter Hinzuziehung und in ständigem Kontakt mit dem Archivrat Friedrich Lisch zu erforschen. In Althof ließ er nach dem Grab der Gründerin Woizlava suchen und im Münster die Grabstätte ihres Mannes Fürst Pribislav ergraben. Eine neue Grabplatte kennzeichnet die Stelle im nördlichen Querhaus, an der Friedrich Lisch meint, die Gebeine Pribislavs gefunden zu haben. Seither werden die beiden Nordjoche als Pribislav-Kapelle bezeichnet.

Der Herzog nahm regen Anteil an den Arbeiten nicht nur hier in Doberan sondern auch an anderen Kirchen im Lande. Als er 1802 der katholischen Hofgemeinde in Ludwigslust gestattete, sich im Park eine Kirche zu erbauen, verfügte er, dass der nicht mehr genutzte Beichtstuhl aus dem Doberaner Münster beziehungsweise der dreitürmige Dachaufbau mit den drei Wimpergen der Schaufront und

Der plötzliche Tod Großherzog Paul Friedrichs im Frühjahr 1842 bürdete seinem erst neunzehnjährigen Sohn Friedrich Franz die Last auf, kaum erwachsen die Regierung übernehmen zu müssen. Verständlicherweise galt seine vornehmlichste Sorge, dem Wunsche des Vaters zu entsprechen, ihm und seiner Familie im Schweriner Dom eine würdige Grabstätte zu errichten. In engem Kontakt mit dem Bruder seiner Mutter, dem kunstsinnigen König Friedrich Wilhelm IV., nahm der junge Thronfolger Einfluss auf die Umgestaltung der Chorkapellen zu einer Grablege des Fürstenhauses.

Wie sein Urgroßvater war Friedrich Franz II. stark an Geschichte und den Schönen Künsten interessiert. Es muss für den jungen Fürsten eine reizvolle Aufgabe gewesen sein, die vom Urgroßvater begonnene Restaurierung des Doberaner Münsters fortzusetzen. Er berief eigens eine »Commission zur Erhaltung des Doberaner Münsters« ein. In ihr wirkten der Historiker und Archivar Friedrich Lisch, der bereits mit der Geschichte des Klosters befasst war, und der einflussreiche Hofrat Prosch. Dieser gab die richtungsweisende Empfehlung, alle Einbauten zu entfernen, die jünger als 200 Jahre seien. Letztlich betraf dies im Mittelschiff alle nachreformatorischen Einbauten. Die Bauleitung wurde dem Landbaumeister Ludwig Bartning übertragen. Seine Idee muss es gewesen sein, die Gestaltung des Raumes entsprechend seiner achsialen Ausrichtung von jeglicher Zäsur zu befreien. Der von Bartning betriebenen Purifizierung fielen nicht nur die von Herzog Ulrich und seiner Frau Elisabeth gestiftete Kanzel und die Fürstenempore zum Opfer, sondern auch die Teilung des Raumes in Predigtkirche und den »Raum für die Kommunikanten« im ehemaligen Chor der Konversen vor dem Kreuz- oder Laienaltar. Er schuf den Gesamtraum mit einem Mittelgang von einem neu geplanten Hauptportal unterhalb des großen Westfensters bis hin zum Hauptaltar, an dem wie eh und je Anfang und Ende jeden Gottesdienstes zelebriert, nunmehr aber auch das Heilige Abendmahl gefeiert wurde. Dieser Gesamtraum wurde bis zur Rückversetzung des Kreuzaltarretabels (1983) für viele Generationen zum Inbegriff für das Doberaner Münster. Dieser Hinführung zum Hauptaltar stand das Retabel des Kreuzaltars mit dem monumentalen Kreuz natürlich im Wege. Im Kostenvoranschlag für das Jahr 1844 wurden Gelder für die »Translocierung des großen Kreuzes in einen der Nebengänge« und »Anlegung eines Haupteinganges« im Westgiebel aufgeführt. Von diesem Eingriff in die Bausubstanz und der gravierenden Veränderung einer Eigentümlichkeit der Zisterzienserkirche – des Verzichts auf ein kathedrales Hauptportal – wurde in den Folgejahren Abstand genommen. Stattdessen wurde mit großer Einfühlung in Maße und Formen der Bauglieder des Münsters der vorhandene Durchgang vom südlichen Querhaus in die ehemalige Klausur zu einem doppeltürigen Haupteingang erweitert; eine Engelsgestalt krönt seitdem den Mittelpfosten.

Diese Veränderung der Giebelfront des südlichen Querhauses blieben die einzigen gestalterischen Eingriffe Bartnings am Außenbau. An den Strebepfeilern zwischen und neben den Fenstern blieb der Dachansatz der Klausur erkennbar. Weitere Arbeiten blieben auf notwen-

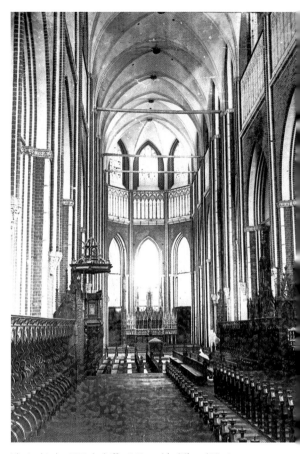

Klosterkirche, Mittelschiff mit Kanzel (1586) und Fürstenstuhl (1844/45), vor 1864

dige Reparaturen an den Dächern und dem hölzernen Dachreiter sowie auf Ausbesserungen am Stabwerk der Fenster beschränkt

Für die »Translocierung des großen Kreuzes« konnte nunmehr das Joch vor dem großen Westfenster genutzt werden, zumal eine Umsetzung »in einen der Nebengänge« zwangsläufig zur Trennung von Schrein und Kreuz geführt hätte. Die Kommission muss zügig die Zustimmung des Großherzogs für diese Variante gewonnen haben, denn schon 1845 teilt der Bauleiter Carl Theodor Severin junior, der Neffe des Erbauers des Seebades, dem Landbaumeister Bartning in Schwerin mit, dass er beabsichtige, das Konversengestühl an seinen östlichen Endungen »symmetriehalber« um fünf Sitze zu

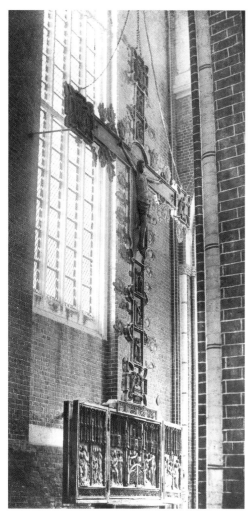

Kreuzaltarretabel und Triumphkreuz, Aufstellung vor dem großen Westfenster, um 1880

verlängern, um in der vierten Arkade den gleichen Überstand wie das Mönchsgestühl zu gewinnen. Dies hatte zur Voraussetzung, dass die Dienste an dem dritten Pfeilerpaar von Westen, die dem Querbalken zur Stabilisierung von Retabel und Kreuz als Auflager dienten, beseitigt werden mussten. Diese Arbeiten wurden 1847 abgerechnet. In diesen Jahren muss auch die »Translocierung des großen Kreuzes« durchgeführt worden sein. In dem 1855 erschienenen »Fremdenführer« von S. von Schreiber wird der neue Aufbau so beschrieben: »... im Mittel-

schiff am westlichen Ende ... das gewalthige Hochkreuz hangend an Eisenketten und seinen Fuß stützend auf den ungläubig gewordenen Reliquienkasten ... Darstellungen aus dem alten und neuen Testament, früher inmitten der Kirche, darunter der Reliquienkasten ...« Um diesen Reliquienschrein wohl der Neugierde der Besucher etwas zu entziehen, wurde er vor die Wand gesetzt, dagegen wurde die Christusseite des Schreins und des Kreuzes dem weiten Kirchraum zugewandt, so dass die Reliefs zur Passion Christi weiterhin uneingeschränkt betrachtet werden konnten.

Im Zuge dieser Arbeiten wurde auch das Konversengestühl mit Maßwerk über den Sitzen und bekrönender Zierleiste versehen.

Besonders aufwendig gestaltete sich die 1848/49 durchgeführte Restaurierung des Hochaltars und des Sakramentsturmes, die vollständig demontiert auf Pferdefuhrwerken zu dem Vergolder Fischer nach Schwerin transportiert wurden. Die konzeptionelle Leitung hatte der Archivar Friedrich Lisch, dessen Empfehlungen zu Ergänzungen oder Beseitigung fragmentarischer Malerei gefolgt wurde. Lisch hat darüber ausführlich in den Mecklenburgischen Jahrbüchern berichtet. Der Abschluss dieser Arbeiten und die Rückkehr in das Doberaner Münster wurde mit einer von Bartning und Lisch verfassten Festschrift gefeiert, die jedoch erst 1864 nach Bartnings Tod erschien.

Anlässlich des Jubiläums seiner zehnjährigen Regentschaft stiftete Großherzog Friedrich Franz II. 1852 das WAPPENFENSTER [35] (seit 2005 in der Pribislav-Kapelle) und ließ neben sein Monogramm die Wappen seiner Mutter Alexandrine (Preußen-Adler) und seiner ersten Frau Auguste von Reutz-Schleitz-Köstritz (Wettiner Löwe) setzen – wohl als Zeichen des Dankes für Begleitung und Beistand in diesen Jahren. Ernst Gillmeister (1817–1887) hat die farbigen Wappen (in der mittleren Bahn ist das großherzogliche Wappen in sieben Einzelschilde aufgelöst) in Rankenwerk gesetzt, durchzogen von blauen, roten und gelben Bändern, den Farben Mecklenburgs. Die Ausführung als Grisaillemalerei mit wenigen Farbgläsern entspricht zisterziensischer Manier, die Gillmeis-

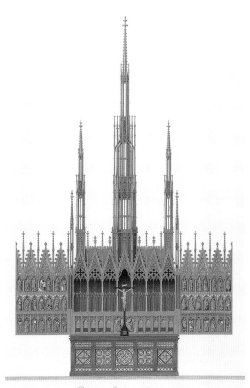

Hochaltarretabel nach der Neufassung 1848/49,
Farblithografie, 1864

ter vermutlich in seinen Wanderjahren in Süddeutschland und Frankreich kennengelernt
hatte.

Sukzessive restaurierte Gillmeister bis 1875
die vorhandenen Glasmalereien: die mittelalterlichen Felder wurden in ein Fenster des südlichen Seitenschiffes und in die Obergadenfenster gesetzt, wo sie bis 1980 annähernd eine
dem Mittelalter entsprechende Wirkung zeigten; andere Einzelfelder wurden im Ostfenster
der Pribislav-Kapelle montiert. Die meisten
Fenster erhielten eine neue ornamentale Verglasung, für deren Gestaltung Ernst Gillmeister
originale Ornamente kopierte oder sie als Anre-
gung für neue Ornamente nutzte.

1860 konnte die neue ORGEL des Schweriner
Orgelbaumeisters Friese eingeweiht werden.
An ihrer Stelle steht seit 1980 ein Werk der Pots-
damer Orgelbaufirma Schuke.

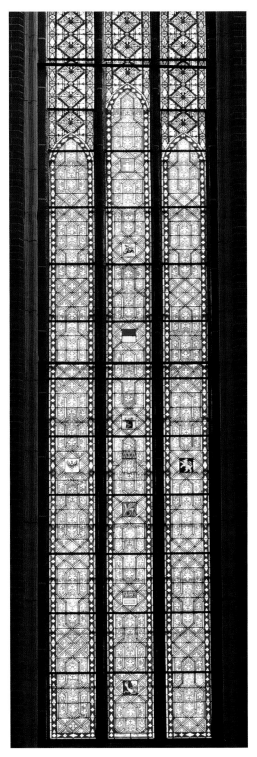

Wappenfenster, 1852 gestiftet, Ernst Gillmeister, 1855

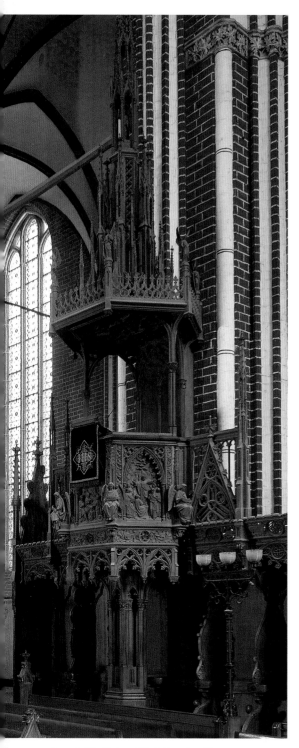

Kanzel, 1867 (Entwurf: Th. Krüger, Ausführung: Christiansen, Alberty, Reliefs: Joh. B. Weiß)

Ebenfalls 1860 wurde die Leitung der Restaurierungsarbeiten dem Schinkel-Schüler Theodor Krüger übertragen. Er hatte bereits als Mitarbeiter Bartnings an Entwürfen für das Gestühl (1844–1848) mitgewirkt und dabei sein großes Einfühlungsvermögen in das überkommene Kunstgut bewiesen. Bereits 1863 wurde die Rekonstruktion des Levitenstuhls geplant, die jedoch erst um 1890 unter Möckel zur Ausführung kam, indem die in Ludwigslust befindlichen Teile kopiert und mit dem im Münster verbliebenen Dreisitz kombiniert wurden. Bewundernswert ist die Sensibilität, mit der Krüger die Kanzel (1867) und den Fürstenstuhl in das Mönchsgestühl einfügen ließ – nicht weniger die Leistungen des Kunsttischlers Christiansen und des Bildhauers Alberty. Die Wimperge der Schmalseiten des FÜRSTENSTUHLS [**16**], der seit 1982 unter dem großen Westfenster steht, sind Teile des um 1300 entstandenen Novizengestühls, das bis Anfang des 19. Jahrhunderts vor dem Mönchsgestühl stand.

Unter der Leitung der Baumeister Bartning und Krüger hatte der Raum des Münsters eine neue, sehr harmonische Wirkung gewonnen. Sie hatten es verstanden, aus dem überkommenen Formenschatz die neuen Prinzipalstücke zu gestalten, die dadurch nicht wie Fremdkörper wirken. Dies gilt auch für die 1830/31 durchgeführte Ausmalung. Der Formenapparat der mittelalterlichen Architekturmalerei im Triforium wurde in zurückhaltender Farbigkeit übernommen: statt schwarz-weiß nunmehr olivgraugrün-ocker, so dass ein sehr lichtes Fluidum den Raum erfüllt haben muss. Im südlichen Querhaus vermittelt ein Feld partiell die unterschiedliche Farbigkeit und deren Wirkung (▸ S. 98).

Die akademische Neugotik des späten 19. Jahrhunderts

Eine vollkommen andere Wirkung geht von der neuen Ausmalung der BÜLOW-KAPELLE [**E**] aus. Dem Vorbild des Engagements des Großherzogs folgend, ließ der Familienverband von Bülow 1873 seine Kapelle durch den Dresdener

Bülow-Kapelle mit historistischer Ausmalung von Carl Andreae, 1873

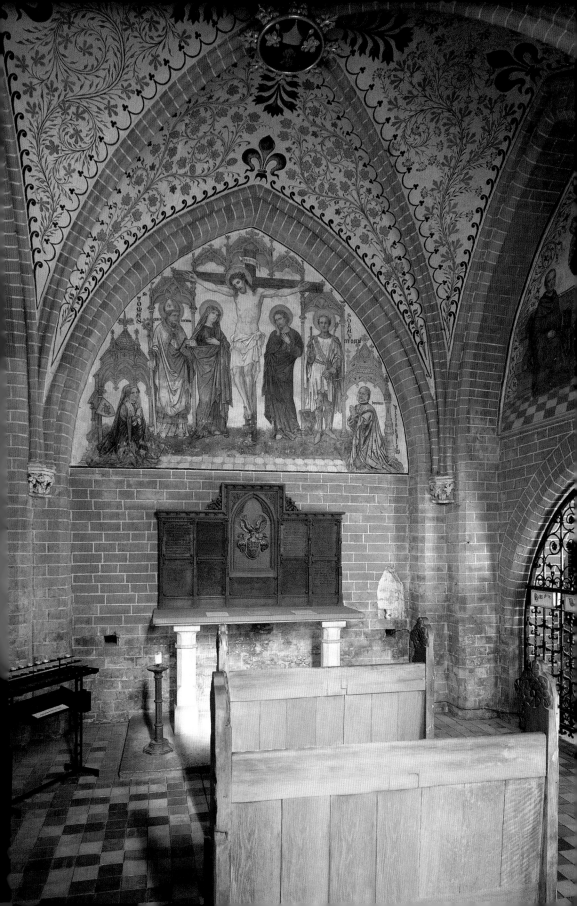

Historienmaler Carl Andreae renovieren. Zwar konnten an der Ostwand Reste eines mittelalterlichen Kreuzigungsbildes mit knieendem Ritter und Wappen freigelegt werden, doch wurde diese Vorgabe in den Stil der Historienmalerei übertragen. Das Stifterbild war offensichtlich eine willkommene Möglichkeit, hier und auf den Seitenwänden lebende Familienmitglieder und dem führenden Theologen der evangelischen Landeskirche, Theodor Kliefoth (1810–1895) darzustellen. Der Maler Andreae selbst und ein Mitarbeiter sind als Groteskköpfe in der Rankenmalerei der Gewölbe zu finden. Die geschnitzten Gewölbescheiben sind mittelalterliche Arbeiten und verweisen auf den bischöflichen Stifter aus der Familie von Bülow.

In Dresden lernte Carl Andreae den jungen Architekten Gotthilf Ludwig Möckel (1838–1915) kennen und dessen kunsthandwerkliche Praxisnähe schätzen. Möckel, Sohn eines Zwickauer Kupferschmiedes, hatte in Hannover das Polytechnikum besucht und in verschiedenen Architekturbüros gearbeitet. Der gewonnene Wettbewerb für den Bau der Johanneskirche ermöglichte ihm 1875 die Übersiedlung nach Dresden und Gründung eines eigenen Architekturbüros.

Carl Andreae scheint diesen jungen und begabten Baumeister der »Commission zur Erhaltung des Doberaner Münsters« für die erforderlichen Baugutachten und Sanierungsmaßnahmen empfohlen zu haben. Möckel wird 1881/82 beauftragt, ein ausführliches Gutachten über den Zustand des Bauwerkes zu erstellen und die Ursachen diverser Rissbildungen zu ergründen. Von den 1887 durchgeführten Sicherungsmaßnahmen zeugen heute noch die in den Chorkapellen kreuz und quer eingezogenen Zuganker – außen erkennbar an den 16 mit Buchstaben und Zahlen verzierten Kontermutern: # § # § # M # § # § # A # 18 # 87 # D # § # § # M # § # § # [# = Fenster; § = schleifenartige Zierform; M = Möckel; A D = Anno Domini]. Möckel verewigt sich selbst unübersehbar am umgestalteten Chor des Münsters. Im Zuge dieser Untersuchungen kam Möckel auch zu der Überzeugung, dass die Chorkapellen erst nach-

träglich mit dem übergreifenden, schwach geneigten Dach vereinheitlicht worden seien; ursprünglich habe dem Grundriss entsprechend jede Kapelle ein separates Dach besessen, wie an französischen Kathedralen. Es verwundert, dass die Kommission seinen Plänen zur Umgestaltung der Dachlandschaft zustimmte, obwohl allen bekannt sein musste, dass diese Form der durchgängigen Überdachung der Chorkapellen in Norddeutschland die »gängige Form« ist (z. B. Lübeck, St. Marien; Schwerin, Dom; Wismar, St. Marien und St. Nikolai). Dagegen ist gutzuheißen, dass die Neigung der Seitenschiffdächer abgesenkt wurde, so dass die Obergadenfenster wieder in ganzer Höhe mit Glasmalerei versehen werden konnten. Für die Felder der beiden unteren Reihen wurden Kopien angefertigt. Sie sind innen an der divergierenden Farbigkeit und außen an der unterschiedlichen Korrosion zu erkennen. Auch erschien Möckel der bescheidene hölzerne Dachreiter in keiner Weise der Architektur dieser »Backstein-Kathedrale« zu entsprechen. Der den Bauregeln der Zisterzienser entsprechende Dachreiter musste dem neuen, überdimensionierten Dachreiter weichen, dessen ingenieurtechnisch imponierender Dachstuhl aus Stahlprofilen eines Widerlagers im Süd-West-Winkel zwischen südlichem Seitenschiff und Querschiff bedurfte. Diese statische Notwendigkeit veranlasste einen Anbau an der Stelle, wo sich der Zugang aus dem südlichen Seitenschiff in den Kreuzgang befand. Dieser Neubau (1893/94) war der Kirchengemeinde gewiss willkommen, konnte doch im Erdgeschoss eine neue Sakristei und im Obergeschoss ein Konfirmandensaal eingerichtet werden. Ästhetisch gleicht der Anbau die Asymmetrie der Südfassade aus – quasi als Pendant zu den östlichen Querhauskapellen, die dem bernhardinischen Grundriss entsprechen.

War der neue Dachreiter gewissermaßen die »Krönung« der Dachsanierung, so ließ es Möckel nicht bei der notwenigen Neueindeckung mit schwärzlichen Biberschwänzen statt roter Mönch-Nonne-Deckung bewenden, sondern versah die Dachflächen mit einer Vielzahl von kunsthandwerklich gestalteten Gauben und

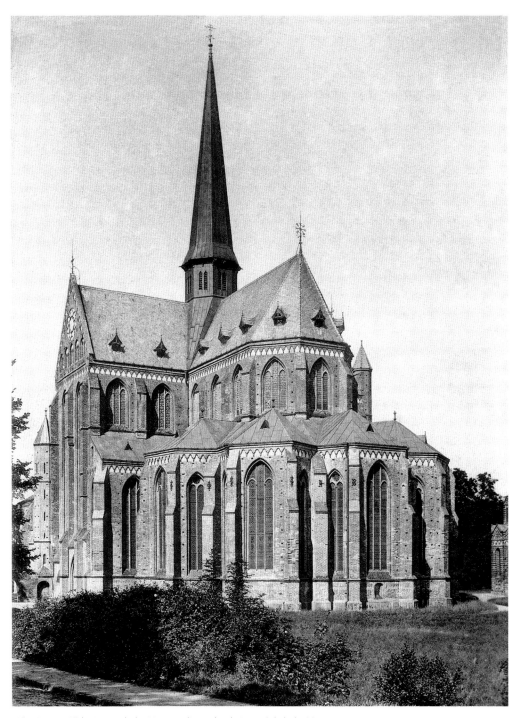

Münster von Südosten nach der Umgestaltung durch G. L. Möckel, ab 1880

akzentuierte die Giebelspitzen sowie den End-
punkt des Firstes über dem Polygon mit so
überdimensionierten und verschwenderisch
dekorierten Kreuzen, dass ein zeitgenössischer
Kritiker, der aus Doberan gebürtige Historiker
Heyck, meinte, das Münster hätte seine zisterziensische Schlichtheit eingebüßt und sähe
nunmehr aus wie ein »Panzerkreuzer mit Kano-
nenturm und Schießluken« (nachzulesen in
der Ortsakte »Bad Doberan, Münster« im Landesamt für Denkmalpflege M.-V. Schwerin). Bei
einem Vergleich mit dem von Bartning und
Krüger geschaffenen Südportal wird deutlich,
dass Möckel nicht bemüht war, sich im Detail
den Formen und Volumina der Klosterkirche
anzunähern oder gar unterzuordnen. Offensichtlich war es für Möckel »Programm«, die
Simplicitas (Einfachheit) zisterziensischer Bau-
normen durch dekorative Überformungen in
eine kathedrale Erscheinung zu verwandeln.
Besonders deutlich wird dieses Bemühen an
seinen Plänen zur Umgestaltung des Chores zu
einem – im wahrsten Sinne des Wortes – Hohen
Chor durch Anhebung des Fußbodens mit
mehrstufiger Anlage. An dieser Stelle befindet
sich heute das ADLERPULT [8]. Darüber sollte
zwischen den Pfeilern ein Triumphbalken eingesetzt werden, auf dem das große Kreuz aufgestellt werden sollte. Durch die Niederlegung
der Chorschranken sowie Umhängung der
Fürstenbilder sollte der Chor für das durch die
Kapellen einfallende Licht geöffnet werden.
Zwar wurde dem Abriss der Chorschranken zu-

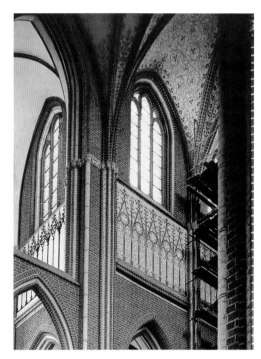

Hochchor, Triforium der Nordost-Ecke mit Ausmalung
von 1896 und der rekonstruierten Ausmalung (Mitte
14. Jh.) im nördlichen Querhaus 1983

gestimmt, um den raumweitenden Durchblick
in die Umgangskapellen zu gewinnen, doch die
Umsetzung des Kreuzes, die zwangsläufig zu
einer Trennung vom Doppelschrein geführt
hätte, ging dem Großherzog Friedrich Franz II.
und den Mitgliedern der Kommission, in der
Friedrich Schlie (1839–1902) zum Wortführer
denkmalpflegerischer Belange geworden war,
zu weit. Es sollte – wie es sprichwörtlich in §1
der mecklenburgischen Ständeverfassung hieß
– alles beim Alten bleiben. Und so blieb dieses
einzigartige Doppelretabel in seiner Zusammensetzung mit dem Kreuz erhalten.

Zur weiteren Aufwertung des Altarraumes
als Zentrum des liturgischen Geschehens bot
sich die Ausmalung an. Möckels Vorliebe für
dekorative Vielfalt widersprach es natürlich, die
Ausmalung des Triforiums in der 1830/31 tra-
dierten Schlichtheit zu erneuern. Sie wurde
prächtiger in Form und Farbe neu entworfen,
wie am Probefeld im südlichen Querhaus zu erkennen ist. Im Hohen Chor sollten sogar unter

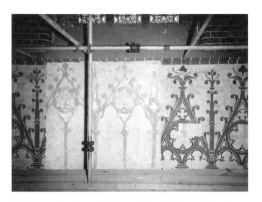

Südliches Querhaus, Triforium-Malerei (v. l. n. r.): 1896,
1831, um 1300 (rekonst.)

den Wimpergen Apostel- und Heiligenfiguren hinzugefügt werden. Eine derartige Überfrachtung des Chores wurde abgelehnt. Möckel wurde jedoch zugestanden, Triforium und Gewölbekappen mit üppiger Rankenmalerei zu füllen, um auf diese Weise den Hohen Chor gegenüber dem übrigen Kirchenschiff hervorzuheben. Entsprechend der durchgestalteten Triforiumszone wurden auch die Gewölberippen mit Begleitbändern aus Blättern und Knospen versehen und an den Pfeilern auf den bisher weiß belassenen Kanten und Zwischenbändern stilisierte Blüten dicht an dicht schabloniert. In dieser dekorativen Fülle wurde 1984 die Johann-Albrecht-Kapelle mit dem ravennatischen Grabmonument belassen, ein kleiner Beleg für die von Möckel vollzogene Verdichtung der Flächen und Verengung der Räumlichkeit. Für den bereits genannten Historiker Prof. Heyck in Heidelberg waren dies unzulässige Eingriffe. Die »neuerungssüchtige Umgestaltung des Äußeren« und die kleinlich bunte Schablonenmalerei im Innern, deren »grauorange Tünchen … das Gewölbe scheinbar niedriger machen«, empfand Heyck als »den Gesetzen der Gothik direct widerstreben[d]«, wie er 1892 in einer Eingabe an die »Commission zur Erhaltung der Denkmale« schrieb. Diese Kritik blieb für das Konzept Möckels offensichtlich wirkungslos. Die dekorative Fülle und satte Farbigkeit entsprachen dem Geschmack der Zeit und ließen in der akkuraten Ausführung nichts zu wünschen übrig.

Der von Möckel für das Triforium im Chor vorgesehene APOSTELZYKLUS [39] wurde nunmehr in den mittleren Fenstern der vier Chorumgangskapellen angeordnet. Die Kartons dafür schuf Carl Andreae, die Ausführung wurde der Leipziger Kunstglaserei Schulze und Stockinger übertragen. Das Scheitelfenster hinter der Adolf-Friedrich-Grabkapelle erhielt von denselben Künstlern 1878 einen Christuszyklus: in der mittleren Fensterbahn ist Christus als Weltenherrscher (Maiestas Domini) angeordnet und darunter vier kleine Szenen aus dem Leben Jesu: Geburt, Taufe, Christus am Kreuz mit Maria und Johannes und Beweinung Christi (Pietà; durch die Grabkapelle verdeckt).

Nicht zuletzt zeigt sich Möckels Herkunft und handwerkliche Ausbildung an den kunstvollen Kandelabern und Gittern der Chorumgangskapellen, insbesondere an dem mit Wappen geschmückten Gitter vor der 1910 fertiggestellten Grabkapelle für Herzog Johann-Albrecht († 1920) und seine Gemahlin Elisabeth von Sachsen-Weimar († 1908). Ein erster Entwurf von Möckel (1898) für dieses Grabmonument wurde 1910 von Fritz Winter im Dekor reduziert und dem in Mode gekommenen Jugendstil angeglichen.

Als eine der letzten unter der Leitung des Hofbaurats Gotthilf Ludwig Möckel durchgeführten Arbeiten erhielt das Kreuzaltarretabel 1896 eine neue Polychromie. Neu gefasst wurden Reliefs und Architekturen beider Seiten des Schreins; am Kreuz wurde nur die Christusseite überarbeitet. Die Predella wurde beidseitig neu gestaltet: der Reliquienkasten wurde mit verschließbaren Klappen endgültig den neugieri-

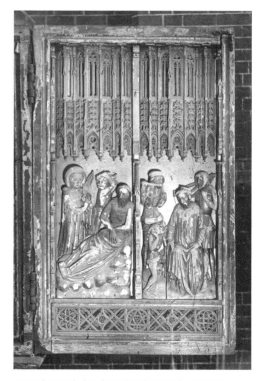

Kreuzaltarretabel, rechter Flügel, originale Fassung vor Entfernung und Neufassung 1896, Aufnahme um 1880

gen Blicken der Besucher entzogen. Das Gefach unter der Christusseite enthielt schon im frühen 19. Jahrhundert (damals unter der Marienseite) keine Figuren mehr. Möckel schloss den Kasten mit einer Reihung von Maßwerkarkaden und ließ seitlich zur Stützung der Kastenflügel Konsolen ansetzen.

Bemühte sich Friedrich Lisch 1848/49, die neue Fassung am Hochaltar und Sakramentsturm nach den von ihm erhobenen Befunden ausführen zu lassen, so muss man vergleichbares Bemühen an der 1896 unter Möckel durchgeführten Vergoldung und Ausstaffierung vermissen. Die Farben sind stumpf, die Vergoldung ohne Tiefenglanz, Details an Gewändern und Bodenformation, die auf historischen Aufnahmen noch zu erkennen sind, wurden nicht übernommen. Eine Freilegungsprobe (1983) im Relief mit der Darbringung Samuels (Marienseite, rechter Flügel) zeigt den Unterschied: den Verlust an Qualität. Den Weinblättern, deren grüner Lack Email imitieren soll, war ein Graugrün aufgestupft worden. Die Reliefs wirken in dieser Farbigkeit flach. Von ihrer ehemaligen kostbaren Bemalung, die an den Prophetenköpfen am Kreuz auf der Christusseite glücklicherweise 1983 freigelegt werden konnte und in Resten an der großen Madonnenfigur noch zu finden ist, blieb nichts. Derartige Arbeiten fanden offensichtlich nicht das Interesse des Architekten Möckel, reizten nicht seine Lust an üppigen Dekorationen und materialspezifischen Verformungen. Die Marienseite des Kreuzes wurde nicht überarbeitet. Die Reste der qualitätvollen Bemalung blieben verschont, aber vor dem großen Westfenster weiterhin der Sonneneinstrahlung und eindringenden Feuchtigkeit ausgesetzt.

Ein Gemeinschaftswerk Möckels und Andreaes war die umfassende Restaurierung des Beinhauses (1883/86). Zum einen betraf sie die Rekonstruktion der bekrönenden Laterne, durch deren Fensterschlitze vermutlich ein Ewiges Licht sein Leuchten über die Mönchsgräber ausbreitete. Und zum anderen schuf Andreae in freier Anlehnung an Reste mittelalterlicher Fresken eine neue Ausmalung, die in Erwartung der Auferstehung der Toten und Wiederkunft Christi die Darstellung der Klugen und Törichten Jungfrauen zum Thema hat.

Möckel prägte auch das heutige Erscheinungsbild der Kapelle in Althof. Die 1822/52 von Theodor Krüger vorgenommene zurückhaltende Wiederherstellung schien dem Großherzog Friedrich Franz II. nicht der Bedeutung dieses Ortes angemessen zu sein. Aufwendig wurde die Giebelfront mit einer siebenteiligen Rosette über einer Reihe von acht Blendarkaden gestaltet. Im Kleinen ist dieses Giebeldreieck eine Nachbildung des Giebels der südlichen Querhausfassade des Münsters.

Die Ausstattung erfuhr durch Möckel eine »stilreine« Gestaltung. Das aus den rückseitigen Wimpergen des Levitenstuhls von Krüger geschaffene Retabel erhielt im Mittelfeld (an Stelle der von Rudolph Suhrland gemalten Apostel) ein durchbrochen geschnitztes Laubwerk mit davorstehendem Kruzifix; Kanzel, Dreisitz und Bankgestühl wurden nach seinen Entwürfen gearbeitet. Die Glasmalereien sind vermutlich – wie im Münster – nach Kartons von Andreae von der Leipziger Firma Schulze und Stockinger ausgeführt worden. In Heiligendamm wurden nach Entwürfen Möckels die katholische und evangelische Kapelle gebaut (1888, 1904).

Im Ortsbild des Seebades Doberan-Heiligendamm drängten sich zwischen die klar gegliederten, hell verputzten Bauten Carl Theodor Severins die von Ziegelrot und dunkelbraun glasierten Formsteinen geprägten Bauwerke Möckels. Das kleine Theater musste 1888/89 dem neuen Gymnasium weichen. Daneben standen bereits das Wohnhaus des Rektors und das Postamt (1887) in einer Flucht mit dem Prinzenpalais Severins. Das Salongebäude erhielt 1879 als Rathaus der jungen Stadt, der Großherzog Friedrich Franz II. das Stadtrecht verliehen hatte, eine gründerzeitliche Fassade, die 1954/56 wieder abgetragen und an deren Stelle die Fassade Severins rekonstruiert wurde. An der Dammchaussee war 1885 die burgartige Villa Winter entstanden. Schließlich wurde 1888 Hofbaurat Möckel – wohl als Dankbarkeitserweis – die Errichtung einer eigenen Villa auf dem Klostergelände gestattet. Der reich gegliederte, mit Türmen und Erkern, aufwendigem Treppenhaus und Glasmalereien ausstaffierte Bau konnte an dominanter Stelle neben dem Klostertor errichtet werden, wo bis 1877 die »Kapelle an der Pforte« gestanden hatte. Dass an diesem Ort besondere Ereignisse der Klostergeschichte, wie die Präsentation der Heilig-Blut-Reliquie in der Oktav nach dem Fronleichnamfest oder Speisungen Bedürftiger stattgefunden hatten und die Kapelle somit ein hochrangiges Zeugnis der Klostergeschichte geworden war, konnte den Abriss offensichtlich nicht verhindern. Seither muss jeder, der von der Stadt zum Münster will, Möckels »Visitenkarte« (Sebastian Heißel) passieren. 1915 starb Möckel und wurde auf dem Waldfriedhof beigesetzt.

Das Kloster während des Zweiten Weltkriegs

Dass diese Stadt und insbesondere das Münster den Zweiten Weltkrieg verlustfrei überstanden haben, ist zwei sehr widersprüchlichen Vorgängen zu verdanken. 1942 erließ »der Führer« nach den verheerenden Bombenangriffen auf Lübeck, Rostock und andere Großstädte den »Befehl«, bedeutende Bauwerke und wertvolles Kunstgut vor der Vernichtung zu schützen. Im Münster wurde das Hochaltarretabel abgebaut und in der Bülow-Kapelle sichergestellt. Für das monumentale Kreuz und das Doppelretabel wurde eigens unterhalb des großen Westfensters ein Bunker gebaut, in dem beide Teile – das Kreuz zerlegt – Platz fanden. Als Ende April die Rote Armee auf Rostock und in das Umland vorrückte, fand sich in Doberan eine couragierte Gruppe von Bürgern unter Leitung des Kunstpädagogen Willi Henning-Henningsen zusammen und konnte am 2. Mai 1945 die Stadt kampflos übergeben. Während in Wismar Kunstgut noch zehn Jahre in derartigen Schutzbauten verblieb und die extrem feuchte Luft die Substanz der Kunstwerke schädigte, gab in Doberan der sowjetische Ortskommandant bereits 1947 die Anweisung, die genannten Bildwerke wie auch die sichergestellte Glasma-

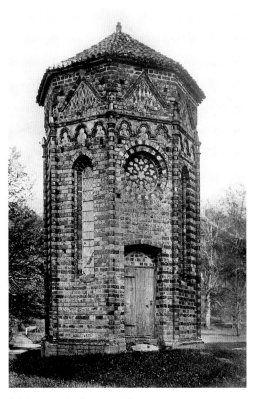

Beinhaus vor der Rekonstruktion der Laterne, Aufnahme 1875

lerei wieder aufzubauen beziehungsweise einzusetzen. Auf der Sohlbank des Scheitelfensters im Obergaden hat ein Handwerker seinen Namen mit Datum eingraviert; ein entsprechender Eintrag ist am großen Kreuz auf dem Buch des Adler-Reliefs zu finden: »… 1947«.

In den beiden folgenden Jahrzehnten sind der Rostocker Restaurator Tessin und leider auch der mutige Willi Henning-Henningsen mit restauratorischen Maßnahmen an den kleineren Retabeln im Münster beauftragt worden (Mühlen-, Tugend-Kreuzigung-, Corpus-Christi-Retabel). Ihr Bemühen, die Wirkung der partiell bereits fragmentarischen Darstellungen zu mildern, hat eher schädigend gewirkt, da wenig zur Substanzsicherung getan wurde und stattdessen im Bemühen um Vereinheitlichung – von sehr subjektiver Ästhetik geleitet – originale Bereiche übermalt wurden.

Die Suche nach dem Original und seiner Bestimmung

Restaurierung im späten 20. Jahrhundert

Mit dem Beschluss des Ministerrates der DDR, die Bau- und Kunstdenkmale in Listen zu erfassen und sie entsprechend ihrer Bedeutung in Kategorien zu gruppieren (1961), wurde das Münster mit dem Klostergelände als »Bauwerk von nationaler und internationaler Bedeutung« (Zentrale Liste) eingestuft. Mit diesem Status war ein Anspruch auf besondere Förderung bei Erhaltungs- und Restaurierungsmaßnahmen verbunden. 1962 wurde mit der erforderlichen Sanierung der Dächer und des Mauerwerks (Fragment des Ostflügels der Klausur, Strebepfeiler etc.) begonnen. Um die Unterhaltskosten zu minimieren, wurden zum einen die Möckel'schen Gauben und Firstkreuze abgenommen und zum anderen statt einer traditionellen Dachdeckung mit keramischem Material (Mönch-Nonne-Steine oder Biberschwänze) Kupferblech aufgebracht. Auf den Rückbau aller die Klosterkirche verfremdenden Gestaltungen (Dachreiter, Kapellendächer) wurde verzichtet, weil sie in fast 100 Jahren zum baugeschichtlichen Bestand des Münsters geworden waren, andererseits hätte ein solches Ziel finanziell kaum verantwortbare Maßnahmen erfordert.

Rückversetzung des Kreuzaltarretabels

Dreh- und Angelpunkt der Restaurierung des Innenraumes war die Notwendigkeit, die am monumentalen Kreuz auf der dem großen Westfenster zugewandten Marienseite verbliebenen Fragmente der originalen Polychromie zu erhalten. In Anbetracht der Größe von Kreuz und sockelartigem Retabel gab es dafür nur eine Möglichkeit: die Rückversetzung an den ursprünglichen Standort im Mittelschiff zwischen dem dritten Pfeilerpaar von Westen. Dieser Standort war sowohl archivalisch als auch bauarchäologisch belegt. Hier wurden 1973 bei einer Grabung Fundamentreste des Altarblocks gefunden, zum anderen waren an dem Zuganker darüber noch der eiserne Bügel und in der Gewölbekappe das Loch zur Führung der Halterungskette vorhanden. Für die Kirchengemeinde bedeutete dieses Vorhaben, von der lieb gewordenen Weiträumigkeit mit der Hinführung vom Westfenster zum Hochaltar Abschied nehmen zu müssen. Es war für die meisten Gemeindemitglieder schwer vorstellbar, die mit der Umsetzung entstehende Raumzäsur und Gliederung des Raumes als Bereicherung annehmen zu können und darin heimisch zu werden. Die Rückversetzung des Kreuzaltarretabels und des Kreuzes war der entscheidende Schritt zur Annäherung an die Raumstruktur des 14. Jahrhunderts.

Rekonstruktion der mittelalterlichen Raumfassung

Aus dieser 1975/76 erarbeiteten Konzeption resultierte ein Konflikt mit der üppig ornamentierten Ausmalung Möckels. Doch war die Chance, das Münster in der mittelalterlichen Raumstruktur wieder erlebbar zu machen, zum übergreifenden Ziel geworden. Die Rekonstruktion der mittelalterlichen Raumfassung erschien machbar, sofern die anstehenden Untersuchungen ausreichende Befunde für die Realisierung erbringen würden. Die »große Unbekannte« in diesem Vorhaben war die Architekturmalerei im Triforium, die das verbindende Band zwischen den Arkaden des Mittelschiffes und den Fenstern im Obergaden ist. Die 1830/31 ausgeführte Formgebung ist durch historische Aufnahmen dokumentiert und wirkt überzeugend mittelalterlich. Die am Triforium im Hohen Chor angestellten Untersuchungen sollten dies bestätigen; andere Details wie der Blau-Rot-Wechsel an den Rippen der Gewölbe und den zugehörigen Schildbögen sowie die hausteinartige Graufärbung des Stabwerks der Fenster konnten in den Seitenschiffen ermittelt werden. Im Verlauf der Arbeiten, die örtliche Handwerker unter Anleitung von Restauratoren durchführten, konnten Befunde erschlossen werden, die Einblick in Aufbau und zeitlichen Ablauf der Ausmalung geben. So zeigte sich, dass die Spitzen aller Wimperge seitlich mit roten, stilisierten Lilien besetzt waren. Diese roten Lilien bildeten auch alternierend mit roten Palmetten die Spitzen der Krabbenleisten entlang der Schildbögen im Hohen Chor. Dort sind auch im Scheitelfeld des Triforiums die Kapitelle blau statt schwarz hervorgehoben. Durch diese wenigen Elemente wird dem Hohen Chor eine zurückhaltende Festlichkeit verliehen.

Im südlichen Querhaus konnte das bereits 1983 an der Westwand entdeckte Maßwerk, das ein besonders schöner Beleg für die zisterziensische Simplicitas (Einfachheit) in der Baudurchführung ist, erst 2006 restauriert werden. Gegenüber sind in einem Triforiumsfeld die drei Varianten des gemalten Triforiums sichtbar belassen worden, so dass insbesondere die Neugestaltung durch Möckel einem Vergleich unterzogen werden kann (▶ Abb. S. 98).

Farbigkeit der achtseitigen Pfeiler in den Querhäusern

Die legendenbildende Farbigkeit der achtseitigen Pfeiler in den Querhäusern geht auf mittelalterliche Steinstrukturbilder zurück, die erheblich farbintensiver als die unter Möckel durchgeführte Übermalung waren. Beispielsweise sind die konzentrischen Farbbänder am südlichen Pfeiler von Achatstrukturen abgeleitet, die seit der Antike sehr beliebt waren. Die schwarz-grüne Bemalung am nördlichen Pfeiler in der Pribislav-Kapelle imitiert grünen Porphyr, der wie roter Porphyr ein fürstlicher

Bedeutungsträger ist – hier wohl bewusst der der Pribislav-Kapelle zugewandten Seite vorbehalten.

Die Verwendung von gemalten Steinstrukturen der Hausteinarchitektur wie auch das graue Hausteinimitat am Stabwerk der Fenster und des Gesimses unterhalb des Triforiums sind keine spezifisch zisterziensischen, sondern allgemeine Merkmale des Zeitstils und wurden sowohl im Innenraum als auch am Außenbau des Münsters verwendet.

Restaurierung der Glasfenster

Die Wirkung der Raumfarbigkeit im Münster ist ohne den Lichtschleier, den die lückenlose, schwachfarbige Verglasung der Fenster ausbreitet, nicht vorstellbar. Sie ist ebenfalls ein Zeugnis für die Fähigkeit der Baumeister Bartning und Krüger, den Bestand zum Maßstab für die neogotische Renovierung zu setzen. Durch den Glasmaler Ernst Gillmeister ließen sie wie bereits erwähnt (▶ S. 93) die mittelalterlichen Felder restaurieren und die Blankverglasung gegen Kopien und von ihm in Anlehnung an die Originale entwickelte Teppichmuster auswechseln.

Die 1975 begonnene Ausmalung des Raumes bot nunmehr die Gelegenheit, den Zustand aller Fenster sukzessive zu überprüfen. Das Ergebnis war erschreckend: Wind und Wetter, Steinwürfe und Einschüsse hatten erhebliche Schäden verursacht. Eine Wertung des Bestandes war unumgänglich und erzwang zwei Entscheidungen. Zum einen mussten die mittelalterlichen Felder aus dem Obergaden in ein kontrollierbares Fenster des nördlichen Seitenschiffes umgesetzt und isothermisch montiert werden, das heißt außen wurde eine Schutzverglasung eingebaut und innen mit etwas Abstand die originalen Glasmalereien eingesetzt, so dass sich auf ihnen kein Kondenswaser bilden und keine Schadstoffe ablagern können. Zwangsläufig mussten die hier befindlichen, von Gillmeister in Art der originalen Glasmalerei geschaffenen Felder ausgebaut und deponiert werden. Dies betraf das Wappenfenster

[35] im nördlichen Seitenschiff, links von der Orgel, das mit seinem dynastisch-heraldischen Programm (1852) in der Folge der vegetabilen Ornamentik der Seitenschifffenster fremd wirkte. In dieses Fenster wurden alle originalen Scheiben umgesetzt. Die dadurch in den Obergadenfenstern entstandenen Lücken wurden wiederum mit Kopien geschlossen. Zum anderen wurde entschieden, langfristig eine systematische Restaurierung aller Fenster und eine Sanierung des umfassenden Mauerwerkes nach Abschluss der Restaurierung des Innenraumes (1984) in Angriff zu nehmen. Dieses Vorhaben konnte einschließlich einer isothermischen Verglasung ausgewählter Fenster (außen erkennbar) in den vergangenen zwanzig Jahren durchgeführt werden. Die Restaurierung des von Großherzog Friedrich Franz II. im Jahre 1852 gestifteten Wappenfensters und sein Einbau in das Fenster über dem Nordportal bildete 2005 den Abschluss des Fenster-Programms. Dabei konnte der Grundsatz eingehalten werden, auch alle Teppichmuster Ernst Gillmeisters zu zeigen, indem in der oberen Hälfte des hohen Fensters die Felder mit dem von ihm kopierten Muster zu sehen sind und in der unteren Hälfte das komplette Wappenfenster; das preußische Adler-Wappen musste nach vergleichbaren Wappen neu gemalt werden.

»Neuer« Fürstenstuhl

Das ursprüngliche Konzept für die Restaurierung des Innenraumes beinhaltete auch die Hypothese, dass das Mönchsgestühl entsprechend den hoch angesetzten Konsolen um ein Joch weiter östlich gestanden habe, und dass die vorgefundene Aufstellung erst im 16. Jahrhundert oder bei Beseitigung der quer stehenden Sitze am westlichen Ende um 1368 entstanden sei. Wie bereits erwähnt, gibt es an den Gestühlsreihen keine Befunde. Von dem Vorhaben, diesen hypothetischen Urzustand im Chor der Mönche zu rekonstruieren, wurde Abstand genommen, weil beim Verrücken ein erhebliches Risiko für das Gestühl hätte entstehen können. Zum anderen wäre die Kanzel, die von

Krüger so einfühlsam in das Gestühl eingefügt worden war, völlig isoliert vor dem Pfeiler gestanden. Der Bestand blieb unangetastet – ausgenommen die über und vor das Gestühl hinausragenden Bauteile des FÜRSTENSTUHLS [16]. Sie wurden abgenommen und mit Teilen der 1844 am östlichen Ende des Konversengestühls angesetzten Sitze zu einem »neuen« Fürstenstuhl kombiniert und unter dem Westfenster aufgestellt. Hier bildet er anstelle des Kreuzaltarretabels den räumlichen Abschluss. Diese Maßnahmen brachten doppelten Gewinn: Zum einen sind an den Schmalseiten die 1844 verbauten Wimperge (um 1300 / vom Novizengestühl?) und die Füllung mit Rankenwerk, 1867 zwecks Höhenangleichung unter die Gestühlswange vor der Kanzel gesetzt, erstmals wieder sichtbar. Zum anderen wurde dadurch auch das Ziel erreicht, die südliche Gestühlsreihe mit ihren 24 Sitzen auf den Bestand zur Zeit der Schlussweihe zu reduzieren. Jedoch gehört die Fischadler-Wange am westlichen Ende nicht zum originalen Bestand. Sie war bis 1809 Teil des Levitenstuhls, wo sie sich aber nicht wieder einfügen ließ.

Die neue Aufstellung des Kreuzaltarretabels

Der Rückbau am Konversengestühl und die Rekonstruktion der Dienste am dritten Pfeilerpaar bildete eine Grundvoraussetzung für die Stabilisierung der Aufstellung von Doppelschrein und Kreuz, da in den Diensten der Querbalken verankert werden musste. Mit der Abtragung der Dienste im Jahre 1845 waren auch alle Hinweise für die Einbindung dieses Balkens beseitigt worden. Der Standort war durch Grabung und die noch vorhandene Kettenführung aber zweifelsfrei zu bestimmen. Nunmehr musste versucht werden, die Höhe der Aufstellung aus Befunden am Schrein selbst und nach Analogbeispielen zu rekonstruieren. Die Suche nach vergleichbaren Aufbauten verlief ohne Ergebnis. Die Indizien an Schrein und Predella führten zu der Annahme einer erhöhten Aufstellung auf einem Sockelmauerwerk. Metallstifte an den Schmalseiten der Predella und entsprechende Bohrungen in der Standfläche des Mittelschreins bildeten ein unverrückbares Stecksystem; auch in der Deckplatte sind entsprechende Bohrungen, in die Rundhölzer zur Arretierung am Querbalken einzustecken waren. Die nachweisbare horizontale Klappe an der Predella lässt auf eine erhöhte Aufstellung auf einem hinter dem Altarblock aufgemauerten Sockel schließen. Die ermittelte Sockelhöhe entspricht überraschenderweise der Höhe der ehemaligen Chorschranken im Hohen Chor, von denen der Abschnitt hinter dem Hochaltarretabel als Unterbau des Oktogons erhalten geblieben ist. Diese Aufstellung – gewissermaßen eine »Elevation« – auf gemauertem Sockel wird durch vergleichbare Wand- und Schrankreliquiare in Kölner Kirchen (Dom; St. Gereon) bestätigt. Die spätere Klarstellung, dass der Reliquienkasten noch 1808 zur Christusseite gehörte, widerspricht der durchgeführten Aufstellung grundsätzlich nicht. Zu Röpers Zeiten war der andere Kasten »frei von Figuren« (Röper 1808). Doch konnte an den Umrissen im Goldgrund der Rückwand erkannt werden, dass die vier Halbfiguren der Kirchenväter Augustinus, Gregor, Hieronymus und Ambrosius, die im Kelchschrank verwahrt wurden, hier ihren Platz hatten. Die erste und sechste Büste waren schon um 1860 verloren, wie einer historischen Aufnahme entnommen werden kann; sie könnten die Mönchsväter Benedikt und Bernhard von Clairvaux dargestellt haben. Das Maßwerk ist nach einer historischen Aufnahme der Christusseite des Schreins neu angefertigt worden. Dort ist ein in seinen Maßen passendes Maßwerframent zu erkennen, das den Figuren Adam und Eva vor die Scham gesetzt worden war.

Die Schwierigkeiten, die in diesem Abschnitt der Restaurierung des Münsters auftraten, unterstreichen die Unvergleichlichkeit und Einzigartigkeit dieses monumentalen, doppelseitigen Retabelaufbaus. Vergleichbare Nachfolgewerke sind nicht bekannt.

War man sich unter Denkmalpflegern in der Bewertung der unter Möckels Leitung durchge-

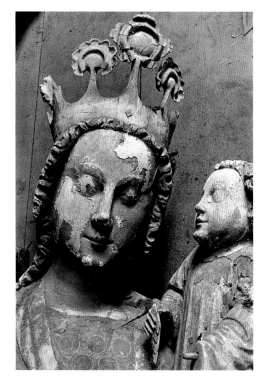

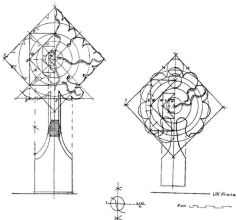

Triumphkreuz, Kopf der Madonna mit Krone, um 1368 und Proportionsschema »ad quadratum« der Kronenspitzen der großen Madonnenfigur, um 1368

führten Neufassung einig, dass sie in keiner Hinsicht der originalen Fassung entspricht und eine falsche Vorstellung farbiger Bildwerke des Mittelalters suggeriere, so konnte man dem Vorschlag zur Beseitigung dieser kraftlos wirkenden Farbigkeit doch nicht folgen, da von ihr noch die minimale Information ausging, dass Bildwerke des 14. Jahrhunderts farbig waren. Nur diejenigen Farben, die am Kreuz und am Schrein als strukturelle Entsprechung zur Architekturfarbigkeit erscheinen, wurden korrigiert. Dies betraf die Farben Rot und Blau in den Profilierungen und die Grünfläche innerhalb des Kreuzes, da ihr die alte Bedeutung des Lignum vitae (Holz des Lebens) zukommt. Eine völlig neue Fassung nach spärlichen Befunden erhielten die Weinblätter, um sie als solche kenntlich zu machen und sie wieder in der Materialillusion als grünes Email zur Wirkung kommen zu lassen. Ihre seither ungebrochene Leuchtkraft hat ihre Ursache in der Lackmischung, die kaum zur Patinierung neigt.

Bewusst sind keine Ergänzungen an der originalen Fassung der Madonnenfigur und der Reliefs vorgenommen worden, um in den Bestand nicht einzugreifen. Auch waren die Befunde für Rekonstruktionen zu gering. Jedoch wurden – wie bereits dargelegt – Kronenspitzen nachgegossen beziehungsweise für die Krone der Madonna geschnitzt, da durch Abformen und Übernahme von Proportionsrissen Fehler ausgeschlossen werden konnten. Für das Szepter der Madonna mit doppelter Kreuzblume wurden Beispiele aus Bildern Meister Bertrams als Vorlage genutzt, so dass die Madonna wieder als Himmelskönigin mit allen Insignien erkennbar ist.

Die Aufrichtung des Kreuzes beziehungsweise die Zusammensetzung der Kreuzbalken und Anbringung der beiden überlebensgroßen Figuren, Madonna und Kruzifixus, bildeten im Frühjahr 1984 Höhepunkt und Abschluss der Restaurierung des Münsters – des Bauwerkes und seiner Ausstattung, die seither in ihrer liturgischen Bedeutung und europaweiten Einmaligkeit wieder erlebbar sind.

Restaurierungsmaßnahmen seit 1984

Im Verlauf der Arbeiten und kontinuierlicher restauratorischer Beobachtung musste festgestellt werden, dass einige Bereiche am Bau und einige Ausstattungsstücke dringend einer Restaurierung bedurften. Insbesondere die Bleiverglasungen befanden sich infolge starker Korrosion der Halterungen und Schutzgitter sowie durch Windbelastungen in einem bedrohlichen Zustand. In einem mehrjährigen Programm konnten bis 2006 fünfzig Fenster restauriert werden. Progressive Schäden ließen auch die Grabplatten erkennen. Immer wieder lagen feinste Absplitterungen vor ihnen auf dem Fußboden. Möckel hatte zwar mit ihrer Aufnahme aus dem Boden und »sicheren« Aufstellung in den Wänden die Reliefs der Steine vor weiterem Abtreten gerettet, sie gerieten aber in den Wänden in den Kreislauf aufsteigender Feuchtigkeit und den damit verbundenen Transport von Salzen, die beim Verdunsten des Kristallwassers an der Oberfläche der Steine die Reliefs schichtweise absprengen. Um diesen Teufelskreislauf zu unterbinden, gab es nur die Möglichkeit, die 25 Grabsteine aus der Wand zu lösen, zu entsalzen und luftumspült aufzustellen. So entstand die Galerie der Grabsteine ringsherum im Münster, um diese »Archivalien« der Klostergeschichte zu erhalten. Die aufwendigste Aktion dieser Art war die Restaurierung des großen Fürstenepitaphs und seine ausgeklügelte, umlüftete Montage am selben Ort. Obwohl die Wandmalereien am Oktogon der gleichen Problematik unterliegen, mussten sie in situ konserviert werden.

Da die beweglichen Ausstattungsstücke (Bildtafeln, Retabel) aus Holz oder Leinwand bestehen, ist ihr Erhaltungszustand direkt von den klimatischen Bedingungen abhängig. Holz »arbeitet« und wird von Insekten sowie von Pilzen als Lebensbasis genutzt. So waren an den großen Gedenktafeln (14 Epitaphien) im südlichen Seitenschiff umfangreiche Konservierungsarbeiten und eine Montage mit Wandabstand vorzunehmen.

An den Retabeln mit dem Mühlenbild und der Kreuzigung Christi durch die Tugenden wirkten sich in den 1960er Jahren unsachgemäß durchgeführte »Restaurierungen« schädigend auf die Originalsubstanz aus. Mit Freilegung und Reinigung konnte die Qualität dieser Tafelbilder wieder erkennbar gemacht werden.

Exkurs: perpetua memoria – die Grabstätten

Grabsteine der Äbte

Die 1134 vom Generalkapitel beschlossenen Statuten über das Bauen und den Umgang mit Bildern und Figuren in den Klöstern betraf selbstverständlich auch die Grabstätten innerhalb der Klausur. Die Grabplatten mussten der gebotenen Simplicitas (Einfachheit) entsprechen und durften nur mit Namen und Stand sowie heraldischen Insignien gekennzeichnet werden, um die Memorialfeiern am Grab der Bestatteten gleichsam in ihrer Gegenwart zu zelebrieren. Auch sollten sie bündig im Fußboden verlegt sein und keinerlei erhabenen Schmuck tragen, der bei gottesdienstlichen Handlungen oder Prozessionen hinderlich sein könnte, wie ein 1194 beschlossenes und 1256 erneut bestätigtes Statut vorschrieb.

An den Grabsteinen der Äbte [19], die seit ihrer Restaurierung und Neuaufstellung eine Art »Galerie« zur Klostergeschichte bilden, lässt sich wie an einer seismografischen Linie die Einhaltung des Verbotes figürlicher Darstellungen ablesen. Nur in zwei der insgesamt zwölf erhaltenen Abtssteine – ihre Trapezform entspricht Sargdeckeln dieser Zeit – ist ein schlichter Abtsstab eingemeißelt; sie sind jedoch nicht beschriftet, so dass eine Zuordnung unter den ersten 23 Äbten nicht möglich ist. Erst der rechteckige Stein mit umlaufender Beschriftung kann dem 24. Abt Martin I. († 1339) zugeordnet werden. Die gebotene Einfachheit ist in der Gestaltung der Krümme, mit einem Weinblatt und einem kleinen, abzweigenden Blatt gefüllt, gewahrt. Um die Schrift und die Darstellung besser lesen beziehungsweise erkennen zu können, wurden die ausgegründeten Flächen mit Pech ausgefüllt, das häufig mit farbigen Füllstoffen wie Ziegelsplitt vermischt war oder überstreut wurde. Seltener wurden die Darstellungen in Messingplatten graviert und in den Stein eingelegt.

In den folgenden zwanzig Jahren vollzieht sich ein Bruch. Schon dem 25. Abt, Jacobus († 1361), wird ein Stein mit figürlicher Darstellung gesetzt. Die Figur steht in einer Mönchskutte mit dem Abtsstab in der Linken und einem Buch in der Rechten unter einem Wim-

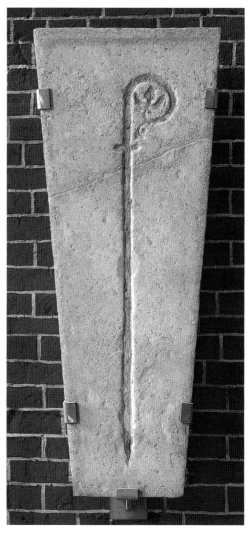

Grabplatte mit Abtsstab, 13. Jh.

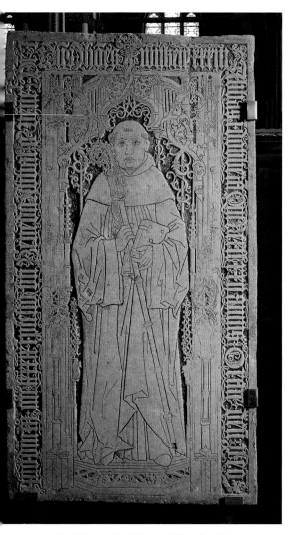

Grabplatte des Abts Johannes Wilken († 1489)

einem Wimperg wird jedoch wiederholt bis hin zu dem mit Schnörkeln und kleinen Figurennischen bereicherten Gehäuse für die Äbte Johannes Wilken († 1489), Franciscus Meyne († 1499) und Heinrich Mutzel († 1504). Besonders kunstvoll ist der Stein des Abtes Johannes Wilken gearbeitet, porträthafte Züge prägen das Gesicht. Er könnte wohl in derselben Werkstatt wie die Platte für die Herzogin Anna († 1464) [24] entstanden sein. Auf beiden Steinen sind die Inschriften besonders fantasievoll verschnörkelt. Dagegen lässt die Schrift auf der Platte für Abt Heinrich Mutzel das freie Spiel der Kunstknoten und Schleifen vermissen.

Spiritualität einer Idealgestalt eines Abtes strahlt die Persönlichkeit des 30. Abtes Bernhard († 1442) aus. Die architektonische Rahmung ist reduziert und wirkt summarisch. Die Wendung nach rechts vermittelt Lebendigkeit und innere Sammlung und suggeriert ein Gegenüber: ein Konvent aller Mönche im Kapitelsaal. In der Darstellung ist ein Zenit individueller Simplicitas erreicht: »Requiem aeternam dona eis, Domine, et lux perpetua luceat eis!«

Der letzte Abt Nikolaus II. (Peperkorn) unterschrieb am Sonntag Reminiscere 1552 (7. März) den mit Herzog Johann Albrecht ausgehandelten Vergleich und verbrachte seinen Lebensabend im Tochterkloster in Pelplin. Dort soll er 1564 gestorben sein. Dadurch wurde die ihm gezahlte Rente frei und ein evangelischer Pfarrer konnte besoldet werden. Von den regierenden Herzögen Johann Albrecht I. und Ulrich III. wurde der MAGISTER HERMANN (KRUSE) CRISPINUS [22] eingesetzt, dessen Grabstein uns erhalten blieb: aus einem rundbogigen Renaissanceportal mit Symbolen des Todes (Stundenglas und Schädel) auf den Pilastern tritt er im langen Gelehrtengewand mit einem Kelch in den Händen vor seine Kommunikanten (Teilnehmer am Abendmahl): ANNO 1599 · DEN · 20 SEPTEMB IST IN GODT DEM HERN SEHLICH ENTSCHLAFFEN M [Magister] HERMANNUS KRVSE DERO SELEN GODT GENADE · IST ALHIR ZV DOBBERAN · PREDIGER GOTLICHES WORDES GEWESEN · 35 · IHAR · SEINES ALTERS · 63 · IAHR · SEINER HERKVMST AVS DER GRAVESCHV [Grafschaft] OLDENBORCH. Zu Füßen seiner das Por-

perg mit Kleeblattbogen; die flankierenden Pfeiler sind von doppelgeschossigen Zwillingslanzetten durchbrochen; den First schmückt eine kleine, kammartige Arkadenreihe, über der von links ein Löwe und von rechts ein Hund aufeinander zuschreiten. Diese einzigartige Dachgestaltung, die sich in der Architektur der Kirche von Martinsberg, in der Nähe des Zisterzienserklosters Wilhering an der Donau, wiederfindet, bleibt auf den Grabsteinen in Doberan ohne Nachfolge. Das Grundschema mit

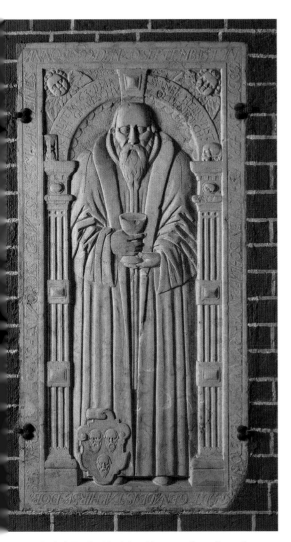

Grabplatte des Magisters Hermann Kruse († 1599)

Grabstätten weltlicher Personen

Es war immer wieder die alte Frage, die auch Martin Luther umtrieb: »Wie bekomme ich einen gnädigen Gott?« – »Kann ich Vorsorge treffen, damit mir auch die Sünden vergeben werden, für die ich zu Lebzeiten nicht mehr büßen konnte? – Können Nachfahren oder Verwandte dieses ›Seelengerät‹ für mich einrichten?« Seelengerät: so nannte man im Mittelalter diese Vorsorge für sich selbst und Verwandte, um im Jüngsten Gericht bestehen zu können.

Diese suchende Unruhe war im Mittelalter der Antrieb für eine Flut verschiedenartigster Stiftungen an Kirchen und Klöster oder an soziale Einrichtungen wie beispielsweise im Kloster Doberan die alljährliche Verköstigung Bedürftiger vor der Torkapelle in der Fronleichnamsoktav anlässlich des Kirchweihfestes.

Es war im frühen Mittelalter zu einem Gewohnheitsrecht geworden, dass Stifter einer Kirche oder eines Klosters mit dieser Stiftung für sich und die Familie den Anspruch erwarben, in dieser »ihrer« Kirche bestattet zu werden, und dass alljährlich an ihrem Todestag am jeweiligen Grab eine Seelenmesse gelesen wurde.

Der Orden der Zisterzienser tat sich schwer, von dem Grundsatz »Keine Fremden in unsere Klöster!« abzuweichen und Fundatoren innerhalb der Mauern der Klausur zu bestatten, wohl aus der Befürchtung, durch Memorialstiftungen in Abhängigkeit zu den Stiftern zu geraten, und durch die Verpflichtung zur Abhaltung individueller Seelenmessen das Gleichmaß der Stundengebete zu belasten. Nur zwei Gruppen wurde das Begräbnisrecht eingeräumt: bischöflichen und königlichen Stiftern. 1180 sah sich das Generalkapitel erneut veranlasst, auf diese Regelung hinzuweisen. Als Fürst Heinrich Borwin I. 1219 den Leichnam seines Vaters Pribislav aus Lüneburg, wo er 1181 bei einem Turnier tödlich verletzt worden war, nach Doberan überführen und in der im Bau befindlichen romanischen Klosterkirche bestatten ließ, verhielten sich Abt und Konvent korrekt im Rahmen dieser Bestimmung. 1549 bedeckte noch

tal ausfüllenden Gestalt ist sein Familienwappen angeordnet: drei vollbärtige Köpfe, die wie Porträtreliefs aussehen, füllen den Schild. Von seinen Nachfolgern verdient Pastor Peter Eddelin († 1675) besonderes Interesse, da er die Schrecken des Dreißigjährigen Krieges im Kloster miterlebt und beschrieben hat. Aus seiner Feder stammt auch eine Sammlung aller Inschriften, die damals in der Klosterkirche zu finden waren, gewissermaßen das älteste Inventar – doch von seinem Grab fehlt jede Spur.

ein Stein mit [beschrifteten?] Messingeinlagen das Grab des »primus fundator« des Klosters. Wahrscheinlich ist dieser Stein 1550 bei der Überbauung mit dem Monument für Herzog Magnus III. beschädigt, wenn nicht sogar beseitigt worden. Auch der zweite Gründer, Fürst Heinrich Borwin I. wurde hier bestattet. Die wiederholten Stiftungen von Seelenmessen, Ewigen Lichtern oder »löblichen Fenstern« in diese Kapelle, wo die Eltern und Vorfahren bestattet wurden, scheint die Tradition zu bestätigen, dass hier Fürst Pribislav bestattet beziehungsweise hierher nach Fertigstellung des Neubaus umgebettet worden ist. Somit scheint

die Bezeichnung dieser Kapelle, die sich einschließlich der Fürstenempore über die vier Joche der Giebelfront des nördlichen Querhauses erstreckt, als Pribislav-Kapelle legitimiert zu sein. Sie ist auch durch die auffällige Farbgebung des mittleren Pfeilers (Grün mit schwarzer Äderung) als bedeutungsvoller Raum hervorgehoben. Aber vom Aussehen seiner Grablege gibt es keine sicheren Belege.

Dem zisterziensischen Verbot der figürlichen Darstellungen entsprach bereits das Grab der Fürstin Woizlava in der Kapelle der Primärgründung in Althof. Auf den schlichten Bodenfliesen wird sie als »fundatorix« (Gründerin) bezeichnet. Und so sind auch die im Hohen Chor eingerichteten Gräber für HEINRICH II. DEN LÖWEN († 1329) und JUTTA VON ANHALT, Frau des Nicolaus von Werle († nach 1377), [7] sowie einer unbekannten fürstlichen Person nur mit glasierten, sparsam mit Beschriftungen und Ornamenten versehenen Bodenfliesen gekennzeichnet. Diese Auszeichnung, im Hohen Chor bestattet zu werden, wurde den Fürsten wohl deshalb zu teil, weil sie sich um den Neubau der Klosterkirche verdient gemacht hatten. Das Grab Heinrichs des Löwen ist durch zwei große Reliefziegel mit Wappenschild und Helm hervorgehoben. Wappensteine mit dem mecklenburgischen Stierkopf sind auch beim vermeintlichen Grab Fürst Pribislavs gefunden und jetzt in der Nordwand eingelassen worden. Wie strikt sich der Doberaner Konvent an diese Vorschrift im Hohen Chor hielt, zeigt noch der große Grabstein für die 1464 verstorbene HERZOGIN ANNA [24], der ehemals vor den Stufen zum Hochaltar lag und jetzt gegenüber dem Eingang zur Pribislav-Kapelle aufgestellt ist. Meisterlich wie ein monumentaler Kupferstich ist das Standbild der Fürstin in die Kalksteinplatte gearbeitet: wie ziseliert wirkt das modische Gewand und die aufwendige Nische, umgeben von einem Schriftband aus kunstvoll verschlungenen Minuskeln.

Das Begräbnis im Hohen Chor war ein besonderes Zeichen der Dankbarkeit des Konventes gegenüber dem Fürstenhaus, nicht nur der einzelnen Persönlichkeit sondern dem ganzen Geschlecht. Tagtäglich hatten die Mönche die-

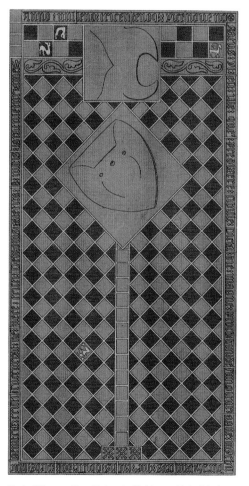

Grabstätte aus Mosaikziegeln für Herzog Heinrich den Löwen († 1329)

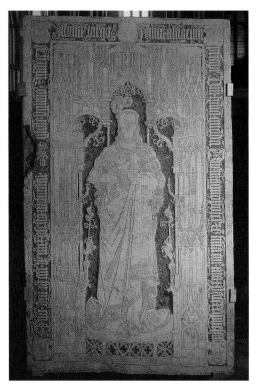

Grabplatte der Herzogin Anna († 1464)

schiedenen Zweige des Fürstengeschlechts wurde zugleich das Bewusstsein für die Einheit des Territoriums bewahrt.

Es wird sich auf den alljährlich in Citeaux abgehaltenen Generalkapiteln unter den Äbten herumgesprochen haben, dass um 1250 dem französischen Kloster Barbeu gestattet wurde, für König Ludwig VII. von Frankreich ein Grabmal mit erhabener Darstellung des Verstorbenen errichten zu dürfen. Offensichtlich begann man, die starre Verweigerung figürlicher Grabmäler für Stifter aufzugeben. 1263 ermahnt das Generalkapitel den Konvent in Royaumont zwar, entsprechend den Statuten die figürliche Ausstaffierung der Retabel zu beseitigen, jedoch beträfe diese Verfügung nicht die Königsgräber Philipps († 1230) und Ludwigs X. († 1260). Zu diesen Vorgängen bildet die Abfassung der bereits zitierten Schrift »Pictor in carmine« in einem englischen Kloster eine interessante Parallele: dort die Verbildlichung der »memoria perpetua« – hier die Verteidigungsschrift der Bildprogramme, deren Darstellung im Orden erlaubt sei, weil sie der Verkündigung und Verherrlichung des Erlösungswerkes Christi und seiner Mutter Maria, der Schutzpatronin des Ordens dienen: Menschwerdung und Passion Christi.

Am Ende des Jahrhunderts wird auch in der Doberaner Klosterkirche erstmalig ein figürliches Grab aufgestellt: für die dänische KÖNIGIN MARGARETHE († 1282) [**42**], die im Zisterzienserinnenkloster Zum Heiligen Kreuz in Rostock verstarb. Dass sie nicht in »ihrem« Kloster bestattet wurde, sondern in dem über dieses Kloster Aufsicht führenden Kloster in Doberan, mag möglicherweise daran gelegen haben, dass dem Nonnenkonvent noch keine Kirche zur Verfügung stand. Entscheidend ist jedoch, dass sie zur Familie der Gründer Doberans gehörte. Ihre Mutter war eine Enkelin Heinrich Borwins I. und stiftete zusammen mit ihrem Mann Fürst Sambor I. von Masowien das Tochterkloster Doberans in Pelplin südlich von Danzig/Gdansk. Eine exakte Überlieferung ihres Grabes existiert nicht, doch erscheint es nicht ausgeschlossen, dass es sich – wie auch die Doppelgrabplatte für KÖNIG ALBRECHT III. UND

ses Memento vor Augen, wenn sie durch den Kreuzgang zum Stundengebet zogen und von dort in die Klausur zurückkehrten. In einem fünfbahnigen Kreuzgangfenster wurde in der Mitte des 14. Jahrhunderts – vermutlich als Würdigung der Erhebung in den Reichsfürstenstand und Ernennung zu Herzögen (1348) – eine Genealogie gestaltet. Leider ist das Bildprogramm nur in einer schematischen Zeichnung vom Anfang des 16. Jahrhunderts überliefert. Unter den Wappenschilden waren Standbilder mecklenburgischer Fürsten der Herrschaften Mecklenburg, Rostock und Werle, erstaunlicherweise mit dem heidnischen Niklot, Vater Pribislavs, beginnend, als Glasmalereien gestaltet. Vergleichbare Darstellungen des österreichischen Königshauses der Babenberger sind im Brunnenhaus des Zisterzienserklosters Heiligenkreuz bei Wien erhalten geblieben. Mit dieser Zusammenfassung der ver-

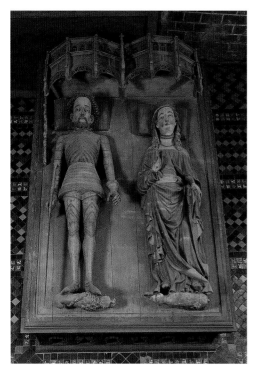

Tumbaplatte des Königs Albrecht von Schweden († 1412) und seiner ersten Frau Richardis († 1377)

SEINE FRAU RICHARDIS [46] – in der Chorscheitelkapelle befand. Beide Grabplatten mussten 1634 dem Bau des Mausoleums Herzog Adolf Friedrichs und seiner Frau Anna Maria von Ostfriesland [M] weichen. 1855 stehen sie samt den verschließbaren Kästen in der Nähe, seitlich des Oktogons vor den Chorschranken. Diese Kästen waren nicht nur zum Schutz über die Grabplatten gebaut worden, sondern die Klappen wurden am jeweiligen Todestag geöffnet, um die Bestatteten an der Memorialfeier teilnehmen zu lassen und diese »vor ihrem Angesicht« zu zelebrieren.

Lebensgroß ruht König Albrecht III. mit seiner Frau Richardis, wie unter einem Baldachin stehend, auf einer Tumba. Als Zeichen königlicher Stärke kauert sich zu seinen Füßen ein Löwe und zu Füßen der Königin Richardis ein Hund als Zeichen der Treue. Da Richardis bereits 1377 in Stockholm verstarb und bestattet wurde, wird angenommen, dass Albrecht bald

nach ihrem Tode diese anmutige Skulptur in gotischem S-Schwung für ein Kenotaph im Münster schaffen ließ, so dass sie in die Memorialfeiern einbezogen werden konnte. Als 1394 Albrecht mit seinem Sohn Erich aus der sechsjährigen Gefangenschaft unter Verzicht auf die schwedische Krone entlassen wurde, ließ er von einem weniger fähigen Bildschnitzer seine etwas unbeholfen und steif wirkende Figur arbeiten und mit der seiner Frau auf einer Platte als Doppelgrabmal aufbauen.

Mit großer Wahrscheinlichkeit war das Grabmal in der Chorscheitelkapelle aufgestellt, weil sich hier im Mittelfenster auch das Wappen mit Stierkopf befand, das Ende des 19. Jahrhunderts in das Fenster der Pribislav-Kapelle eingesetzt worden ist. Gewichtiger erscheint jedoch, dass an diesem Begräbnisplatz das Bildnis Albrechts III. – trotz Verlust des schwedischen Königreiches mit Krone dargestellt – in direktem Bezug zum Grabmal seines Vaters Albrecht II. stand, dem er die Königswürde zu verdanken hatte. Für ihn ließ er das OKTOGON [L] hinter dem Hochaltar errichten. Es ist jedoch nicht auszuschließen, dass Albrecht II. († 1379) selbst, der bedeutendste Herzog Mecklenburgs im Mittelalter, diesen Bau initiiert hat. Es ist belegt, dass er hinter dem Chor bestattet worden ist. Noch im 16. Jahrhundert wurde ein Bildnis – Kopie eines vorhandenen Porträts – bei dem Maler Cornelius Krommeny in Auftrag gegeben, um seine Grabstätte kenntlich zu machen.

Die vom Chorumgang aus zugängliche Gruft (im 19. Jh. vermauert) ist in die Chorschranken eingebunden, die zwischen den beiden östlichen Chorpfeilern vorspringt. Dementsprechend ist ein dreiseitiger Vorsprung zum Hochaltar hin ausgebildet, so dass – inklusive der Pfeilerbreite – ein kleiner, achtseitiger Kapellenraum entsteht. Dieser Vorsprung wurde nach einem Einsturz um 1550 von Möckel um 1890 rekonstruiert. Das zierliche Gewölbe stützt sich zweiseitig auf die Pfeiler und auf vier schwarze Säulen aus Kohlekalkstein, der südlich von Lüttich ansteht.

Wie Fremdlinge wirken die vier spätromanischen Kapitelle aus Sandstein, die sowohl als

Oktogon mit Gemälden mecklenburgischer Fürsten, nach 1370, 1422, um 1425

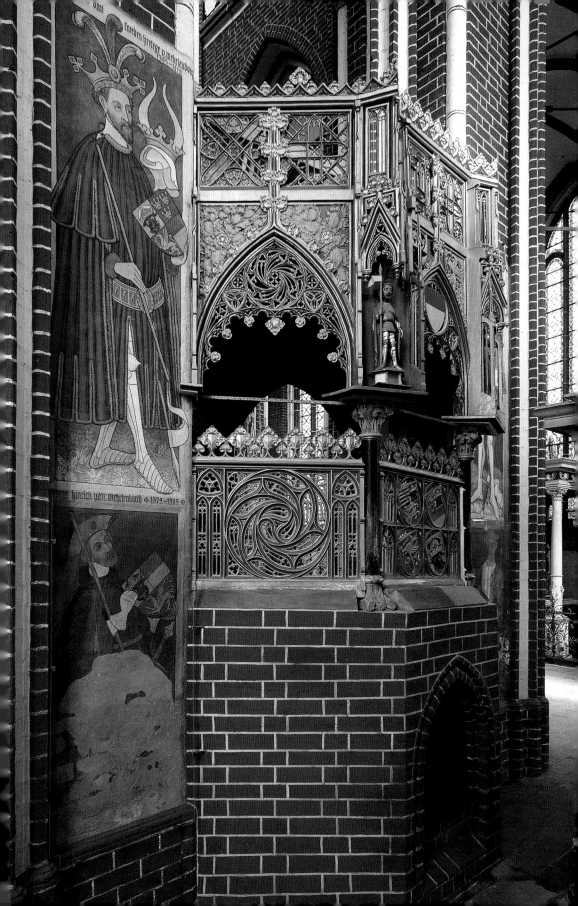

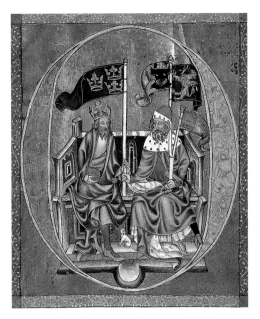

Widmungsblatt der Reimchronik Ernst von Kirchbergs, Doberan, 1378: Herzog Albrecht II. überreicht seinem Sohn Albrecht III. das Drei-Kronen-Banner Schwedens als Zeichen des Anspruches auf die schwedische Thronfolge (Landeshauptarchiv Schwerin)

Kapitelle der Säulen am Chorumgang als auch als deren Basen Verwendung fanden. Sie sind Spolien unbekannter Herkunft und ohne vergleichbare Stücke in Mecklenburg. Die zum Chorumgang hin offenen Arkaden sind mit filigran durchbrochen gearbeiteten Brüstungen vergittert. Die Bögen und die Schildwände darüber sind mit reich untergliederter Baldachinarchitektur verblendet. Aus rotierenden Fischblasen, sphärischen Dreiecken, mehrstrahlig angeordneten Lanzetten und Kreismotiven sind die Maßwerke zusammengesetzt. Das lappige Blattwerk in den Zwickeln hat die gleiche üppige Blattgestalt wie die »Pinselübungen für die leichte Hand« im Mittelschrein der Marienseite des Kreuzaltars. Sie sind auch durchaus den Blattmotiven in den Initialen und Schmuckleisten der Kirchberg-Chronik vergleichbar. Der böhmische Einfluss begegnet uns wie an den Baldachinen am Kreuzaltarretabel und am Sakramentsturm auch hier in den krabbenbesetzten Spitzbögen mit steil auf-

steigendem Spross mit Doppelblatt statt Kreuzblume – typische Merkmale der Parler-Bauhütte in Prag. Außerdem sind die kleinen Blätter, in denen die Bögen im Maßwerk enden, ein wiederholt verwendetes Detail. Hier scheint dieselbe Werkstatt am Kreuzaltar, Sakramentsturm und Oktogon tätig gewesen zu sein.

Die Ecken am Baldachin des Oktogons sind mit dreiseitigen Tabernakeln besetzt, in denen jeweils ein Ritter mit Wappenschild und Wimpel steht; auf dem originalen Schild ist der mecklenburgische Stierkopf zu finden. In der dekorativen Durchbildung nimmt die mittlere Arkade eine Sonderstellung ein. Im Blattwerk der Zwickel sind zwei Wappen mit dem Stierkopf und dem Greif der Herrschaft Rostock angeordnet; ein drittes Wappen bildet die Mitte des Maßwerkes im Bogen: es ist der gold-rot geteilte Schild der Grafschaft Schwerin, die Albrecht II. 1358 erwerben konnte. Seither durfte er den dreigeteilten Herzogsschild führen. Stolz präsentiert er auf dem Titelbild der Kirchberg-Chronik die drei Wimpel deutlich als Zeichen dieser territorialen Erweiterung: die Wimpel der angestammten Herrschaften Mecklenburg und Rostock sind an einer Stange befestigt, darunter – im Sinne der Erwerbung hinzugesteckt – das [hier] rot-gold geteilte Wimpel der Schweriner Grafschaft. Mit der Rechten reicht Herzog Albrecht II. dem neben ihm im königlichen Ornat thronenden Sohn Albrecht III. die schwedische Drei-Kronen-Standarte als Zeichen der 1363 für ihn gesicherten Thronfolge als Erbschaft seiner Mutter Euphemia, Tochter des Königs Erich.

Obwohl diese größte Machtentfaltung mecklenburgischer Herzöge 1396 mit der Gefangennahme Albrechts III. und seines Sohnes Erich durch die dänische Königin Margarete die Große endete, demonstrieren Vater und Sohn mit dieser doppelten Grabanlage – Oktogon und Scheitelkapelle – im Münster den Anspruch auf diesen Königstitel. In diesem Sinne scheint auch bewusst die oktogonale Form für die Gruftanlage gewählt worden sein, war sie doch im christlichen Abendland seit den Kreuzzügen eine bekannte Architekturmetapher für das Heilige Grab in Jerusalem.

Mit diesem Architekturzitat wird zugleich an die Fahrten in das Heilige Land von Pribislav und anderen Fürsten erinnert, wurde doch Fürst Heinrich II. der Löwe in Jerusalem zum Ritter geschlagen. Mit dieser Gestaltung suggeriert das Oktogon den Teilnehmern der Memorialfeiern, die hier Bestatteten haben sich den Status der Heiligkeit erworben. In diesem Zusammenhang gewinnen auch die schwarzen Säulen mit den spätromanischen Kapitellen an Symbolkraft. Stilistisch könnten sie aus dem Raum zwischen Harz und Elbe stammen – aus einem Gebiet, zu dem Albrecht II. durch seine treue Gefolgschaft zu Kaiser Karl IV. enge Beziehungen geknüpft hatte. Der Kaiser hatte 1348 Albrecht als wichtigsten Verbündeten im Norden zum Herzog und in den Stand eines Reichsfürsten erhoben. Albrecht und sein Bruder Johann I. weilten wiederholt in der Kaiserpfalz zu Tangermünde wenn sich Kaiser Karl dort aufhielt und traten als Zeugen bei seinen Beurkundungen auf. Wiederum gelang es dem Kaiser, durch Besetzung des Schweriner Episkopates von 1354 bis 1364 mit seinem Rat Albert von Sternberg das Bündnis zu stabilisieren. Dies könnten die Hintergründe dafür sein, dass Albrecht bewusst diese Spolien aus dem Magdeburger Raum mitbrachte und in seine Grablege als Zeichen imperialer Position einbauen ließ. Ob Albrecht selbst in Magdeburg gewesen war und möglicherweise im Dom die dort eingebauten antiken Säulen und Kapitelle gesehen hatte? – eine faszinierende Vorstellung solcher Parallelität in der demonstrativen Verwendung von Spolien.

In diese Vorstellung der Entstehung des Oktogons will das mittlere Brüstungsfeld mit vier Wappenschilden nicht passen. Deshalb werden zwei Entstehungsphasen angenommen. Die ältere Forschung sah in den Schilden die Wappen der Herzogin Katharina von Sachsen-Lauenburg († 1448), die als Witwe Herzogs Johann IV. († 1422) zusammen mit ihren Söhnen Heinrich IV. und Johann V., die als Grabwächter in den Tabernakeln an den Ecken des Baldachins stehen würden, das Grabmal hätte erbauen lassen. Dagegen ordnet Annegret Laabs die Wappen der Elisabeth von Sachsen-Lüneburg

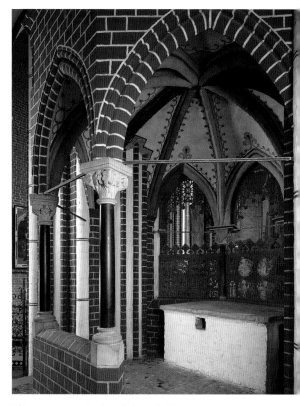

Oktogon, Innenseite der mittleren Brüstung mit Pinselzeichnungen, um 1425

zu, die mit Herzog Albrecht IV., dem Enkel Albrechts II. verlobt wurde, in der Hoffnung, dass er der Thronfolger seines Großvaters König Waldemar (Atterdag) von Dänemark würde. Diesen Anspruch verlor er 1387 an Waldemars zweite Tochter, Königin Margarete von Norwegen. Damit scheiterten Herzog Albrechts II. Pläne, seinen politischen Einfluss auf Dänemark ausdehnen zu können.

Bei diesen Erwägungen bleibt jedoch der Stil der Pinselzeichnungen mit einer Darstellung der Anbetung der Könige auf den Innenseiten der vier Schilde unberücksichtigt. Der Vergleich mit den Vorzeichnungen der Malerei auf dem Mühlenretabel und der Dorotheen-Tafel zeigt, dass diese Vorzeichnungen zwar emotional ausgeführt sind, der Duktus der Drei-Königs-Tafeln dagegen einer Reinzeichnung entsprechend diszipliniert wirkt. Unabhängig von der

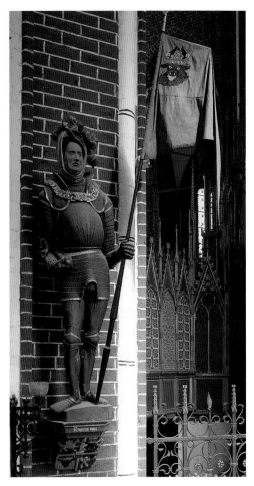

Standbild des Herzogs Magnus II. († 1503)

stifteten, um zu demonstrieren, dass sie in der Verehrung Christi als dem König aller Könige den Weisen nachfolgten. In Doberan bekräftigte diese Motivation eine Sekundärreliquie: ein Bündel Heu vom Pferdefutter der Heiligen Könige.

Da man bereits stilistische Entsprechungen in den Wandmalereien seitlich des Oktogons zu den Pinselzeichnungen erkannt hat, gehören auch die »Totenbilder« zum Schaffen dieser Werkstatt. Als »Totenbilder« können die vier Fürstenbilder aufgrund der Anordnung der Waffen bezeichnet werden: die Lanzen sind gesenkt, die Schwerter aus der Hand gelegt. Was hier gemeint ist, sagt das lateinische Wort für das deutsche Wort »gestorben« sehr anschaulich: defunctus (außer Funktion).

Dass sie wie im Leben erscheinen, verdeutlich erneut die Vorstellung, dass die toten Fürsten selbst an der Seelenmesse teilnehmen. Laut Inschriften sind es: König Albrecht III. (oben links), Herzog Johann [I. oder IV.] (oben rechts); darunter die Brüder Albrechts, Heinrich III. und Magnus I.

Schonungslos deutlicher ist ein Zeichen des Todes an dem Standbild des 1503 verstorbenen HERZOGS MAGNUS II. [50] im südlichen Chorumgang zu finden. Um den Kopf ist eine Binde geknotet, mit der sein Unterkiefer hochgehalten wird. Fast verschwindet sie im Federschmuck des Hutes – welch Kontrast zu dem als Glasmalerei ausgeführten Porträt des knienden Stifters mit Rosenkranz [20] (▸Abb. S. 118). Eindeutig handelt es sich bei der Binde um eine Totenbinde, und auch der Griff des Dolches an seiner Rechten ist zum Zeichen des »ausgestandenen Lebenskampfes« gesenkt wie die Waffen auf den Wandmalereien neben dem Oktogon. Die Gesichtszüge erscheinen porträthaft, als stünde er noch voll im Leben – energisch, doch gelassen. Die schwere Gliederkette, über Schulter und Brust gelegt, hebt seinen Fürstenstand hervor. Der Harnisch ist funktionsgerecht und detailgetreu geschnitzt. Vielleicht ist es der »maximilianische« Harnisch, der ausstaffiert auf einem prächtig geschmückten Pferd bei der Bestattungszeremonie am 29. Dezember 1503 im Münster mitgeführt worden ist. Die Figur

Ausführungstechnik sind die Personentypen, ihre schreitende Haltung und die erzählerische Lebendigkeit der Szenen das Werk desselben Meisters beziehungsweise ein und derselben Werkstatt, stilistisch abhängig vom Werk Meister Bertrams und Conrads von Soest. Datiert werden die Malereien aus dieser Sicht in das erste Viertel des 15. Jahrhundert, so dass die zweite Phase der Gestaltung des Oktogons doch von der Herzogin Katharina von Sachsen-Lauenburg nach 1422 veranlasst sein dürfte. Ob der Altar bereits zuvor in der ersten Aufbauphase ein Drei-König-Patrozinium besaß, erscheint wahrscheinlich, da auch andere Herrscher im westlichen Europa dieses Patrozinium

Standbilder der Herzöge Balthasar († 1507) und Erich († 1508)

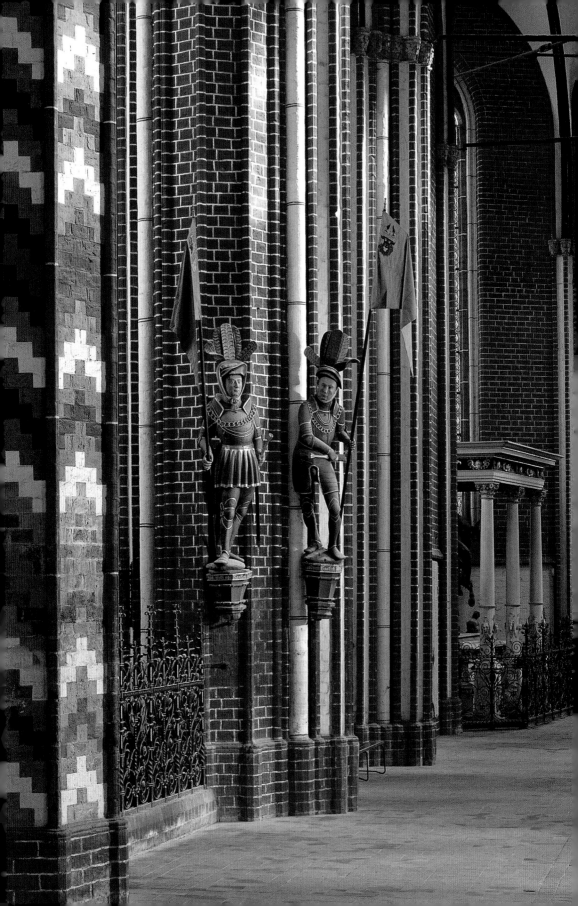

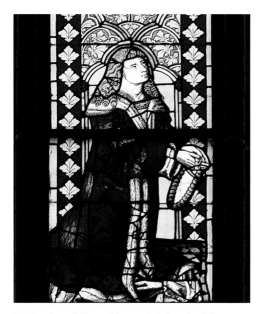

Glasfenster mit Herzog Magnus II., knieend mit Rosenkranz, um 1500

In der Typologie der Epitaphien stehen diese Fürstenbilder einmalig da: ohne Grundplatte, ohne rahmendes Retabel. Doch stehen sie hier in dynastischem Bezug zu den Wandmalereien am Oktogon. Die Todesbinden scheinen dort in den gesenkten Waffen »vorgebildet«, hier der angehenden Renaissance entsprechend schonungslos realistisch um den Kopf geknotet.

Nach den Konzessionen an bischöfliche und königliche Stifter musste das gleiche Begräbnisrecht auch anderen Stiftergruppen eingeräumt werden. Langsam öffnen sich die Klausuren und mit den Begräbnissen wird auch Frauen die Teilnahme an Requiems und Anniversarien gestattet. So finden wir im Doberaner Münster Begräbnisse einiger Adliger mit deren Frauen: von Axekow (südöstliche Chorkapelle

steht auf einer Konsole mit fünfteiligem Wappen, erweitert um die Schilde der Herrschaft Parchim-Richenberg (Stierkopf ohne Halsfell) und des Fürstentums Stargard (Arm mit hochgehaltenem Ring). Erstaunlicherweise ist das Wappen seitenverkehrt wiedergegeben, als habe der Schnitzer ein Typar direkt übertragen.

In gleicher Weise sind auch die Standbilder der HERZÖGE BALTHASAR († 1507) UND ERICH († 1508) [25], Sohn Herzog Magnus' II., mit der Totenbinde und gebrochenen Schwertern gekennzeichnet.

Wie der Bruder beziehungsweise Onkel sind sie mit zeitgenössischen Harnischen und modischen Federhüten bekleidet, die standesgemäße Kette um Hals und Schulter gelegt: »Biddet Gott vor Hartig Baltzer // und vor Hartig Erich« steht auf den Konsolen. Derselbe Wortlaut bezieht auf einer Schrifttafel – die Schleifenfraktur ein kalligrafisches Meisterwerk – auch die Schwägerin Erichs, die Herzogin Ursula zu Sachsen-Lauenburg mit ein: »Biddet Gott vor Hartich Baltzer und vor Hartich Erich Hartich Magnus Söne [?] und vor Frowen Ursulen Hartich Hinrichs Verstinnen dat en Gott gnedig sie.«

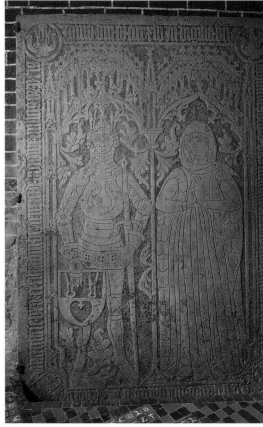

Grabplatte des Ritters Mathias von Axekow († 1445) und seiner Frau Ghese von Bibow

mit 4 Grabplatten [**47**]), von Bülow (Familienkapelle [**E**]), von der Lühe (1 Grabplatte [**36**]), von
Moltke (2 Grabplatten [**54, 55**]) und von Oertzen
(1 Grabplatte [**60**]). Die zweite Grabplatte mit
einer Frauengestalt bezeichnet das Grab einer
»domina helena iuxta fratrem suum scepulta«
(Frau Helena mit ihrem Bruder begraben); es
ist jedoch nicht gesichert, dass sie und ihr Bruder zur Familie von Oertzen gehörten. Die
Glasmalerei mit einem Ritter und einer Nonne
gehört zu einer portalartigen Gestaltung dieser
Arkade von Möckel, der sogenannten Oertzen-
Kapelle, die 1977 abgetragen wurde, da sie den
Raum des südlichen Seitenschiffes verfrem-
dete.

Schließlich wurde auch Bürgern, die sich
Verdienste um das Kloster erworben hatten, die
Bestattung innerhalb der Klausur eingeräumt.
Grabplatten sind erhalten geblieben für den
Rostocker Bürger HEINRICH VON WESER UND
SEINE FRAU IDA [**53**] (ehemals in der nordöst-
lichen Chorkapelle) und für den Lübecker Bürger PETER WISE [**51, 52**], dessen Brüder Heinrich
und Johannes zum Konvent gehörten. In einer
Altarstiftung aus dem Nachlass des Peter Wise
wird nicht nur der Eltern gedacht, sondern
auch seine Schwester Gertrud mit einer jährlichen finanziellen Unterstützung bedacht. Für
Peter Wise soll es sogar einen mit Messingeinlagen versehenen Grabstein gegeben haben –
eine außergewöhnliche Auszeichnung, die auf
sein Vermögen und das Ansehen, das er im
Konvent genoss, schließen lässt. Sein Andenken wurde sogar noch im 16. Jahrhundert gewahrt, als das Kloster bereits aufgelöst war. Vermutlich malte Cornelius Krommeny das Epi-
taphbild, in dem uns – wie bereits erwähnt –
eine mittelalterliche Tüchleinmalerei überliefert sein könnte: Denn Peter Wise ist in der
Mode um 1400 gekleidet. Auf einer Tafel darunter werden mit einem Preisgedicht seine Verdienste gerühmt.

Es stimmt nachdenklich, dass von den dar-
gestellten Männern nur die beiden Bürger in
langem Pilgergewand mit zum Gebet erhobenen Händen dargestellt sind, als folgten sie der
Prozession zur Seelenmesse vom Nordportal
durch das nördliche Seitenschiff, vorbei an den

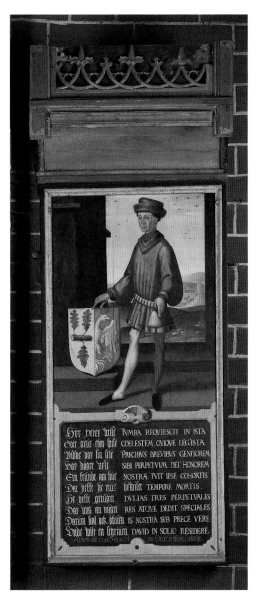

Epitaph für Peter Wise, 2. Hälfte 16. Jh. (Tafelbild); spätes
15. Jh. (Baldachin)

Gräbern in der Pribislav-Kapelle und im Chorumgang sowie denen unter dem Oktogon: Memento mori – Ora pro nobis! (Gedenke des
Todes – Bitte für uns!).

Mit der Auflösung des Klosters im Jahre 1552
und dem Teilungsvertrag von 1557 wurde der
Herzog Souverän im Kloster und Bischof der
neu gebildeten evangelischen Landeskirche.

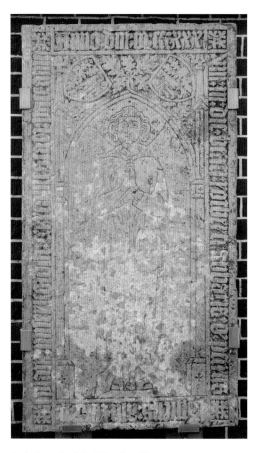

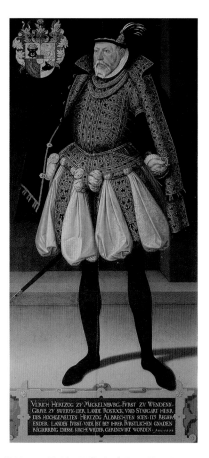

Grabplatte des Peter Wise († 1338)

Porträt Herzog Ulrichs III. († 1603), Cornelius Krommeny, 1587

Kein Statut des Generalkapitels über Begräbnisse in der Klosterkirche musste fortan berücksichtigt werden. Die Tradition der Bestattung von Mitgliedern der fürstlichen Familie in der Klosterkirche konnte uneingeschränkt fortgesetzt werden, war doch schon mit der Errichtung des Oktogons für den zum Reichsfürsten und Herzog erhobenen Albrecht II. das »Seelengerät« gegenüber der Demonstration von Machtanspruch und dynastischem Status in den Hintergrund gerückt. Hier wird noch 1547 der letzte katholische Herzog Albrecht VII. der Schöne bestattet. Bei der Erweiterung der Gruft anlässlich dieser Beisetzung sind vermutlich die Gewölbekappen hinter dem Hochaltar eingestürzt und ein Stichbogen zur Sicherung eingezogen worden.

Grabmonumente statt Nebenaltäre

Die dynastische Präsentation und die ununterbrochene Tradition seit der Christianisierung wird das beherrschende Thema aller weiteren Begräbnisse und der vielen in Auftrag gegebenen Text-Epitaphien. 1550 lässt Herzogin Elisabeth für ihren Mann Magnus III., dem letzten »Bischof« in der Pribislav-Kapelle eine Gruft errichten, die das von Friedrich Lisch vermutete Grab Pribislavs überdeckte. Von dieser Gruft, die auf Befehl Friedrich Franz' II. 1856 im Zuge der »Wiederherstellung« der Grabstätte Pribislavs abgetragen worden ist, blieb das EPITAPH MIT GROSSER WAPPENKARTUSCHE [30] aus Sandstein an der Nordwand der Pribislav-Kapelle erhalten.

Magnus III. war 1509 als Minderjähriger auf Betreiben seines Vaters Heinrich V. vom Schweriner Domkapitel zwar zum Bischof berufen worden, hat aber kirchenrechtlich dieses Amt nie inne gehabt, da er nie den erforderlichen Eid der Kurie in Rom leistete, vielmehr unternahm er – von Humanisten und Freunden »der Männer in Wittenberg« erzogen – bereits 1538 auf dem Landtag in Parchim den Versuch, die »Päpstliche Messe« abzuschaffen.

1583 ließen Herzog Ulrich III. und seine Frau Elisabeth (Ulrich war ihr zweiter Mann) im Hohen Chor das GROSSE FÜRSTENEPITAPH [**57**] in die Chorschranke der zweiten Arkade der Nordseite einfügen – gegenüber dem Levitenstuhl. Eine prächtige Rahmenkartusche aus Alabaster umfasst neun Platten aus schwarzem, belgischen Kalkstein, auf denen in einer langen Inschrift die Vorfahren, VOS PATRIAE HEROAS (Euch des Vaterlands Heroen), gerühmt werden. Mit diesem »Denkmal« in der Nähe der fürstlichen Bestattungen begann die zunehmende Umgestaltung des Altarraumes in einen »Fürstenchor«, wie es auch andernorts geschah, beispielsweise im Dom zu Freiberg/Sachsen für die Wettiner oder in der Hofkirche zu Innsbruck mit den Bronzefiguren von Herrschern des Hauses Habsburg. Diese Bedeutung nahm der Hohe Chor des Münsters sukzessive im 16./17. Jahrhundert durch die Aufstellung VON STANDPORTRÄTS MECKLENBURGISCHER FÜRSTEN [**18**] vor den Gittern der Chorschranken ein: beginnend mit Niklot († 1161) als dem Stammvater bis hin zu Herzog Christian (Louis) I. († 1692). Als letztes Bild wurde 1836 das PORTRÄT GROSSHERZOG FRIEDRICH FRANZ' I. [**34**] in der Arkade rechts vom Levitenstuhl aufgestellt, auf gleicher Höhe mit seinem roten Granitsarkophag.

Um 1894/95 wurde das große Fürstenepitaph im Zuge der Niederlegung der Chorschranken an die Westwand des südlichen Querhauses versetzt, und die Standporträtbilder in das nördliche Seitenschiff, in die Chorkapellen und in die Querhäuser umgehängt.

Der Bedarf an repräsentativen Grabkapellen machte die Wiederbelegung auch mittelalterlicher Bestattungen erforderlich. Die Errich-

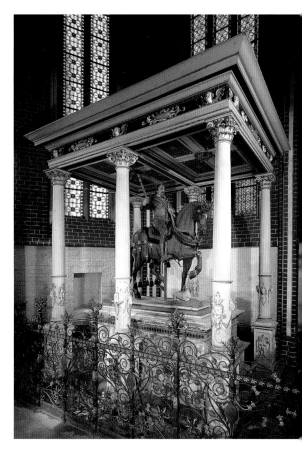

Reitermonument des Kanzlers Samuel von Behr († 1621)

tung der Gruft für Magnus III. über dem Pribislav-Grab war nur der Anfang. 1622 schloss Herzog Adolf Friedrich mit dem Leipziger Bildhauer Franz Julius Döteber einen Vertrag für ein REITERMONUMENT [**41**] für seinen Erzieher, Kanzler und Freund Samuel von Behr († 1621). Der Herzog notierte in seinem Tagebuch »… ich habe ihm die Augen zugedrucket, habe also meinen besten Freundt undt nicht meinen getreuen Diener verlohren.« Er begleitete den Sarg von Güstrow nach Doberan und arrangierte auch die Trauerfeierlichkeiten. Dafür wurde die nördliche Chorkapelle geräumt; die vorherige Belegung ist nicht überliefert.

Döteber entwickelte in einem ersten Entwurf ein Monument mit steigendem Pferd. Dagegen wirkt die tatsächliche Ausführung mit

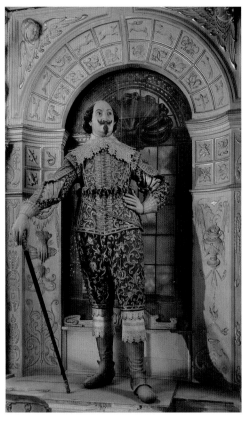

Statue Herzog Adolf Friedrichs († 1658), F. J. Döteber, 1637

de mit Nischen und rückseitig mit zwei Fenstern gegliedert (die Wappen des herzoglichen Paares sind nach einem Entwurf von Hofbaurat Möckel in Grisaille ausgeführte Glasmalereien). Eine hölzerne Kuppel überdeckt den trapezförmigen Raum, der über eine Treppe mit verschließbarem Portal erreicht werden kann. Den Giebelaufsatz der Türrahmung bekrönt eine elegante Figur des Auferstandenen, der sich den Gestalten des Herzogs und seiner Gemahlin zuwendet. Die »auf das zierlichste vnd sauberste« geforderte Ausführung in Sandstein, Holz und Alabaster ist in allen Details zu spüren. Von besonderer Lebendigkeit sind die Köpfe des Herzogs († 1658) und seiner ersten Gemahlin Anna Maria von Ostfriesland († 1634). Die Porträtköpfe sind in Alabaster mit farbiger Fassung ausgeführt, dagegen sind die Körper aus Lindenholz geschnitzt und prächtig ausstaffiert. Offensichtlich handelt es sich um Staatsgewänder, die auf Gemälden wiederzuerkennen sind. Akten und Berichte geben ausführlich Auskunft über den Ablauf der Arbeiten und die Schwierigkeiten, die der Dreißigjährige

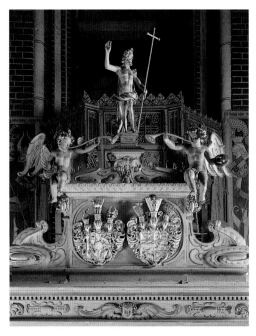

Grabmonument Herzog Adolf Friedrichs, Giebelaufsatz, 1634

schreitendem Ross sehr zurückgenommen. Möglicherweise ist hier der Einfluss des Emdener Baumeisters Ghert Evert Piloot wirksam geworden. Der als Festungsbaumeister am Hofe angestellte Piloot führte bei Arbeiten Dötebers die Aufsicht. Von ihm könnte auch der Entwurf für den säulengetragenen Baldachin stammen. Pferd und Reiter sind realistisch ausstaffiert mit echtem Zaumzeug, Sattel und samtener Satteldecke.

Nach einem Entwurf von Piloot dürfte auch das »modul« gebaut worden sein, das der Herzog 1626 an Döteber bei Vertragsabschluss für das eigene Mausoleum in der Scheitelkapelle [M] übergeben ließ. Über den mit Bossenmauerwerk verblendeten Grüften öffnet sich eine Loggia mit fünffacher Bogenreihung zum Chorumgang. Dementsprechend sind die Wän-

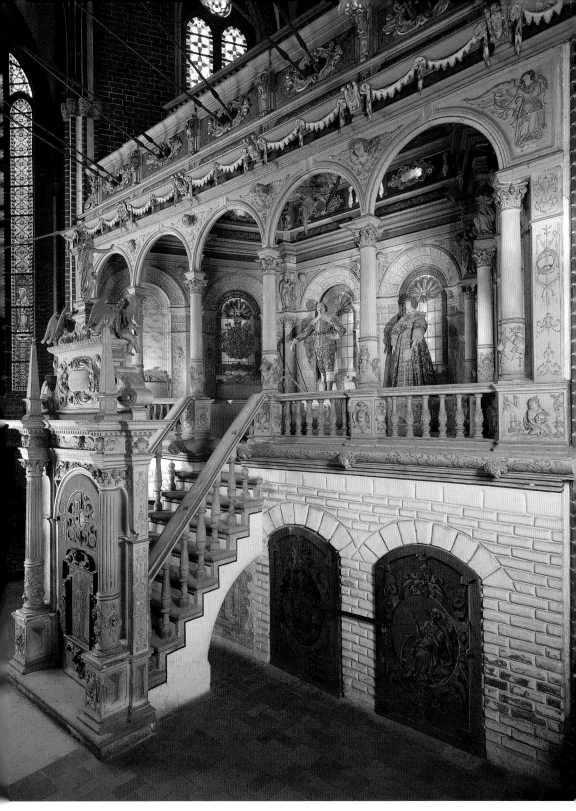

Grabmonument Herzog Adolf Friedrichs († 1658) und seiner ersten Gemahlin Anna Maria von Ostfriesland († 1634), F. J. Döteber, 1634

Krieg verursachte. So erfährt man, dass Döteber am 22. Juli 1632 dem Herzog ein in Wachs
modelliertes Porträt schickte, das er, so es Gefallen fände, in Stein ausführen wolle. Die Fertigstellung vor Ort zog sich noch bis 1637 hin,
obwohl er bereits 1634 ein Postament mit seiner
Signatur und dem Bildhauersignet versah.

Als Döteber 1636 nach Leipzig zurückkehrte,
wurden die restlichen Arbeiten von seinem Ge-
sellen Daniel Werner ausgeführt, der bereits am
Behr'schen Monument beteiligt war. Daniel
Werner ist es auch, der nach dem Einfall kaiser-
licher Truppen im Oktober 1637 erforderlich ge-
wordene Restaurierungen an beiden Monu-
menten vornimmt. Er blieb trotz unwürdiger
Bedingungen bis zu seinem Tode am 27. Februar 1669 in herzoglichen Diensten in Doberan
und wurde in der Klosterkirche begraben; die
Grabstelle ist nicht überliefert.

Wie »auf das zierlichste« und vielfältig im
Detail dieses Bauwerk ausgeführt worden ist,

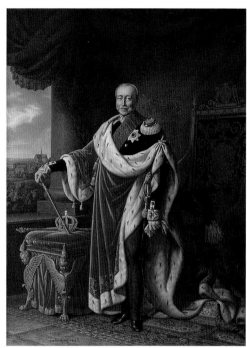

Porträt des Großherzogs Friedrich Franz I., Rudolph
Suhrlandt, 1835

veranschaulichen am schönsten die Blumen,
Insekten, kleinen Reptilien, Muscheln und dergleichen mehr, die in den kassettierten Bogenlaibungen der Nischen und Fenster zu finden
sind. Die filigrane und naturgetreue Ausführung im Stein erinnert lebhaft an die Blumen-
und Insektenalben der Sybille Merian.

Es sollten nahezu 200 Jahre vergehen, bis
wieder ein fürstliches Grabmal errichtet
wurde. Als Herzog Friedrich Franz I. 1793 das
Ostseebad Doberan-Heiligendamm eröffnete
und in dem »Flecken Doberan« eine Sommer-
residenz mit allen Annehmlichkeiten einrichten ließ, lag es nahe, dass er wünschte, in der
Klosterkirche bestattet zu werden. Er verstarb
1837 und 1843 wurde sein Sarkophag aus rotem,
poliertem Granit [17] im Hohen Chor trotz vor-
getragener Bedenken aufgestellt. Es bestand
zwar keine Notwendigkeit wie zu Klosterzei-
ten, den Raum für Prozessionen frei zu halten,
aber in der Kirchengemeinde war doch das Ge-
spür vorhanden, dass an dieser Stätte nur dem

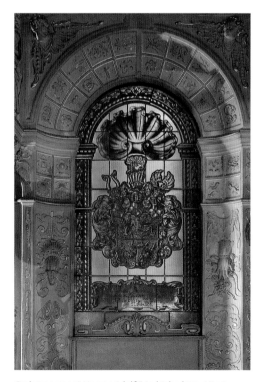

Grabmonument Herzog Adolf Friedrichs, kassettierte
Fensterlaibung mit Dekor, Daniel Werner, 1634;
Glasmalerei Didden & Busch, 1900

Gottesdienst Dienendes Platz finden dürfe: »Nur was zum Christentum Beziehung hat, gehört hierher«, formulierte Präpositus Crull. Aber noch war die Kirchengemeinde nicht »Souverän« in der Kirche – dem Thronfolger Großherzog Paul Friedrich stand es zu, den Ort der Bestattung seines Großvaters zu bestimmen.

Die nachfolgenden Generationen wählten entsprechend dem Wunsche Paul Friedrichs die Chorkapellen im Schweriner Dom zur Grablege. Erst der Herzog-Regent Johann-Albrecht († 1920) ließ für sich und seine 1908 verstorbene Frau Elisabeth von Sachsen-Weimar 1910 das mosaikgeschmückte SÄULEN-ZIBORIUM [O] in der südlichen Chorumgangskapelle errichten. Hier war von Baurat Krüger 1845 eine Sakristei eingerichtet worden, für die nunmehr im Anbau von Möckel am südlichen Querhaus ein geschlossener Raum vorgesehen war.

Die Pribislav-Kapelle erfuhr 1856 durch die archäologischen Untersuchungen und die anschließende Herrichtung mit einer neuen Grabplatte für den ersten getauften Fürsten Mecklenburgs eine erneute Würdigung (▶Abb. S. 8). Mit der Hängung des großen Porträts Großherzog Friedrich Franz' I. an der Westwand unterhalb der mittelalterlichen Fürstenempore wurde ein großer Bogen bis in die Gegenwart des späten 19. Jahrhunderts geschlagen.

Mit der Montage einiger Glasmalereien in das Ostfenster wurde nochmals die Tradition der Stiftung »löblicher Fenster« in die Grablege der Vorfahren aufgegriffen: umgeben von Teppichmustern ist das schon erwähnte Wappen mit dem Stierkopf sowie drei Halbfiguren (Gottvater, Madonna und jugendlicher Heiliger) in den Spitzfeldern den Fensters eingefügt [29]. Möglicherweise gehört zu dieser Gruppe auch der in rotem Mantel kniende, den Rosenkranz betende Herzog in einem Fenster des nördlichen Seitenschiffs; da die Darstellung identisch ist mit dem knienden, herzoglichen Stifter im Hochaltarretabel des Güstrower Doms, dürfte es sich auch in der Glasmalerei um Herzog Magnus II. [20] handeln.

In diese Tradition der in die Pribislav-Kapelle gestifteten Fenster ist 2006 auch das 1852 von Großherzog Friedrich Franz II. gestiftete WAPPENFENSTER [35] eingereiht worden, das bis 1980 in dem Fenster des nördlichen Seitenschiffes eingebaut war, wo es dem Einbau der bedeutenden, mittelalterlichen Scheiben weichen musste.

Kurz vor der Abdankung des mecklenburgischen Fürstenhauses am 14. November 1918 wurde die HERZOGIN FEODORA († 1918) [33] in einem neugotischen, grau geäderten Granitsarkophag in der Pribislav-Kapelle beigesetzt. 1920 erfolgte die letzte Bestattung eines Mitgliedes des mecklenburgischen Fürstenhauses im Doberaner Münster: Herzog-Regent Johann-Albrecht fand seine letzte Ruhe unter dem Säulenziborium vor dem frühchristlich anmutenden Sarkophag, wo bereits seine 1908 verstorbene Gattin Elisabeth von Sachsen-Weimar bestattet worden war.

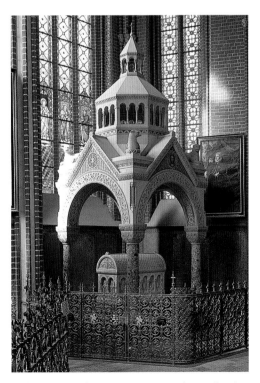

Grabmonument des Herzog-Regenten Johann-Albrecht († 1920) und seiner Gemahlin Elisabeth von Sachsen-Weimar († 1908), L. Winter, 1910

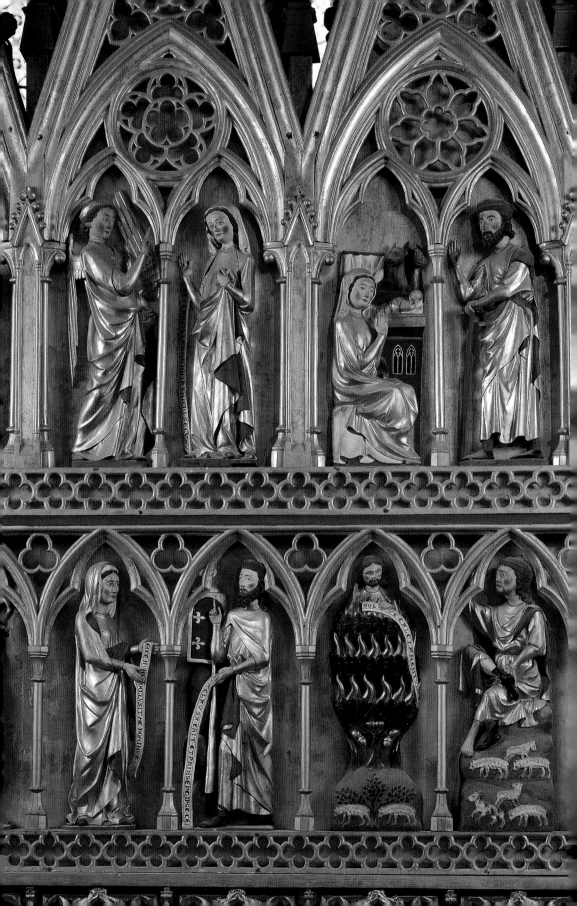

Rundgang durch die Klosterkirche

Die roten Ziffern und Buchstaben verweisen auf den Grundriss in der hinteren Umschlagklappe

A HOHER CHOR

1 Hochaltarretabel

um 1300; Aufstockung mit einem Untergeschoss
um 1368; Elfenbeinkruzifix Ende 17. Jh.

Dieses Retabel gehört wie das Retabel in der ehemaligen Benediktiner-Klosterkirche in Cismar/Ostholstein (um 1310–1320) zu den ältesten erhaltenen Reliquienretabeln in Deutschland. Der gleichzeitig entstandene KELCHSCHRANK [2] kann, wie bisher angenommen, in dieser Funktion nicht der Vorgänger des Hochaltarretabels gewesen sein, sondern diente zur Aufbewahrung von eucharistischem Gerät. Der klar gegliederte Aufbau des Hochaltarretabels resultiert aus der doppelten Funktion: Zum einen sollte es Repositorium (Verwahr) für das Allerheiligste, die geweihte Hostie sein – verborgen in der Pyxis, die von Maria und dem Christuskind (► CHORLEUCHTER [6]) gehalten wird. Diese Figur stand bis in die Zeit der Veränderungen vor der Schlussweihe im mittleren Joch des Schreins. Zum anderen dienten die seitlichen Gefache des Schreins zur Aufstellung der Reliquiare. Auf den Flügeln wird die architektonische Gliederung fortgesetzt. In zwei Bildzeilen ist auf dem linken Flügel die Menschwerdung Christi mit alttestamentarischen Präfigurationen und auf dem rechten Flügel sein Opfertod bis hin zur Auferstehung dargestellt. Solche typologischen Bildprogramme fanden in verschiedenen Bildhandschriften im Mittelalter Verbreitung.

Stilistisch gehören die Schreine in Cismar und Doberan in unterschiedliche Traditionen. In Doberan sind vermutlich über einen längeren Zeitraum Tischler und Bildschnitzer tätig gewesen, die aus dem weiteren Umland des Mutterklosters Amelungsborn kamen: Niedersachsen, Westfalen oder gar aus dem Rheinland. Da die Erstausstattung »in einem Zuge« entstanden ist, darf angenommen werden,

dass sich eine leistungsstarke Klosterwerkstatt herausgebildet hatte, in der dann auch der Kelchschrank und die anderen liturgischen Schränke sowie das Gestühl für Mönche und Konversen angefertigt werden konnten (um 1295–1320).

Die Einführung des Fronleichnamfestes im Zisterzienserorden (1317) hatte Veränderungen an dem Hochaltarretabel zur Folge. Um die anstelle der Madonnenfigur im Schrein aufgestellte Monstranz weithin sichtbar zeigen zu können, wurde das Retabel mit einem Untergeschoss aufgestockt. Unter dem Mittelschrein wurden zusätzlich Reliquiengefache eingerichtet, die eine Marienkrönungsgruppe flankieren. Auf den Flügeln befinden sich die zwölf Apostel als Verkörperung des Glaubensbekenntnisses und der Gemeinschaft der Heiligen, die hier um die beiden neuen Patrone der Klosterkirche, den hl. Sebastian und Ritter Fabian, erweitert wurde. Dieses jüngere Register muss von Künstlern geschaffen worden sein, die aus Böhmen, wenn nicht sogar aus Prag zugewandert waren, da sowohl die architektonische Rahmung als auch die Figuren von Stilelementen der Parler-Bauhütte geprägt sind. Die Malereifragmente auf den Außenseiten der Flügel wurden bei der Restaurierung 1848/49 leider beseitigt.

Aus ganz anderer Zeit stammt das Kruzifix mit Elfenbeinkorpus vor dem Retabel. Es ist vermutlich durch den zum Katholizismus konvertierten Herzog Carl Leopold (1678–1747) in die evangelische Predigtkirche gelangt. Er hatte sich bemüht, in Doberan einen Benediktinerkonvent anzusiedeln. Der Elfenbeinkorpus ist eine französische oder flämische Arbeit vom Ende des 17. Jahrhunderts. Die Reliquienplatte (Reliquien mit Tituli zwischen Putzmacherblumen) ist sicherlich eine römische Arbeit, wie die Wachsplakette Papst Innozenz' XI. zum Jubeljahr 1700 vermuten lässt.

Hochaltarretabel, linker Flügel, Verkündigung und Geburt Christi mit Typologien

Literatur: Lisch 1849, S. 354–373 | Bartning 1864 | Voss 1990, S. 123–125 | Laabs 2000, S. 21–28 | Krohm 2001, S. 157–176 | Weniger 2001, S. 177–192 | Wolf 2002, S. 22–35.

► S. 35–41, 59f., 86f., Abb. S. 34–37, 39, 59, 93, 126

2 Kelchschrank

um 1300

Der Kelchschrank diente zur Aufnahme von Kelchen und anderem Gerät, das bei der Messe benötigt wurde. Er war eingebunden in die nördliche Chorschranke zwischen dem zweiten und dritten Pfeiler. Man könnte ihn wie vergleichbare Schränke auf Gotland oder in dem dänischen Zisterzienserkloster Løgum als Wand- oder Fassadenschrank bezeichnen, da die Schaufront mit dem Wimperg unmittelbar dem Mauerwerk auflag. Wiederum ist das Bildprogramm der Menschwerdung Christi (außen) und seinem Opfertod (innen) gewidmet. Die elfenbeinartigen Figuren und die gemalten Gestalten Abels und Melchisedeks stellen in der Kunstlandschaft rings um die Ostsee besondere Kostbarkeiten dar. Die dendrochronologische Datierung des Eichenholzes, das im Wesergebiet gewachsen ist und nach 1286 geschlagen wurde, stützt die Annahme, dass dieser Schrank und das HOCHALTARRETABEL [1] von Künstlern aus diesem Gebiet wahrscheinlich gleichzeitig um 1300 geschaffen wurden.

Literatur: Eddelin 1694, S. 82 | Laabs 2000, S. 97–110 | Krohm 2001, S. 157–176 | Voss 2001, S. 125–142.

► S. 41–44, Abb. S. 41, 43, 44

3 Kredenzschrank

um 1300

Wie der KELCHSCHRANK [2] war auch dieser Schrank, wie Feuchtigkeitsmarkierungen gleicher Art im Holz und Mörtelreste auf der Rückseite belegen, in die Chorschranken, im Joch östlich des Levitenstuhls eingebunden. Aus der unterschiedlichen Anbringung der Scharniere kann auf die Bestimmung der Gefache geschlossen werden. Im oberen, kapellenartig mit einem Kreuzrippengewölbe aus Holz und grobem Leinen überdeckten Raum stand vermutlich eine Figur, vielleicht eine Sitzmadonna, wie sie auf dem Klostersiegel dargestellt ist. Im mittleren Fach muss eine Schublade oder eine Arbeitsplatte eingebaut gewesen sein, die man bei der Zubereitung der Sakramentselemente oder des heiligen Öls herausziehen konnte. Aus dieser Funktion wird die Bezeichnung Kredenzschrank abgeleitet. Am unteren Gefach sind keine Merkmale einer spezifischen Bestimmung zu finden. In der Gestaltung gleicht dieser Schrank dem HOCHALTARRETABEL [1]: eine einjochige Kleinarchitektur, turmartig mit steilen, sich kreuzenden Satteldächern bedeckt, deren Firste mit einem Besatz aus aneinandergereihten Vierpässen verziert sind. Das turmartige Erscheinungsbild ist durch den Verlust der Eckfialen stark abgeschwächt. Die gleichartigen Bauelemente schließen diesen Kredenzschrank mit dem Hochaltarretabel, dem Kelchschrank sowie einem kleinen KREDENZSCHRANK [31] zu einer Werkgruppe zusammen, die um 1300 in einer Doberaner Klosterwerkstatt entstanden sein dürfte. In der Mitte des 19. Jahrhunderts wurden diese Schränke auf der Mauerkrone der Chorschranke gruppiert, als ein Durchgang vom Hohen Chor zum neu eingerichteten »Beichtstuhl« (► heutige Johann-Albrecht-Kapelle [N]) geschaffen wurde.

Literatur: Voss 1990, S. 125–128.

► S. 44–46, Abb. S. 45, 129

4 Levitenstuhl

Sitze um 1310; Aufbau Kopie um 1890

Der dreitürmige Dachaufbau reiht diesen Dreisitz in die genannte Werkgruppe [1–3] ein, ungeachtet dessen, dass dieser Dachaufbau eine Kopie der originalen Bauteile ist, die seit 1809 in der Katholischen Kirche zu Ludwigslust stehen. In der naturnahen, vegetabilen Ausschmückung gleichen die Wimperge denen des Hochaltarretabels. Zum mittelalterlichen Bestand gehören nur noch die drei Klappsitze, ehemals auch die Wange mit dem Fischadler (► 11), die bei der Rekonstruktion des Levitenstuhls um 1890 unter Möckel nicht wieder eingebaut wurde. 1982 ist sie als westliche Wange des Mönchsgestühls auf der Südseite anstelle einer

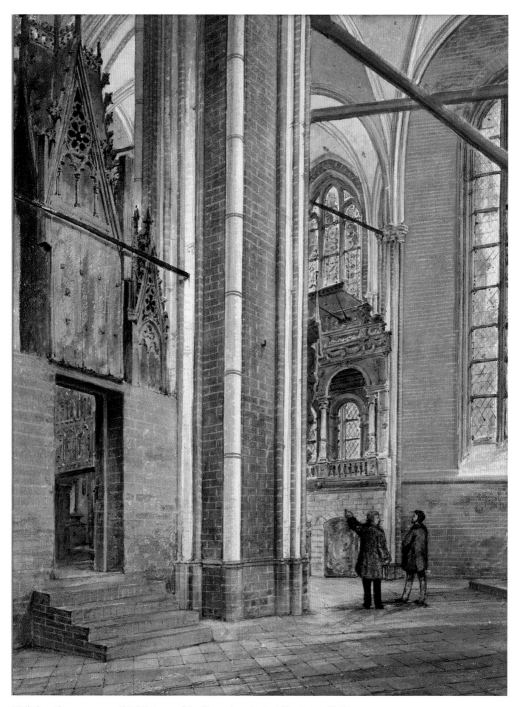

Südlicher Chorumgang mit Schänken auf der Chorschranke, Carl Elis, Aquarell, 1883
Berlin, Architekturmuseum der Technischen Universität

neugotischen Gestühlswange (1844/45) eingebaut worden.

Literatur: Schröder 1998.

▸ S. 46, 90, 94, Abb. S. 47, 90

5 Sakramentsturm

um 1370

Entwurf und Anfertigung des Sakramentsturmes und des Marienleuchters sind eine Folge
der geänderten Sakramentsfrömmigkeit, die
im verstärkten Verlangen nach dem Schauen
der Wandlung und des Allerheiligsten ihren
Ausdruck fand. Deutlich ist das Gefach zur
»Aussetzung« des Allerheiligsten an den Eisen-
stäben zu erkennen. Das filigrane Türchen ist
über der Marienfigur angebracht. Auf der Ge-
genseite befindet sich hinter der Figur des
Apostels Jakobus d. Ä. die Tür zum Verwahrge-
fach, dem Tabernakel (lat. Zelt, Gehäuse). Flankiert wird Maria zu ihrer Rechten von Johannes
d. T., gefolgt von dem Apostelfürsten Petrus, der
eine päpstliche Kopfbedeckung trägt. Auf der
anderen Seite stehen Johannes d. Ev. und Paulus, erkennbar an der hohen, kahlen Stirn und
dem Schwert. Wie auf den Flügeln des Hochaltarretabels sind die Figuren des Sockelge-
schosses Präfigurationen des Alten Testaments:
unter Maria thront König David, der die königliche Abstammung Christi verkörpert, flankiert
von Abel mit dem Lamm und Melchisedek mit
dem Kelch (▸ KELCHSCHRANK [2]). Links neben
Abel sitzt Moses mit einem Wasserkrug, auf den
das Schriftband, bezugnehmend auf den Man-
naregen und das Wasserwunder, verweist. Die
Schale mit den Broten wurde 1847 ergänzt, in
der Annahme, diese Person sei der Prophet
Elia. Rechts neben Melchisedek sitzt die Prophetin Debora, die als Präfiguration Mariae,
der Fürsprecherin, verstanden wurde. Die
letzte Figur soll den hl. Bernhard von Clairvaux
darstellen, 1848/49 auf Vorschlag von Archivrat
Lisch ergänzt. In der Doberaner Typologie zum
Opfertod Christi ist er ein Fremdling unter den
Gestalten des Alten Testaments. Als Hindeu-
tung auf das Allerheiligste als die rettende
Speise könnte sich hier eine Figur des Propheten Elia befunden haben, der in der Wüste von

einem Raben mit Brot versorgt wurde. Als
Künstler werden Schnitzer aus dem Umkreis
von Meister Bertram vermutet, die im Zusammenhang mit der Schlussweihe 1368 oder kurz
danach diesen filigranen Turm schufen. Auch
technisch ist er ein Meisterwerk, das mit einem
Stecksystem geschossweise zusammengesetzt
und montierbar ist. Die Polychromie wurde
1848 vollständig erneuert. In einer ausgebro-
chenen Rosette des Sockels ist die Signatur des
Vergolders Fischer zu finden: »C. Fischer Vergolder in Schwerin 1848«.

Literatur: Lisch 1849, S. 354–373 | Schlie 1899, S. 598f. |
Laabs 2000, S. 97–110.

▸ S. 6of., Abb. S. 6of.

6 Chorleuchter

Figur um 1300, Gehäuse um 1368

Die um 1300 entstandene Madonnenfigur verlor mit Aufstellung einer Monstranz im HOCH-
ALTARRETABEL [1] ihre eucharistische Funktion:
die Verwahrung der geweihten Hostie in der
von ihr und dem Christusknaben gehaltenen
Pyxis. Die neue Aufstellung im um 1368 geschaffenen Chorleuchter bedeutete eine Erhöhung
im doppelten Sinne, so dass ihre Gestalt dem
zur Vesper versammelten Konvent beim Singen
des Magnificats (Lobgesang der Maria) vor
Augen war. Die Einbeziehung des Bildwerkes in
die Stundengebete vergegenwärtigt auch der
Hymnus an der Hängekonsole des Leuchters
(▸ S. 62). Ähnlich wie der SAKRAMENTSTURM [5]
ist der Leuchter als Stecksystem konstruiert, so
dass die Madonnenfigur für Prozessionen oder
ähnliche Anlässe herausgenommen werden
konnte. Entsprechend dünnwandig ist die Ei-
chenholzskulptur entkernt worden.

Literatur: Voss 1990, S. 124–125 | Laabs 2000, S. 84–92.

▸ S. 62, Abb. S. 62

7 Grabmäler Fürst Heinrich II. der Löwe († 1329) und Fürstin Jutta von Anhalt

Die Gestaltung der Grabstätten des Fürsten
Heinrich II. der Löwe († 1329) und der Fürstin
Jutta von Anhalt († nach 1377) lässt das Ringen
um eine unauffällige und doch würdige Form

spüren: Ein Mosaik aus ein- oder zweifarbig glasierten Steinen (60 × 60 mm) mit Tieren und Fabelwesen bedeckt die Fläche, die zum Schutz mit Metallgittern abgedeckt ist. Nur das Mosaik über dem Fürstengrab ist durch zwei RELIEF-ZIEGELPLATTEN [32] mit dem Stierkopf im Wappen und einer Helmzier auf der anderen Platte ausgezeichnet; ein umlaufendes Schriftband macht das Grab zweifelsfrei kenntlich. In der Mitte des Mosaiks über dem Grab der Fürstin ist ein aus diesen Mosaiksteinen gelegtes Andreaskreuz angeordnet. Die kurzen Schriftbänder bezeichnen die Bestattete als »Vxor · d[omi]ni · nicolai · de · werle« (Ehefrau des Herrn Nicolaus von Werle).

Literatur: Lisch 1844b, S. 428–432 | Quast/Lisch 1858, S. 334ff. | Schlie 1899, S. 628–634.

► S. 110, Abb. S. 110

8 Adlerpult
Abguss, um 1890; Original im Dom zu Hildesheim

Nachguss aus dem 19. Jahrhundert nach einem mittelalterlichen Lesepult im Dom zu Hildesheim; Aufbau mit seitlichen Leuchtern nach einem Entwurf von Gotthilf Ludwig Möckel.

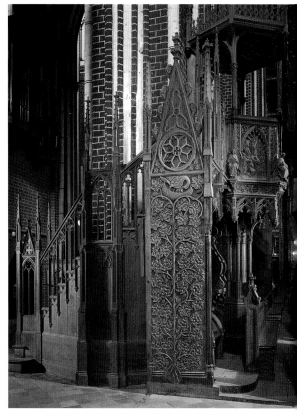

Mönchsgestühl, Nordreihe, westliche Wange mit Weinstock und Pelikan, um 1295

B CHOR DER MÖNCHE

9 Gestühl der Mönche, Nordreihe
um 1295

Das Gestühl der Mönche gehört zur Erstausstattung der neuen Klosterkirche, angefertigt um 1295 mit der klassischen Unterteilung in einzelne Sitze (Stallien), versehen mit Armstützen und Klappsitzen, auf deren Unterseite sich kleine Konsolen, sogenannte Misericordien, befinden, um sich beim langen Stehen während der Stundengebete und Messen abstützen zu können. An den Enden ist das Gestühl von hohen Wangen eingefasst, deren Schauseiten unterschiedlich gestaltet sind. Nur die östliche Wange der Nordreihe trägt zwei figürliche Reliefs: oben die Verkündigung an Maria, unten die beiden Väter der Mönchsorden, der hl. Benedikt und Bernhard von Clairvaux. Die westliche Wange ist mit einem üppig rankenden Weinstock geschmückt, auf dessen obersten Trieben ein Pelikan nistet und sich die Brust aufreißt, um seine Jungen zu nähren: Weinstock und Pelikan sind Symbole für Christi Opfertod. Der am Weinstock emporrankende Efeu symbolisiert als immergrünes Gewächs ewiges Leben. Vermutlich erfuhr das Mönchsgestühl infolge der Aufstellung des doppelseitigen KREUZALTARRETABELS [12] gravierende Veränderungen. Die am westlichen Ende der Gestühlsreihen generell abgewinkelten Sitze für die leitenden Mönche wurden abgebaut, um die Marienseite des Retabels und des Kreuzes betrachten zu können. Diese Sitze wurden am östlichen Ende beider Reihen angeordnet, wo sie durch Medaillonköpfe in den neuen Zierleisten über dem Gestühl gekennzeichnet sind. Im Zuge dieser Veränderungen um 1368 wurden auch die Maßwerke über den Sitzen und die bekrönenden Zierleisten angefertigt. Die schier unendlich abwechslungsreich konstruierten Rosetten zwischen den langgewellten, weichlappigen Blättern regten manche Legendenbildung an. Vor beiden Gestühlsreihen stand jeweils eine Sitzreihe für die Novizen, bis 1844/45 das neue Bankgestühl aufgebaut wurde.

Literatur: Schöfbeck/Heußner 2007.

► S. 46–49, 73, Abb. S. 48, 131

10 Kanzel
1867

Im Zuge der Umgestaltung der Klosterkirche zur Predigtkirche wurde 1586, veranlasst von der Herzogin Elisabeth, über den fünf westlichen Sitzen der Nordreihe eine Kanzel eingefügt, ohne irgendwelche Eingriffe und Veränderungen am Gestühl vorzunehmen. Diese nur mit einem Kreuzigungsrelief und zwei Wappentafeln des herzoglichen Paares geschmückte Kanzel wurde 1864 abgebaut und im Museum zu Schwerin verwahrt. Die neugotische Kanzel (1867) schufen nach Entwürfen von Baurat Theodor Krüger der Kunsttischler Christiansen und der Bildhauer Alberty; die figürlichen Reliefs (Gesetzgebung, Bergpredigt, Aussendung der Apostel) sowie die Engelfiguren auf dem Schalldeckel mit dem filigranen Turm sind Arbeiten von Johann Baptist Weiß aus München. Wohl aus ästhetischen Erwägungen, eine Angleichung der westlichen Gestühlswange zur hohen Kanzel zu schaffen, wurde die Wange mit einem Feld (Rankenornament, vermutlich ein Fragment des Novizengestühls) erhöht. Dieses Stück wurde 1983 wieder herausgelöst und in die linke Wange des umgesetzten Fürstenstuhls eingefügt.

Literatur: Baier 1980, S. 101–109.

► S. 82, 94, Abb. S. 82, 94

11 Gestühl der Mönche, Südreihe
um 1295

Der Kanzel gegenüber wurde im Zuge der Umgestaltung zur Predigtkirche ein Fürstenstuhl errichtet, der vermutlich der Fürstenempore glich, die ebenfalls Herzogin Elisabeth in der ehemaligen Nonnenklosterkirche zu Rühn bei Bützow einbauen ließ, wo sie eine Internatsschule für Töchter adliger Familien gegründet hatte. 1844/45 wurde der Renaissance-Stuhl abgetragen und nach Entwürfen von Baurat Krüger der neugotische FÜRSTENSTUHL [16] in das Mönchsgestühl eingefügt. Das heißt, die Sitze wurden lediglich mit drei Baldachinen und in Anlehnung an die Ausstattungsstücke des frühen 14. Jahrhunderts mit einem filigranen Turm überbaut. In die Wimperge der Baldachine sind die Wappen des Fürstenhauses, vergleichbar dem Maßwerk in der mittleren Arkade des Oktogons, eingearbeitet. Dieser Fürstenstuhl bildet seit 1983 im Westen der Klosterkirche den räumlichen Abschluss des Mittelschiffes, unter Verwendung der an den östlichen Enden des Laien-/Konversengestühls abgenommenen Sitzen, die hier 1844/45 angefügt worden waren. Auch wurden Teile des Novizengestühls – zwei Wimperge – als Bekrönung der Wangen wieder sichtbar, die bereits 1844/45 in den Fürstenstuhl eingebaut worden waren. Diese Umsetzung des Fürstenstuhls war Teil des Konzeptes der Restaurierung des Innenraumes 1976–1984, mit der die Raumwirkung der Klosterkirche zurückgewonnen werden sollte. Als westlicher Abschluss dieser Mönchsgestühlreihe dient nunmehr die Wange mit dem Fischadler, bis 1808 Teil des LEVITENSTUHLS [4]. Der bekrönende Wimperg ist ebenfalls ein Fragment des Novizengestühls.

Literatur: Baier 1980, S. 101–109.

► S. 46–49, 73, Abb. S. 31, 48, 49, 73

C CHOR DER KONVERSEN

12 Chorschranke mit Kreuzaltarretabel und Triumphkreuz
um 1368

»Zwei Kirchen unter einem Dach«: der Chor der Mönche – der Chor der Konversen, getrennt durch die Chorschranke. Auf ihr stehend bilden Retabel und Triumphkreuz mit ihrer Doppelseitigkeit die bildliche Verklammerung beider

Räume. Zugleich veranschaulichen sie in der doppelten Thematik (Menschwerdung Christi/ Ostseite; Opfertod Christi/Westseite) die spirituelle Basis und Mitte des Konventes. In beiden Themenkreisen wurde zugleich Maria als Schutzpatronin des Ordens verehrt, ihre Jungfrauenschaft und ihr Verdienst als Miterlöserin (corredemptorix) reflektiert. Die Zusammenstellung der Figuren und Szenen basiert auf der im 13./14. Jahrhundert im Orden geführten Diskussion um die Rechtfertigung bildlicher Darstellungen dieser Themen und die Konfrontation zu den ursprünglichen Grundsätzen, nur ein Kreuz mit gemalter Gestalt Christi in den Klosterräumen zu dulden. Die Einbeziehung von Ereignissen, die im Alten Testament geschildert werden, veranschaulicht den Heilsplan Gottes von Anbeginn der Welt. Dagegen sind Darstellungen von Heiligen am Kreuzaltarretabel nicht zu finden. Das Fortwirken des Heilsplans bis in die Gegenwart der Mönche bezeugen die Kirchenväter, dargestellt in vier Büsten in der Predella. Die verlorenen Halbfiguren zeigten vermutlich die Ordensheiligen Benedikt und Bernhard von Clairvaux.

Auf den ersten Blick scheint die Adam-Eva-Gruppe hinter dem filigranen Tor nicht so recht in das Christus-Maria-Bildprogramm zu passen. Von den einen als »kuriose Prüderie« belächelt, von den anderen als seltenes Beispiel eines »handelnden Andachtsbildes« herausgestellt, eröffnet diese Gruppe die Reihe der Passionsreliefs und ihrer Typologien zum Osterkreis und gewährt einen Blick in klostereigenes Brauchtum: in den Ablauf der Liturgie in der Osternacht als Feier der Höllenfahrt Christi, mit der Christus auch die Menschen des Alten Bundes der Erlösung zuführt, indem der Abt den verschlossenen Schrein und das Gittertor als Abbild der Erlösung des ersten Menschenpaares öffnete. Vermutlich reflektiert das Redentiner Osterspiel diese Liturgie. Das Einfügen der Adam-Eva-Gruppe hat offensichtlich eine Änderung des Bildprogramms verursacht, möglicherweise verbunden mit einem Wechsel der Bildschnitzer. Vergleichsweise ist das entsprechende Relief auf der Marienseite – Moses vor dem brennenden Dornbusch – von ergrei-

fender Lebendigkeit. Die Malerei auf den Flügeln (je vier sitzende Gestalten des Alten und Neuen Testaments) ist, obwohl nur fragmentarisch erhalten, ein wichtiger Beleg für den Weg Meister Bertrams von Minden, der, wahrscheinlich aus Prag kommend, diese Tafeln bemalte, wenn nicht sogar einige der Reliefs schnitzte, bevor er sich in Hamburg niederließ, wo er 1367 erstmals nachweisbar ist. Somit könnte dieser unvergleichliche Altaraufsatz bei der Schlussweihe 1368 bereits gestanden haben. Die Bilderfülle macht dieses Bildwerk zu einer »concordantia caritatis dei« (Konkordanz der Liebe Gottes). Ein vergleichbares Nachfolgewerk ist nicht nachweisbar.

Literatur: Schlie 1899, S. 599–605 | Jensen 1964, S. 229–274 | Schottmann 1975 | Voss 1987, S. 32–42 | Voss 1989, S. 141–153 | Voss 2007.

▶ S. 63–72, 91f., 99f., 102, 104–106, Abb. S. 63–72, 92, 99, 105

13 Taufstein
Mitte 13. Jh.; aus Wismar, St. Georgen

Da einem Zisterzienserkloster im Mittelalter keine Pfarrgemeinde unmittelbar angegliedert war, sind in ihnen auch keine mittelalterlichen Einrichtungen für Taufen zu finden. Erstaunlich ist aber, dass in Doberan mit der Umgestaltung der Klosterkirche zur Predigt- und Gemeindekirche im 16. Jahrhundert und auch bei den Neugestaltungen im 19. Jahrhundert keine Taufe eingerichtet worden ist. 1980 bot sich bei der Suche nach einer Behebung dieses Mangels die spätromanische Kalksteinfünte an, die noch in der Ruine der Georgenkirche in Wismar lag. Kuppa und Fuß wurden 1984 ohne das säulenartige Zwischenstück neben dem Kreuzaltar aufgestellt.

14 Gestühl der Konversen, Nordreihe
um 1295

Dieses Gestühl wurde gleichzeitig mit dem GESTÜHL DER MÖNCHE [9, 11] um 1295 angefertigt. Die Wangen zeigen in gleicher Art Tier- und Pflanzenreliefs. Die östliche Wange der Nordreihe ist mit einer Tierlegende aus dem Physio-

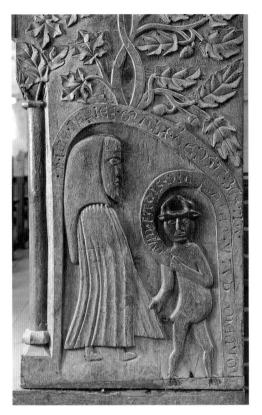

Konversengestühl, Südreihe, westliche Wange mit Teufel und Mönch, um 1295

logus, einer Sammlung symbolischer Bedeutung von Pflanzen, Tieren und Mineralien, geschmückt. Im Relief dieser Wange beugt sich ein Löwe über seine Jungen und erweckt sie mit seinem Brüllen zum Leben: eine Typologie zur Auferstehung Christi. Die Errichtung des KREUZALTARRETABELS [12] hatte keine Auswirkungen auf dieses Gestühl. Es wurde weder mit bekrönender Zierleiste noch mit Maßwerken über den Sitzen ausstaffiert. Es bewahrte seine herbe Kastenform bis in die Mitte des 19. Jahrhunderts. Erst 1844/45, als auch die östlichen Enden »symmetriehalber« um fünf Sitze verlängert wurden, sind – im Bemühen um einen stilreinen Gesamtraum – diese Ornamente hinzugefügt worden.

Literatur: Voss 1989, S. 141–153.

▶ S. 49–51, Abb. S. 50

15 Gestühl der Konversen, Südreihe

um 1295

Beim Vergleich der Wange mit dem Löwen-Relief und dem Relief auf der Wange am westlichen Ende dieser Gestühlsreihe mit der Darstellung eines Teufels im Gespräch mit einem Mönch wird deutlich, dass in der Bildhauerwerkstatt des Klosters sehr unterschiedlich begabte Laienbrüder tätig waren: naiv und drastisch sind die Figuren. Doch unmissverständlich ist die Geste des Teufels, wie er den Bruder an der Kutte zupft: »vade mecum« – komm mit mir! Eine bildhafte Mahnung für jeden Konversen, der durch die romanische Laienpforte die Kirche betrat. Auch das Pflanzenornament darüber könnte als Symbol für das teuflische Werben gedeutet werden: zwei junge Bäume – Ahorn und Eiche – umwinden einander. Der grob ausgesägte Vogel, der die Wange bekrönt, ist wie sein Pendant über der Wange der Nordreihe als Christussymbol zu deuten: dort symbolisiert der Pelikan den Opfertod Christi – hier deutet der auffliegende Adler auf Christi Himmelfahrt hin.

▶ S. 49–51, Abb. S. 50, 51

16 Fürstenstuhl

1844/45

1844/45 nach Entwürfen von Baurat Theodor Krüger von dem Kunsttischler Christiansen und dem Bildhauer Alberty geschaffen (zur Geschichte ▶ [11]).

Literatur: Baier 1980, S. 101–109.

▶ S. 104

D NÖRDLICHES SEITENSCHIFF

17 Sarkophag des Großherzogs Friedrich Franz I. († 1837)

Der Sarkophag aus rotem Granit ist auf der Schweriner Schleifmühle aus einheimischen Findlingen herausgeschlagen und in mühevoller Arbeit geschliffen und poliert worden. Trotz Einspruch des Praepositus Crull ließ der Thronfolger, sein Enkel Großherzog Paul Friedrich –

kraft seiner Position als oberster Herr der protestantischen Kirche im Lande – den Sarkophag
im Altarraum der Klosterkirche aufstellen. Erst
1976 hat die Kirchengemeinde die Kritik des
Praepositus Crull (»Nur was zum Christentum
Beziehung hat, gehört hierher«) einlösen können und den Sarkophag an diesen Platz umgesetzt, obwohl der Rat des Kreises als obere
Denkmalbehörde dagegen einwandte, dass die
Position des Sarkophags vor dem Hochaltar die
enge Verbindung von Thron und Altar in der
Vergangenheit dokumentiere. Das große Por-
trätbild Großherzog Friedrich Franz' I. [**34**]
hängt an der Westwand der Pribislav-Kapelle,
unterhalb der Orgel-/Fürstenempore.

Literatur: Baier 1980, S. 101–109.

► S. 89f.

18 Standporträts mecklenburgischer Fürsten

Waren die Darstellungen von fürstlichen Personen im Mittelalter in Verbindung mit deren
Grablege oder Stiftungen entstanden [**20**, **24**,
41, **46**, **47**, **50**] so waren die humanistisch gebildeten Fürsten bemüht, ihre Legitimation in Ge-
nealogien darzustellen, ausstaffiert mit Porträts und Standbildern. So entstand für die
Doberaner Klosterkirche seit Ende des 16. Jahrhunderts bis zu Lebzeiten Großherzog Friedrich Franz' I. eine Folge von zwanzig Standporträts, die im Hohen Chor vor den Eisengittern
der Chorschranken wie eine Stifterversamm-
lung aufgestellt wurden. Die Kostümierung der
mittelalterlichen Fürsten erscheint recht fantasievoll, wie etwa die türkisch anmutende Ge-
wandung Fürst Niklots († 1161) mit Turban. Die
frühen Porträts malten Erhart Altdorfer (als
Hofmaler in Schwerin 1512–1561 nachweisbar)
und der Niederländer Cornelius Krommeny
(seit 1567 Hofmaler in Güstrow; † nach 1598). Als
die Chorschranken um 1890 abgetragen wurden, sind die Bilder in das nördliche Seitenschiff, die Chorkapellen und die Querhäuser
umgehängt worden.

Viele der Gemälde sind laut Signatur Kopien
von Daniel Block, als Hofmaler von 1612–1650
in Schwerin tätig, und Joachim Heinrich Krü-

ger, der zwischen 1750 und 1770 in Wismar
nachweisbar ist. Krüger signierte auf die Rahmen »renoviert« oder »copiert«. Anlass für das
Kopieren war die Verbringung einiger Porträts
in die Bildersammlungen und Ahnengalerien
auf den herzoglichen Schlössern (z.B. Schloss
Schwerin, Mitte 19. Jh.). Infolge von Feuchtig-
keitsschäden mussten einige Bilder zwischen
1980 und 1986 einer Rettungsaktion unterzogen
werden, die der Stralsunder Maler und Restaurator Hermann Lindner (1934–1990) durch-
führte.

► S. 82, 121

19 Grabsteine der Äbte

Die Äbte des Klosters wurden im Kapitelsaal
und im Kreuzgang bestattet. Nach dem Abbruch der Klausur auf Befehl Herzog Johann
Albrechts I. wurden die Grabsteine in den Fußboden der Kirche verlegt. S. von Schreiber
überliefert 1855 in dem Plan der Klosterkirche
eine Anordnung der Steine ohne Namennen-
nung. Um sie vor weiterem Abtreten zu schützen, ließ Baurat Möckel sie in die Außenwände
versetzen, ohne zu bedenken, dass die Kalk-
steine damit in den salzbelasteten Kreislauf
aufsteigender Feuchtigkeit integriert wurden.
Die Kristallisation der Salze führte zu Abspren-
gungen der oberen Schichten und damit sukzessive zum Verlust der Darstellungen. 2003
wurde mit dem Herauslösen der Abtssteine aus
der Wand begonnen, nachdem man bei der
Konservierung der GRABSTEINE VON PETER WISE
UND HEINRICH VON WESER [**51**, **53**] erste Erfahrungen gesammelt hatte. Da eine dauerhafte
Rettung der Steine nur durch das Lösen aus
dem salzbelasteten Wasserkreislauf möglich ist,
wurde 1996 die luftumspülte Aufstellung vor
der Wand und zwischen den Pfeilern beschlossen. So entstand eine »Galerie der Grabsteine«,
die als Zeugnisse der Klostergeschichte besondere Bedeutung besitzen.

An der Außenwand beginnt diese von Ost
nach West mit zwei trapezförmigen Steinen, die
nur mit einem Abtsstab geschmückt sind; auch
der Stein für den 24. Abt Martin I. († 1339) ist
nur mit einem Abtsstab verziert. Erst der

25. Abt Jakobus († 1361) ist figürlich dargestellt, gerahmt von einer filigranen tabernakelartigen Architektur, deren Struktur dem hohen KRE-DENZSCHRANK [3] gleicht. Diese Architektur wird zum Rahmenschema fast aller folgenden Steine, so z. B. für den 27. Abt Martin II. († 1391) – ungewöhnlich bescheiden ist der Stein für dessen Nachfolger Johannes Plate, den 28. Abt († 1420), gestaltet. Der letzte Stein dieser Reihe ist dem Pleban, dem stellvertretenden Seelsorger der Neuburger Pfarrei gewidmet: Hermann von Giwertze († 1449).

Die historisch geordnete »Galerie« wird zwischen den Pfeilern von Ost nach West fortgesetzt. Aufgrund der Größe des Grabsteins wird die Chronologie an dieser Stelle mit dem Stein des 26. Abtes Gottschalk († 1391) unterbrochen – daneben folgt die Figur des 29. Abtes Hermann Bokolt († 1423), der ohne architektonische Rahmung dargestellt ist. Besonders feinfühlig ist die Gestalt des 30. Abtes Bernhard († 1442) gezeichnet: die Körperdrehung nach rechts suggeriert, er wende sich an den im Kapitelsaal versammelten Konvent. Mit dem Grabstein für den 33. Abt Johannes Wilken († 1489) zeichnet sich ein neuer, ein kalligrafischer Stil der Steine ab, unter denen dieser Stein zugleich ein künstlerischer Höhepunkt ist: in sogenannter Schleifenfraktur umzieht die Inschrift das Bildnis des Abtes. Strebepfeiler und Baldachine enden in üppig wuchernden Ranken. Repräsentativ steht der Vaterabt auf einem durchbrochen gearbeiteten Sockel und in die seitlichen Strebepfeiler sind kleine Apostelfiguren unter aufwendigen, floralen Baldachinen postiert. Diese Qualität erreichen die beiden letzten Steine für den 34. Abt Franciscus Meyne († 1499) und für den 36. Abt Heinrich Mutzel († 1504) nicht, obwohl der letztere Stein wiederum mit den kunstvoll verschlungenen Majuskeln und geometrischen Knoten sowie dem zarten Rankenbesatz am Sockel sehr beachtenswert ist. Von den beiden letzten vermutlich in Doberan verstorbenen Äbten Nikolaus I. (37. Abt; † 1536?) und Laurentius II. (38. Abt; † 1543?) sind keine Grabsteine erhalten geblieben. Der letzte Abt Niklaus II. Peperkorn dankte 1552 als 39. Abt ab und starb 1564 in dem Tochterkloster Pelplin südlich von Danzig; sein Grab ist nicht überliefert.

Literatur: Lisch 1844b, S. 432–434 | Schlie 1899, S. 588–589, 665–671 | Frohberg u. a. 2006, S. 41–50.

► S. 106–109, Abb. S. 107–109

20 Glasmalerei
Herzog Magnus II., um 1500

Unvermittelt kniet der Herzog (1441–1503), einen Rosenkranz in den Händen, inmitten von einem Teppichmuster, das Ernst Gillmeister um 1860 in Anlehnung an vorhandene Muster schuf. In gleicher Haltung kniet er als Stifter mit seinem Bruder Balthasar (1451–1507) im Kreuzigungsretabel im Güstrower Dom, so dass angenommen werden kann, dass die geschnitzte Figur und diese Glasmalerei nach derselben Vorlage geschaffen wurden, und dass sie in einen entsprechenden Zusammenhang gehörte, der uns nicht überliefert ist. Vielleicht gehörten zu dieser Fensterstiftung auch die Halbfiguren Gottvaters, der Madonna und eines jugendlichen Heiligen [29], die im 19. Jahrhundert in das Ostfenster der Pribislav-Kapelle eingesetzt worden sind. Ob diese Glasmalerei wie das Güstrower Retabel um 1500 in Rostock entstanden ist, kann aufgrund fehlender Vergleichsstücke nicht sicher entschieden werden.

► S. 116, 125, Abb. S. 118

21 Glasmalerei
Große Madonnenfigur, Johannes d. T. und Johannes d. Ev., Stifterin mit Grisaillefenster, Teppichmuster; um 1300

In diesem Fenster sind alle mittelalterlichen Glasmalereifelder – nur das Feld unten rechts ist eine Kopie (H. Hajna / Erfurt 1980) – vereinigt, die in die Chorobergadenfenster eingesetzt und mit Kopien entsprechender Muster zu geschlossenen Flächen komplettiert worden waren. Um die originalen Felder nach ihrer Restaurierung besser schützen und kontrollieren zu können, wurden sie hier mit einer außen vorgesetzten Schutzverglasung isothermisch montiert. Diesen bestandserhaltenden Maßnahmen musste das Wappenfenster von 1852 weichen, das 2005 in ein Fenster des nördlichen Querhauses eingesetzt wurde (► **35**). Für die frei gewordenen Felder in den Obergadenfenstern wurden Kopien angefertigt. Die um 1300 geschaffenen Teppichmuster mit floralen Motiven sind in der für den Zisterzienserorden typischen Grisaillemalerei unter sparsamer Verwendung buntfarbiger Gläser als gliedernde Elemente ausgeführt. Vier figürliche Darstellungen sind in die Teppichmuster eingebettet. Eine über zwei Felder reichende Madonnenfigur unter einem Wimperg, in dessen Streben vier Vögel sitzen, wird flankiert von den Schutzpatronen des Klosters: Johannes d. T., hier bartlos dargestellt (nach einer dänischen Vorlage?), und Johannes d. Ev. Die vierte Gestalt unten in der mittleren Fensterbahn ist eine Fürstin, die ein in Grisaille ausgeführtes Ornamentfenster der Madonna darbringt: eine Stifterin, die mit der Fürstin Anastasia († 1314), Gemahlin des Fürsten Heinrich I. († nach 1301), identifiziert wird, die während der Gefangenschaft ihres Mannes Landesregentin war (1272–1287).

Literatur: Drachenberg u.a. 1979, S. 197 | Lymant 1980, S. 345–357.

► S. 33, 103, Abb. S. 33, 137

22 Grabstein des Pastors Hermann Kruse († 1599)

Dieser Grabstein steht im Kontrast zu den Steinen der Äbte [**19**]. Zwar ist die Kombination von Standbild des Verstorbenen und architektonischer Rahmung geblieben, doch ist an die Stelle der grafischen Gestaltung ein Relief mit porträthaften Zügen getreten. Pastor Kruse trägt das Gelehrtengewand der Humanisten: fußlanger Talar mit spitz auslaufendem Pelzbesatz als Kragen; eine eng plissierte Halskrause umfasst den Kopf, wie sie noch heute von den Pastoren der Hansestädte getragen wird. Der Kelch in seinen Händen ist das Attribut des Sakramentsverwalters. Kraft seines Amtes durfte er das Altarsakrament »in beiderlei Gestalt« (Brot und Wein) an seine Gemeinde austeilen. Der Kelch mit dem »wahren Blut Christi« war nicht mehr allein dem Priester vorbehalten. So

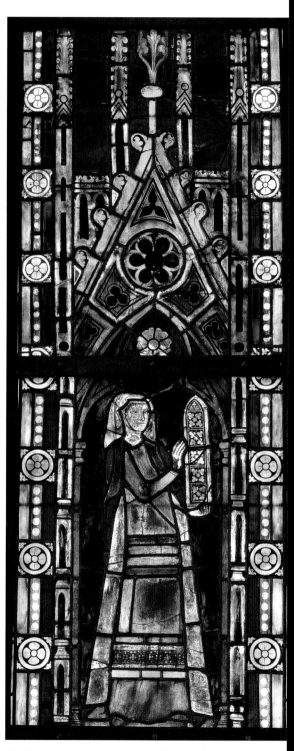

Glasfenster im nördlichen Seitenschiff mit fürstlicher Stifterin, um 1300

137

steht Pastor Kruse in einer rundbogigen Türrahmung, sie könnte die eines Rostocker Bürgerhauses sein. Stundenglas und Schädel auf den Pilastern sind Memento-Mori-Symbole: DERO SEELE GODT GENADE, steht zu seinen Füßen.

▶ S. 108, Abb. S. 109

E BÜLOW-KAPELLE

Im 14. Jahrhundert wurde das Bistum Schwerin von vier Bischöfen geleitet, die der Familie von Bülow, einer der einflussreichsten Adelsfamilien Mecklenburgs entstammten. In den Jahren des Baubeginns des »schönen Münsters« regierte als zehnter Bischof Gottfried I. von Bülow († 1314), zwei Neffen bekleideten als dreizehnter und vierzehnter Bischof dieses Amt und die Schlussweihe der neuen Klosterkirche vollzog 1368 Friedrich II. von Bülow (18. Bischof, † 1375). Diese dichte Folge lässt vermuten, dass bereits Gottfried von Bülow darauf Einfluss genommen hatte, dass im Neubau eine Familienkapelle vorgesehen wurde. Die beiden großen, meisterhaft gestochenen Messingplatten im Schweriner Dom vergegenwärtigen Bedeutung und Ruhm dieser Bischöfe. Als der Familienverband 1873 die Kapelle von dem Dresdener Historienmaler Carl Andreae neu ausmalen ließ, konnte dieser sich im Bildprogramm auf Befunde mittelalterlicher Wandmalerei stützen und die Neugestaltung mit Porträts lebender Familienmitglieder sowie des führenden protestantischen Theologen Heinrich Kliefoth als Bernhard von Clairvaux (Westwand) ausführen. Die Heiligen neben der Kreuzigungsszene, Erzbischof Thomas von Canterbury und Olav, gehörten schon zum mittelalterlichen Personenkreis dieser Malerei. Das Familienwappen schmückt, von Ranken und Vierpässen eingefasst, die schmalen Fenster und eine der Gewölbescheiben; auf der anderen Platte ist eine Mitra als bischöfliche Insignie zu sehen.

▶ S. 74, 94f., Abb. S. 95

23 Hl. Georg

1873

Über der Tür zur Bülow-Kapelle steht auf einer Konsole mit der Beschriftung »capella de Bülowe« eine Holzskulptur des Drachentöters hl. Georg als Türwächter, wie die Aufforderung »Stah up, hör, van de doer« verdeutlicht. Diese Skulptur soll ebenfalls Carl Andreae 1873 geschaffen haben.

Literatur: Lisch 1844b, S. 447–449 | Schlie 1899, S. 659–662.

F NÖRDLICHES QUERHAUS

24 Grabstein der Herzogin Anna († 1464)

Die Gestaltung dieses Grabsteins ist neben dem für Abt Johannes Wilken († 1489) [19] wohl die kunstvollste Arbeit. Die Darstellung der Herzogin und der sie umgebenden Architektur wirkt wie ein monumentaler Kupferstich. Heraldisch von Interesse ist das fünfteilige Wappen, hier auf fünf Schilde verteilt: »neben der Figur oben rechts [heraldisch!] mit dem mecklenburgischen Stierkopfe, oben links mit dem rostockischen Greifen, [oben in der Mitte das zweigeteilte Wappen der Grafschaft Schwerin] unten links dem werleschen Stierkopfe, unten rechts mit dem stargardischen Arme« (nach Schlie 1899, S. 634). Letzterer zeigt, dass der Stein erst nachträglich entstanden ist, denn die Stargardischen Länder waren erst 1471 an Herzog Heinrich IV., den Dicken (? 1417–1491), Annas Vater, gefallen.

Die modisch gekleidete Fürstin steht auf einem von Maßwerk durchbrochenen Sockel. In den Geschossen der kompliziert konstruierten Pfeiler, die den räumlich gestaffelten Baldachin tragen, sind Ansätze zur Zentralperspektive zu finden: Untersicht über Aufsicht der Ebenen. Das Stabwerk der Pfeiler trägt sich überschneidende Wimperge, in ihm stehen – fast verborgen – Heiligenfiguren. Auf Konsolen setzen säbelschwingende Reiter zum Sprung an, hoch über ihnen flattern gespaltene Wimpel an hohen Lanzen.

▶ S. 110, Abb. S. 111

25 Standbilder der Herzöge Balthasar († 1507) und Erich († 1508)

In der Ikonografie der Epitaphien sind diese Figuren wie auch das STANDBILD DES HERZOGS MAGNUS II. [50] unikate Darstellungen: alle drei tragen um den Kopf eine Binde, eine Totenbinde, die den Mund geschlossen hält. Auch die gebrochenen Schwerter sind Zeichen des Todes, der Kampfunfähigkeit. Im Vergleich zur dritten Figur sind beide Herzoggestalten etwas puppenhaft steif ausgeführt worden, obwohl Kleidung und Harnisch zeittypisch sind.

Literatur: Fründt 1967.

▶ S. 118, Abb. S. 117

26 Mühlenretabel

um 1410/20

Die minutiöse Malerei mit der allegorischen Darstellung einer Mühle gehört zu den besonderen Kostbarkeiten der Doberaner Ausstattung und ist ein Zeugnis für die konsequente Haltung des Konvents, sich in der Wahl der Thematik für die Retabel auf Menschwerdung und Opfertod Christi zu konzentrieren. Die Menschwerdung Christi wird in den Nebenszenen in den oberen Ecken der Mitteltafel thematisiert: links weist die Tiburtinische Sybille den Kaiser Augustus auf die Madonna hin. Auf die Frage des Kaisers, ob er der größte Weltenherrscher sei, antwortete ihm die Sybille, es werde der »salvator mundi« (Erlöser der Welt) kommen, ihn solle er anbeten. Die Madonnengestalt nimmt mit der übergroßen Sternenkrone offensichtlich Bezug auf die Madonnenfigur im CHORLEUCHTER [6].

Auf der Mitteltafel schütten die vier von einem Regenbogen umfangenen Evangelisten in Gestalt ihrer Symbolwesen »ihr Wort« in den Trichter einer Mühle, deren Mahlsteine über eine Kurbelwelle von den zwölf Aposteln, jeder das Ereignis kommentierend, bewegt werden. Das »Mehl« verlässt die Mühle in Form eines Spruchbandes, auf dem der Anfang des Johannes-Evangeliums steht: »Et verbum caro factum est et habitavit in nobis et vidimus gloriam« (und das Wort wurde Fleisch und wohnte in uns und wir sahen die Herrlichkeit). In einem Kelch fangen die vier Kirchenväter (v. l. n. r.: Augustinus, Hieronymus, Ambrosius, Gregor) das »Wort« auf – ein Bild für die Transsubstantiation –, um es an die Menschen auszuteilen, die hinter ihnen erwartungsvoll knien. Erwartung und Bekenntnis sind auf zwei Spruchbändern zu lesen, die von einem Mönch (links) und einem Kleriker (rechts) gehalten werden: »Opus restauracionis nostre est incarnacio verbi dei« (das Werk unserer Erneuerung ist die Fleischwerdung des Wortes Gottes) und »Non liberaretur genus humanum nisi verbum dei fieret homo« (das menschliche Geschlecht würde nicht erlöst werden, wenn das Wort Gottes nicht Mensch würde).

In der Zusammensetzung der Personengruppen fällt auf, dass hinter den Mönchen (links) eine Frau und eine deutlich kleinere männliche Person knien. Vermutlich sind in dieser Gruppe die vier Geschwister Wise aus Lübeck dargestellt. Heinrich und Johann waren Angehörige des Klosters und verwalteten den Nachlass ihres Bruders Peter, aus dem nicht nur ihrer Schwester Gertrud jährlich eine Rente gezahlt wurde, sondern auch das verpfändete Dorf Admannshagen wieder eingelöst werden konnte. Außerdem erfolgten daraus Altarstiftungen (Corpus Christi [44]; 11 000 Jungfrauen) mit den zugehörigen Altardiensten. Auch das Mühlenretabel könnte nachträglich aus seinem Nachlass gestiftet worden sein und ist deshalb noch nicht in der Stiftungsurkunde von 1340 genannt.

Die Malerei auf den Flügeln ist nur noch auf den oberen Hälften der Innenseiten erhalten. Auf dem rechten Flügel sind zwei Szenen aus dem Leben des hl. Bischofs Martin von Tours dargestellt, von denen die Bezeichnung »Martinsaltar« hergeleitet worden ist. Der Altar stand ursprünglich im »Kapellenjoch« des südlichen Querhauses und trug als Mensa die GRABPLATTE DES PETER WISE [51]. Dies dürfte die vermutete Retabelstiftung bestätigen. Auf dem linken Flügel ist ein selten dargestelltes Ereignis aus dem Leben des hl. Bischofs Nikolaus von Myra zu finden: Nikolaus verhindert die Hinrichtung fälschlich verurteilter Männer, indem er mit seiner Hand den Schwerthieb des Henkers auffängt.

Die Fotomontage auf der Predella soll an die 1972 gestohlene Bildtafel erinnern, die von demselben Maler geschaffen wurde. Köpfe und Hände sind ein sicheres Indiz dafür. In der Mitte war Christus mit Johannes d. T. und Maria (links verloren) als Deesis dargestellt, daneben Petrus und Jakobus d. Ä. im Gespräch und die hl. Katharina.

Literatur: Harnisch 1989 | Wipfler 1993, S. 24 – 36 | Erdmann 1995, S. 73f.

▶ S. 75 – 77, Abb. S. 77

27 Grabmal des Fürsten Pribislav († 1181)

Fürst Pribislav, der erste getaufte Fürst Mecklenburgs, wurde bei einem Turnier in Lüneburg, das der Welfenherzog Heinrich der Löwe ausgestattet hatte, am 28. Dezember 1181 tödlich verletzt und dort im Michaeliskloster beigesetzt. Sein Sohn, Fürst Heinrich Borwin I., ließ seinen Leichnam 1219 nach Doberan überführen und in der Klosterkirche bestatten. Da die nördlichen Joche des Querhauses, die traditionell als Pribislav-Kapelle bezeichnet werden, außerhalb des romanischen Querschiffes stehen, muss angenommen werden, dass nach der Fertigstellung des Münsters eine zweite Umbettung stattgefunden hat, andernfalls könnte der Archivar Friedrich Lisch 1856 nicht an dieser Stelle die Gebeine Pribislavs gefunden haben. Großherzog Friedrich Franz II. akzeptierte das Ergebnis der Grabung und bestimmte, diesen Platz mit einer neuen Grabplatte zu kennzeichnen, die nach dem Vorbild der Grabsteine der Brüder Heinrich und Ludolf Maltzan († 1341) in der Klosterkirche zu Dargun gestaltet worden ist.

Literatur: Lisch 1844b, S. 426ff. | Lisch 1854, S. 342ff. | Schlie 1896, S. 539 | Schlie 1899, S. 625 – 628.

▶ S. 17, 90, 110, 125, Abb. S. 8, 16

28 Großes Kruzifix

um 1500

Stilistisch kann der Korpus Triumphkreuzen einheimischer Werkstätten zugeordnet werden.

Das Kreuz mit einem Osterlamm-Relief im Fuß wurde nach einem Entwurf von Baurat Möckel angefertigt. Der ursprüngliche Standort ist nicht überliefert. Jedoch lassen Verwitterungsspuren auf den Oberflächen der Arme und auf der Schädeldecke vermuten, dass es ehemals auf dem Mönchsfriedhof gestanden haben könnte.

Literatur: Fründt 1989, S. 28.

▶ S. 79, Abb. S. 16

29 Glasmalerei

Teppichmuster und Wappenschild, um 1300; Halbfiguren in den Spitzfeldern: Gottvater, Madonna, Heiliger (Vitus?), um 1500

Die Zusammensetzung stilistisch unterschiedlicher Felder ist ein Ergebnis der Restaurierungen durch Ernst Gillmeister in der Mitte des 19. Jahrhunderts. Das Teppichmuster in der typischen Grisaillemalerei ist weitgehend origimaler Bestand und ist wie das Wappen mit dem Stierkopf um 1300 entstanden. Das Wappen befand sich ursprünglich im Ostfenster der Scheitelkapelle. Die um 1500 geschaffenen Halbfiguren – die Madonna und der jugendliche Heilige dürften ursprünglich ganzfigurige Darstellungen gewesen sein – bildeten vermutlich zusammen mit der knienden Gestalt Herzogs Magnus II. [20] eine Fensterstiftung des Herzogs, bei der die Halbfigur Gottvaters die Mitte einnahm.

▶ S. 125

30 Epitaph für Herzog Magnus III. († 1550)

In der Pribislav-Kapelle [27] ließ die Witwe Herzog Magnus', Herzogin Elisabeth von Dänemark, ein Grabgewölbe errichten, das im Zuge der archäologischen Untersuchungen Lischs abgetragen wurde. Das Epitaph befand sich ursprünglich über dem Grufteingang und ist heute an der Nordwand der Pribislav-Kapelle aufgestellt. Über einem Schriftfeld steht in einer kunstvollen Rollwerkkartusche das fünfteilige Herzogswappen.

Literatur: Lisch 1854, S. 342ff. | Kühne 1938, S. 30 | Minneker 2007.

▶ S. 120f., Abb. S. 16

31 Zwei Sakramentsschränke und kleiner Kredenzschrank

Mitte 14. Jh. bzw. um 1300

Neben den mittelalterlichen Altären sind in der Wand häufig kleine Nischen, manchmal hausförmig gemauert, zu finden. In ihnen fanden kleine Schränke Platz, in denen Gebrauchsgegenstände für den Altardienst verwahrt wurden. In Doberan sind zwei solcher Schränke erhalten geblieben. Der Kasten des kleineren Schrankes mit drei Vierpässen in der »Fassade« passt in die rechte Mauernische; auf der Fassade sind noch Reste einer Vergoldung und Bemalung zu finden. Der andere, etwas jüngere Sakramentsschrank (▶ Abb. S. 45 links) mit einer »Fassade« wie Bürgerhäuser in Münster / Westfalen muss in einer Nische gestanden haben, die im Laufe der Zeit vermauert wurde. Der kleine Kredenzschrank (▶ Abb. S. 45 rechts) entspricht mit den steilen, sich kreuzenden Satteldächern und Eckfialen dem großen KREDENZSCHRANK [3] im Hohen Chor, nur besitzt er lediglich ein offenes Gefach.

▶ S. 46, Abb. S. 45, 129

32 Ziegelplatten mit Stierkopf-Wappenschild

frühes 14. Jh.

Derartige Ziegelplatten sind zur Kennzeichnung fürstlicher Grabstätten im Fußboden der Kirche angefertigt worden, wie sich noch heute eine Platte im Hohen Chor unter dem Schutzgitter in der Mosaikfläche über dem GRAB HEINRICHS II. DES LÖWEN [7] befindet.

33 Sarkophag der Herzogin Feodora († 1918)

Der neugotische Sarkophag ist aus grau geädertem Granit gearbeitet.

34 Standporträt des Großherzogs Friedrich Franz I.

1835

Anlass zu diesem Porträt von Rudolph Suhrlandt dürfte das zwanzigjährige Jubiläum der Verleihung der Würde eines Großherzogs 1815 gewesen sein: für den eher kleinwüchsigen Fürsten scheint der purpurne, hermelinbesetzte Umhang reichlich bemessen zu sein – eine Inszenierung für diesen Moment in einem imaginären, zur Landschaft offenen Raum. Der Blick fällt über das hügelige Gelände südlich des Ortes auf das Münster, das sich der Großherzog zur Grabeskirche bestimmt hatte. Dieses Gemälde, obwohl im Format größer als die anderen Fürstenbilder, beschloss den Zyklus der Fürstenbilder im Hohen Chor. Es stand in der Chorarkade rechts des Levitenstuhls, gegenüber des roten Granitsarkophags des Großherzogs.

▶ S. 125

35 Glasmalerei

Wappenfenster, 1852; Teppichmuster, Kopie Mitte 19. Jh.

Anlässlich des zehnjährigen Jubiläums seiner Thronfolge stiftete Großherzog Friedrich Franz II. dieses Fenster, das ursprünglich in jenem Fenster im nördlichen Seitenschiff eingesetzt war, in das 1982 aus konservatorischen Gründen die mittelalterlichen Glasmalereien montiert werden mussten (▶ S. 103f.). Heraldisch beachtenswert ist, dass neben dem großherzoglichen Monogramm »FF« unter einer Herzogskrone zwei nicht mecklenburgische Wappen angeordnet sind: links (heraldisch: rechts) ein preußischer Adler, das Wappen seiner Mutter Alexandrine von Preußen (1803–1892), der Schwester König Friedrich Wilhelms IV., und rechts (heraldisch: links) ein Wettiner Löwe, das Wappen seiner ersten Frau Auguste von Reutz-Schleitz-Köstritz (1822 bis 1862). Offensichtlich wollte Friedrich Franz II. mit dieser Anordnung beider Wappen seinen Dank an beide Frauen kundtun, die ihm in den zehn Jahren seiner Regentschaft – er musste im Alter von 19 Jahren die Regierung übernehmen – zur Seite gestanden haben. Der Glasmaler Ernst Gillmeister hat das siebenteilige Wappen des Fürsten auf sieben Schilde in der mittleren Bahn verteilt und sehr einfühlsam mit »zisterziensischer« Rankenmalerei in Grisaille, durchzogen von wenigen Farbgläsern, umgeben. Die enorme Höhe des Fensters bot die Möglichkeit, sowohl das Wappenfenster nach seiner Restaurierung 2005 wieder öffentlich zu zeigen, als auch das zugehörige Teppichmuster (Kopien Gillmeisters nach vorhandenen mittelalterlichen Feldern) teilweise sichtbar zu erhalten. Die Felder der unteren Fensterhälfte wurden deponiert. Außen wurde eine Schutzverglasung vorgesetzt.

▶ S. 92f., 103f., Abb. S. 93

G FÜRSTENEMPORE

Um Mitgliedern der Fürstenfamilie die Teilnahme an Memorialfeiern mit Blick auf die Gräber der Vorfahren zu ermöglichen, wurde die Bühne über der Bülow-Kapelle als Fürstenempore genutzt. In der zur Pribislav-Kapelle offenen Arkade befindet sich links eine Wandmalerei mit »Christus im Elend«, die den Moment nach der Dornenkrönung und Kreuztragung darstellt, in dem Christus der Herrichtung des Kreuzes zuschaut – in den Händen Rute und Geißel als Zeichen der überstandenen Tortur. Die Malerei dürfte Anfang des 16. Jahrhunderts entstanden sein. Zwei weitere Bilder in der Seitenschiffsarkade verdeckt der neue Orgelprospekt: Maria Magdalena an der Pfeilerseite und gegenüber ein jugendlicher Heiliger. Auf der Vermauerung des Nordfensters ist ein Mariensymbol aus dem Hortus conclusus (geschlossener Garten, auch »Paradiesgärtlein« genannt) gemalt: eine Vase mit üppig rankendem Zweig, die mit »vasa vitae« (Gefäß des Lebens) beschriftet ist.

Literatur: Erdmann 1995, S. 26 | Minneker 2007.

▶ S. 17, 81f.

H CHORUMGANG

36 Grabstein des Heinrich von der Lühe († 1401)

In vergröberter Form wiederholt die Darstellung die Architekturrahmung der Abtsteine [**19**]. Heinrich von der Lühe steht unter dem

Wimperg im Harnisch – deutlich sind die Beinschienen zu erkennen –, den Zweihänder (Schwert) und den Wappenschild vor sich haltend. Die Umschrift rühmt ihn als »vir bonus« (guten Mann) und »sincerus amicus claustri« (ehrlichen Freund des Klosters). Das Wappenbild, ein zinnenbesetzter Keil, ist vertieft in den Stein ausgearbeitet und war mit einer rotbraunen Pechmasse ausgelegt. An anderen Steinen sind ebenfalls Reste dieser Masse zu finden.

Literatur: Frohberg 2006, S. 73–85.

37 Pfosten mit ruhender Gans und Leuchter

1. Hälfte 14. Jh.

Der Pfosten (rechts) ist vermutlich Teil einer abgebauten, hölzernen Schranke, wie die abgesägten Querhölzer vermuten lassen. Wie die Wange mit dem Fischadler (▶ **11**) ist die ruhende Gans eine unbekümmert umgesetzte Naturbeobachtung. Die Fialenspitze besteht aus Wimpergen und durchbrochen gearbeiteten Maßwerken über quadratischen Füllungen, die mit kleinen Reliefs ausgefüllt sind: Fabelwesen, die Bernhard von Clairvaux als »formvollendete Hässlichkeit« aus der Klausur verbannt hätte. Die Funktion des als »Leuchter« bezeichneten Pfeilers (links) ist unklar; Brandspuren trägt er nicht, so dass nur eine Nutzung mit eingestellter Laterne, beispielsweise bei einem Requiem oder bei Memorialfeiern, die Bezeichnung rechtfertigen könnte.

▶ S. 49

38 Retabel mit Reliquienmulde

frühes 14. Jh.

Von diesem Triptychon lässt sich nicht mit Sicherheit sagen, welche Darstellungen auf den Tafeln gemalt waren. Röper beschreibt eine Reliquienkapsel mit Glasabdeckung und metallischer Fassung zu Füßen einer Kreuzigungsdarstellung, so dass man glauben möchte, dieses Retabel vorzufinden. Derartige Reliquieneinbettungen werden auch als Depositum (Ablage) oder Sepulcrum (Grab) bezeichnet. Besonders aufwendig sind die Rahmenhölzer mit eingetieften Vierpässen gestaltet. Ob in ihnen edelsteinartige Materien eingebettet waren, kann nur vermutet werden. Obwohl farblos, vermittelt dieses Retabel die Machart böhmischer Tafelbilder des 14. Jahrhunderts.

Literatur: Röper 1808, S. 237 | Laabs 2000, S. 221.

► S. 57

39 Glasmalereizyklus mit den Zwölf Aposteln

um 1890

Baurat Möckel hatte in seinen Plänen zur »Kathedralisierung der Klosterkirche« (E. Badstübner) eine Ausmalung des Triforiums mit einem Apostelzyklus vorgesehen. Dieses Vorhaben fand nicht die Zustimmung Großherzog Friedrich Franz' II. und der Denkmälerkommission. Der Glasmalereizyklus ist offensichtlich die Kompromisslösung. Die Entwürfe lieferte vermutlich Carl Andreae und der Auftrag zur Ausführung wurde der Leipziger Firma Schulze und Stockinger erteilt; die Fertigstellung erfolgte Ende der 1890er Jahre.

Literatur: Kuhl 2001, S. 30f.

► S. 99f.

40 Kompositretabel

Nachstellung 2008 analog 17. Jh.

In nachreformatorischer Zeit mussten Nebenaltäre häufig aufwendigen Grabmälern wie dem REITERDENKMAL FÜR SAMUEL VON BEHR [41] weichen. Zum anderen entfiel in der neuen Liturgie allgemein das Öffnen und Schließen der Retabel entsprechend den Kirchenfesten, so dass aus den Wandelretabeln starre Altaraufbauten mit geschossweise gegliedertem Bildprogramm wurden. Die seitlich angebrachten Halbfiguren von Adam und Eva bei der »Kreuzigung Christi in Figuren« sind ein Beleg für derartige Veränderungen. Manche Retabel sind dadurch erhalten geblieben, dass sie übereinander montiert wurden (► Abb. S. 84). Eine solche Konstellation wird mit diesem Kompositretabel nachgestellt. Propst Röper sah um 1800 noch den unteren Schrein mit der »Kreuzigung in Figuren« über dem Triptychon »Ehrenreiche

Jungfrau« [48]. Vermutlich war die Figurengruppe zu dem Zeitpunkt bereits so fragmentarisch, dass man den Schrein demontierte und aus dem Kruzifix und der Paulusfigur sowie einigen Architekturstücken den kleinen, oberen Schrein schuf und wiederum über dem genannten Triptychon montierte, wie es Carl Elis (1838–1889) in einer Zeichnung dokumentierte.

Dass das Kruzifix und die Paulusfigur aus dem unteren Schrein stammen, beweist ein Vergleich dieser Figuren mit den Punzierungen auf der Rückwand des unteren Schreins, die sich durch den Goldgrund in die Holztafel durchgeprägt haben. Sie entsprechen einander in Höhe und Umriss.

Die Figuren sind wie einige Reliefs am TRIUMPHKREUZ [12] von besonderer künstlerischer Qualität (z. B. Hesekiel vor dem verschlossenen Tempeltor; Die Botschafter mit der Traube). Dass sie in derselben Werkstatt – einer Werkstatt der Meister-Bertram-Zeit in der Mitte des 14. Jahrhunderts – entstanden sind, lassen auch die gleichen Höhenverhältnisse der Baldachine zur Schreinhöhe vermuten. Aus welchem Zusammenhang die Rückwand (oben) mit der gemalten Landschaft (1. Hälfte 16. Jh.?) genommen ist, lässt sich nicht mehr klären.

Literatur: Röper 1808, S. 235.

► S. 84f., Abb. S. 84

| KAPELLE DES SAMUEL VON BEHR

41 Reitermonument des Kanzlers Samuel von Behr († 1621)

Die hohe Wertschätzung, die Herzog Adolf Friedrich für seinen Erzieher und Kanzler empfand, kommt am besten in der Tagebuchnotiz des Herzogs anlässlich des Todes seines Beraters zum Ausdruck: »… ich habe ihm die Augen zugedrucket, habe also meinen besten Freund undt nicht meinen getreuen Diener verlohren.« Im Jahr darauf schließt Herzog Adolf Friedrich einen Vertrag mit dem Leipziger Bildhauer Franz Julius Döteber über die Anfertigung des Reiterdenkmals. Ein erster Entwurf Dötebers zeigt den Kanzler auf einem sich aufbäumenden Pferd, und auch die Tumba ist aufwendiger als die Ausführung und mit alternativen Gestaltungen skizziert: am Sockel sind sowohl ein Relief mit der Auferstehung Christi als auch Wappenkartuschen in den Feldern vorgesehen; die Pilaster als Hermen oder »Pleurants« (Trauernde) – einige als Tugenden – auf einem Sockel stehend, der – wiederum alternative Ideen – aus Füllungen mit Beschlag- oder Rankenwerk zusammengesetzt ist, dementsprechend auch der Fries unterhalb der Deckplatte. Putti stehen über den Pilastern auf der Deckplatte und symbolisieren mit gesenkten Fackeln, Stundenglas und Totenschädel die Mahnungen HODIE MIHI CRAS TIBI (Heute mir – morgen Dir) und MEMENTO MORI (Gedenke des Todes). Das ausgeführte Monument wirkt zurückgenommen feierlich: wie in einem Trauerzug schreitet das Pferd, der Kanzler präsentiert als Zeichen seines Amtes und seiner Würde den Marschallstab, ein Hund als Ausdruck der Treue verharrt in Ruhe neben dem Pferd. Die baldachinartige Überbauung, die auf dem ersten Entwurf fehlt oder weggelassen wurde, entwarf wahrscheinlich der in herzoglichen Diensten stehende Festungsbaumeister Ghert Evert Piloot (1626). Am Postament der mittleren Säule vorn sind seitlich Porträtmedaillons der Eltern des Kanzlers eingearbeitet. Die Ausstaffierung mit echtem Zaum- und Sattelzeug sowie die Bemalung besorgte Samuel Lauterbergk. Das kunstvolle Gitter entwarf 1886/87 Baurat Möckel. Ursprünglich war das Monument mit einer mannshohen, hölzernen Schranke umgeben.

Literatur: Erdmann 1995, S. 78–80 | Minneker 2007.

▶ S. 121, Abb. S. 121

K KAPELLE DER KÖNIGIN MARGARETHE VON DÄNEMARK

42 Tumbaplatte mit Figur der Königin Margarethe von Dänemark († 1282)

Die Darstellung der dänischen Königin bezeugt in der Doberaner Klosterkirche die Ausnahmeregelung des Generalkonvents für figürliche Darstellungen auf Gräbern von Stiftern und deren Angehörigen, die 1263 für französische Könige beschlossen wurde. Da die Mutter der Königin eine mecklenburgische Fürstentochter (Rostocker Linie) war, konnte die Familie eine Bestattung in der Klosterkirche erwirken, als sie 1282 in Rostock im Kloster Zum Heiligen Kreuz verstarb. Vermutlich war der Bau der dortigen Klosterkirche, über die der Doberaner Abt die Aufsichtspflicht wahrnahm, noch nicht so weit gediehen, dass sie dort beigesetzt werden konnte. Der Bildhauer muss aus dem Elbe-Saale-Gebiet gekommen sein, wie der Typus der Figur vermuten lässt. Sie zeigt deutlich Anklänge an Bildwerke in den Domen zu Magdeburg und Naumburg. Die Skulptur ist aus Eichenholz geschnitzt und war ehemals differenziert gefasst. Die Fragmente, die freigelegt werden konnten, zeigen ein purpurnes Obergewand mit einem Rapport aus goldenen Kreisflächen mit schwarzen Löwen, dem dänischen Wappentier; die goldenen Säume sind quadratisch gegliedert. Das Untergewand ist dunkelgrün, der Halsausschnitt mit einer goldenen Borte hervorgehoben. Besonders reich war die Krone mit Halbedelsteinen oder gläsernen Surrogaten ausstaffiert, von denen nur noch Spuren der Halterung zeugen. Bis in das 19. Jahrhundert umgab ein Kasten mit verschließbarem Deckel die Tumbaplatte, die wohl nicht nur zum Schutz vorgesehen war, sondern auch eine liturgische Funktion ähnlich wie Retabel hatte, d.h. während der Memorialfeiern am Todestag und ähnlichen Anlässen wurde der Kasten geöffnet, so dass die Königin »leibhaftig« gegenwärtig war. Der genaue Ort der Bestattung, die noch in der romanischen Kirche stattgefunden hatte, ist nicht überliefert – vermutet wird er in der Scheitelkapelle.

Literatur: Brückner 1926 | Laabs 2000, S. 111–173.

▶ S. 17, 111, Abb. S. 17

43 Retabel der Leiden Christi
bisher »Altar der Goldenen Engel«, um 1320; Predella um 1450

Von der Malerei dieses Retabels sind nur kleine Fragmente zu finden: neben dem mittleren Wimperg auf Goldgrund als Pinselzeichnung

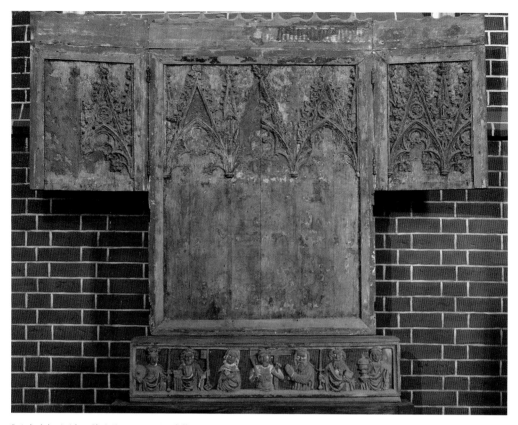

Retabel der Leiden Christi, um 1320, Predella um 1450

ein gemalter Engel, von dem Hans Wentzel den Notnamen »Altar der Goldenen Engel« ableitete; im Maßwerk des Wimpergs die Halbfigur einer Madonna. Selten vielfältig sind die Möglichkeiten zur Wandlung dieses Retabels: die Flügel (untere Hälften verloren) sind horizontal geteilt, so dass die Malerei der Mitteltafel auch in Auswahl – obere oder untere Hälfte – gezeigt werden konnte. Die Haupttafel ist einerseits durch die aufgesetzten Säulen (verloren) vertikal gegliedert und andererseits durch ein gemaltes rotes Band horizontal geteilt, so dass die Mitteltafel aus sechs nahezu quadratischen Bildflächen zusammengesetzt war. Das bekrönende Schriftbrett mit dem Satz aus dem Anfang des Johannes-Evangeliums »[et verbum caro factum est et] habitabit in nobis« (und das Wort wurde Fleisch und wird unter uns wohnen) erlaubt eine Gleichsetzung mit dem von

Röper beschriebenen »Altar der Leiden Christi«. Damals stand darunter die Predella mit dem Bild »Schmerzensmann umgeben von Heiligen und Märtyrern sowie Bernhard von Clairvaux«, die heute unter dem TRIPTYCHON »EHRENREICHE JUNGFRAU« [48] steht. Zu welchem Retabel die Predella mit dem Relief gehörte, ist nicht überliefert. Das Relief zeigt eine Variante desselben Themas, den Schmerzensmann zwischen Maria und Johannes d. T. (Deesis) sowie die Heiligen Petrus und Paulus, Katharina und Dorothea. Die etwas derbe Schnitzerei ist sicherlich um 1450 in der produktiven Rostocker Werkstatt entstanden. Der Stil gleicht insbesondere den Skulpturen am Hochaltarretabel der Stadtkirche in Teterow.

Literatur: Röper 1808, S. 236 | Laabs 2000, S. 74–82, 221.

▶ S. 51f., 78, Abb. S. 145

44 Corpus-Christi-Retabel und Dorotheen-Tafel

um 1320

Dieser Schrein vermag wie kein anderes Retabel der Klosterkirche, eine Vorstellung von der »Mobilität« liturgischer Handlungen im Mittelalter zu vermitteln. Das innere Gehäuse mit fünf zierlichen Maßwerkarkaden kann aus dem äußeren Kasten, an dem die Malflügel befestigt sind, herausgenommen werden. Anlass können Prozessionen oder öffentliche Schaustellungen zur Verehrung einer in diesem Gehäuse verwahrten Reliquie gewesen sein. Es muss eine besondere »Kostbarkeit« gewesen sein, von deren Berühren oder gar Besitz man sich Schutz und Wunder erhoffte, denn gegen beide vom Konvent offensichtlich nicht erwünschten Aktionen ist der Gegenstand gesichert worden: gegen Entwenden konnte er an einer Krampe in der Rückwand befestigt werden. Und gegen ein Berühren waren die Arkaden verdrahtet, so dass für das Handhaben der Reliquie durch die Mönche in die Rückwand eine spitzbogige Tür eingearbeitet werden musste (das Türblatt ist verloren, aber Spuren seiner Befestigung und die Verriegelung sind rückseitig noch zu finden). Dass derartige Sicherungen erforderlich waren, verrät indirekt auch die sekundär angebrachte Schrifttafel, die ausdrücklich auf die Verehrung des »unermesslichen Liebesopfers« Christi, von dem sich der Name des Altars »Corpus-Christi« herleitet, und der Jungfrau Maria hinweist. Auch die Tafelbilder der Flügel – die Themen des verlorenen linken Flügels lassen sich rekonstruieren – thematisieren dies mit Abendmahl, Geißelung (?), Kreuztragung (?) und Kreuzigung. Da dieses Retabel zu den Altarstiftungen des Peter Wise gehört, ist nicht auszuschließen, dass es auf einem Nebenaltar am heutigen Kanzelpfeiler stand und sich somit in unmittelbarer Nähe zu dem mit Messingeinlagen versehenen GRABSTEIN PETER WISES und des für ihn dort angebrachten EPITAPHS [51, 52] befand. Hier könnte der Schrein auch an Tagen, an denen männliche Besucher das nördliche Seitenschiff durch das dortige Nordportal betreten durften, betrachtet, und die Reliquie verehrt werden.

An der Wand über dem Schrein hängt eine kleine quadratische Tafel, ehemals wohl der Flügel einer Predella. Die Darstellung des Martyriums der hl. Dorothea wurde von dem Meister des Mühlenretabels gemalt.

Literatur: Lisch 1844a, S. 297f. | Voss 1975, S. 285–309 | Voss 1986, S. 672–679 | Erdmann 1995, S. 40–43 | Laabs 2000, S. 77–79. Zur Dorotheen-Tafel: Dreyer 1975, S. 277–284.

► S. 54–57, 84, Abb. S. 55, 56, 84, 147; Dorotheen-Tafel: S. 75, Abb. S. 75

45 Retabel »Kreuzigung Christi durch die Tugenden«

um 1320

Die Konzentration der Zisterzienser in ihrer Frömmigkeit auf Menschwerdung und Opfertod Christi wird in den Darstellungen auf diesem Retabel fokussiert. Die Alltagsseite zeigt vier Ereignisse aus dem Kindheitszyklus: Verkündigung, Geburt, Anbetung der Könige und Darbringung im Tempel. Auf der Mitteltafel (Festtagsseite) ist eine nicht-biblische Kreuzigung Christi zu finden, zu der Theologen im Mittelalter durch Auslegung eines Textes des Propheten Jesaja und Gleichstellung der dort genannten Frauen mit den Tugendgestalten antiker Philosophen gefunden hatten: Christi Tugenden selbst bringen ihn an das Kreuz. Bernhard von Clairvaux griff diese Allegorie in einer Osterpredigt auf, so dass diese Darstellung wiederholt in Zisterzienserklöstern anzutreffen ist. Im Nimbus jeder Frau ist die Bezeichnung ihrer Tugend zu lesen: Misericordia (Barmherzigkeit), Veritas (Wahrhaftigkeit), Oboedientia (Gehorsam), Caritas (Liebe), Perseverantia (Beharrlichkeit), Justitia (Gerechtigkeit), Pax (Friedfertigkeit). Die vier großen Propheten (Jesaja, Jeremia, Hesekiel, Daniel) prophezeien und kommentieren auf den Innenseiten der Flügel die Hingabe Christi.

Literatur: Kraft 1972, Kat. Nr. 10, S. 143f. | Erdmann 1995, S. 49 | Laabs 2000, S. 76–79.

► S. 52–54, 84, Abb. S. 52, 53, 84

Corpus-Christi-Retabel, rechter Flügel, Abendmahlstafel, um 1320

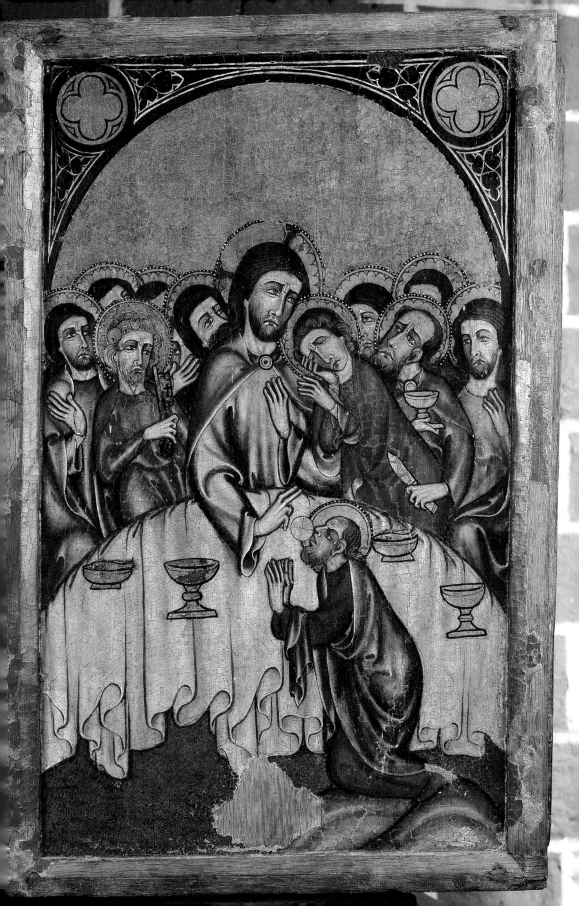

L OKTOGON

Fürstengrablege, nach 1370 und 1422; Drei-Königs-Retabel (Innenseite der Brüstung), um 1425; vier Bildnisse mecklenburgischer Herzöge, Wandmalereien, um 1425

Die Kleinarchitektur der Fürstengrablege steht innerhalb des Großbaus der Klosterkirche eingezwängt zwischen dem östlichen Pfeilerpaar des Hohen Chores. Einen anderen Ort ließen die Raumordnung der Klosterkirche und ihre stündlich geregelten Funktionen offensichtlich nicht zu. In anderen Kirchen stehen diese dem Heiligen Grabe in Jerusalem nachgebildeten oktogonalen Kapellen frei im Raum (z. B. Magdeburg, Dom; Konstanz, Münster). Ob das Doberaner Oktogon in der Osterliturgie die Funktion eines Heiligen Grabes erfüllte, ist nicht überliefert. Nahe liegt jedoch die Vorstellung, dass Herzog Albrecht II. bewusst diese symbolstarke Bauform und den Ort hinter dem Hochaltar für seine Grablege gewählt, und der Konvent seinem Schutzherrn dies nicht verwehrt hatte. Das Patrozinium des Altars der Heiligen Drei Könige (belegt durch Pinselzeichnungen auf der Innenseite der mittleren Brüstung) verdeutlicht zudem, in welcher Nachfolge sich die hier und in der Scheitelkapelle [M] beigesetzten Fürsten sahen: in der Verehrung des Königs aller Könige, Christus. So sind sie in den seitlichen Wandmalereien hinzutretend oder kniend dargestellt; verloren ist das Tafelbild mit dem Standporträt Albrechts II. Die Wandmalereien und Pinselzeichnungen sind zu Beginn des 15. Jahrhunderts von demselben Maler geschaffen worden, der die Tafeln des MÜHLENRETABELS [26] und den Flügel mit dem Martyrium der hl. Dorothea [44] malte. Die Wappen in der mittleren Arkade, am Baldachin und an der Brüstung lassen auf zwei Entstehungsphasen des Oktogons schließen: eine erste unter Herzog Albrecht II. vor 1379 (seinem Todesjahr; Wappen oben), eine zweite unter Herzogin Katharina, Witwe Herzog Johanns IV. († 1422; Wappen unten).

Literatur: Schlie 1899, S. 637–643 | Laabs 2000, S. 153–164.

▶ S. 78, 112–116, Abb. S. 78, 113, 115

M GRABKAPELLE DES HERZOGS ADOLF FRIEDRICH UND SEINER GEMAHLIN ANNA MARIA VON OSTFRIESLAND

1634

Die Bestimmung der Chorscheitelkapelle im Mittelalter ist nicht überliefert. Dass ihr eine besondere Bedeutung zukam, kann aus der achsialen Zuordnung des Oktogons und aus dem Vorhandensein einer Wandöffnung (vor 1886; ca. 50 × 50 cm) in der östlichen Außenwand geschlossen werden. W. Erdmann sah in dieser Öffnung ein Indiz für die Inszenierung eines Lichtmysteriums in Verbindung mit dem CORPUS-CHRISTI-RETABEL [44]. Für diese Vermutung gibt es am Schrein selbst keine Befunde. Sollten in dieser Kapelle König Albrecht, vielleicht schon Königin Margarethe bestattet worden sein, so ermöglichte die Wandöffnung draußen Vorbeigehenden, beim Totengedenken in direkter Sichtbeziehung zu den Grabmälern innezuhalten. Doch die Spuren der mittelalterlichen Ausstattung und Vorgänge sind 1634 beim Einbau der neuen Grabkapelle beseitigt und verdeckt worden. Das Totengedenken wurde in dieser Zeit Teil des höfischen Zeremoniells. Herzog Adolf Friedrich und seine Gemahlin Anna Maria stehen in der Loggia, als erwarteten sie den Hof zur Huldigung. Jeden Moment könnten sie in ihrer Prachtkleidung an die Brüstung treten, um sich im Hofe wartenden Untertanen zu zeigen: absolutistische Selbstdarstellung mitten im verheerenden Krieg, der auch an diesem Monument nicht spurlos vorüberging. Daniel Werner musste noch während der Fertigstellung Restaurierungen durchführen.

In der reich dekorierten Fassade und den umlaufenden Blendarkaden der Loggia sind Hinweise auf Sterblichkeit und Vergänglichkeit nur mit Mühe zu entdecken: unter der Treppe eine Grisaillemalerei mit der Mahnung »Memento mori« und Symbolen der Sterblichkeit: Stundenglas, Totenschädel und gebrochenes Schilfrohr. Vielmehr steht das Herzogspaar mit wachem Blick im Raum, umgeben von Lebenslust bekundenden Bildzitaten: Blumen, Insekten, kleines Getier – wie den Alben der Sybille

Merian entnommen. Doch das alles ist nicht nur als höfischer Dekor zu sehen, sondern als Ausdruck der Wahrnehmung der Schöpfung mit allen Sinnen, wie es Paul Gerhardt (1607 bis 1676) in seinen Chorälen preist. Die fünf Sinne als Frauen personifiziert stehen auf den Säulen zwischen den Arkaden und tragen wie Karyatiden den Architrav und die abgewalmte, durchfensterte Kassettendecke. Die Fülle der sinnlichen Wahrnehmung hat die Tugenden des Glaubens zum Fundament: Fides (Glaube), Caritas (Liebe), Spes (Hoffnung). »Glaube« und »Hoffnung«, als Frauengestalten in monochromer Malerei dargestellt, halten die Türen zu den Grüften besetzt. Die Größte unter Ihnen, die »Liebe« tritt uns auf der Tür zur Loggia entgegen, unter deren Kassettendecke ein Verkündigungsengel mit einem Spruchband schwebt: »Sey getreüwe bis in den Todt, so will ich dir die Kron des Lebens geben.« (Offb. 2)

Anhand eines Architekturmodells von Ghert Evert Piloot schuf der Leipziger »Statuarius Frantz Döteber« den Gesamtentwurf. Die Ausführung vor Ort lag in den Händen seines Mitarbeiters Daniel Werner, der noch 1668 in herzoglichen Diensten stand, wie die Signatur an dem großen Herzogswappen im Landeshauptarchiv in Schwerin verrät.

Literatur: Schlie 1899, S. 654–658 | Erdmann 1995, S. 79f. | Schütt 1997 | Minneker 2007.

▶ S. 122 – 124, Abb. S. 122, 123, 124

N KAPELLE DES KÖNIGS ALBRECHTS III. VON SCHWEDEN UND SEINER ERSTEN FRAU RICHARDIS

46 Doppelfigurige Tumbaplatte

Figur der Königin († 1377) um 1380; Figur des Königs († 1412) bald nach 1412

Königin Richardis verstarb 1377 in Stockholm und wurde dort in der Dominikanerkirche bestattet, die in nachreformatorischer Zeit abgerissen wurde. Um die Verstorbene in die Memorialfeiern an der Grablege des Fürstenhauses einbeziehen zu können, wurde ein Kenotaph mit ihrer Gestalt geschaffen. Die Körperhaltung im gestreckten S-Schwung gleicht dem einer

Schönen Madonna des Weichen Stils. Die freie Halspartie mit mehrfach geschlungener Korallenkette, der grazile Griff der Linken in die Falten des Umhangs verleihen der Figur weiblichen Charme und Liebreiz. Mit der Rechten hebt Richardis ein »Schoßtier« (Hermelin oder Eichkätzchen) vor die Brust. Unter ihren Füßen liegt ein Hund als Symbol der Treue. Reste der originalen Bemalung auf dem Umhang zeigen Goldornamente auf purpurrotem Stoff, die eine ehemals prächtige Ausstaffierung ahnen lassen. Nach dem Tode König Albrechts wurde die Figur der Königin für die doppelfigurige Tumbaplatte übernommen, ohne dabei zum Qualitätsmaßstab für die Figur des Königs zu werden: Puppenhaft steif liegt er da, wie eingeschnürt in den Brustpanzer mit Rock. Die Rechte hält einen Zweihänder (Schwert), die Linke hielt vermutlich einen Schild mit den Wappenbildern des Herzogtums Mecklenburg und des Königreiches Schweden, wie sie das Wandbild des Königs neben dem Oktogon [L] oben links zeigt. Zu Füßen des Königs liegt ein Löwe, das königliche Tier – hier weniger die reale Macht als vielmehr den trotzigen Anspruch auf den schwedischen Thron symbolisierend, denn 1389 verzichtete Albrecht offiziell auf die Königswürde, um mit seinem Sohn aus der Gefangenschaft der dänischen Königin Margarethe der Großen entlassen zu werden. Ein prächtiger Baldachin überspannt das Königspaar. Wie bei der TUMBA DER KÖNIGIN MARGARETHE VON DÄNEMARK [42] umgab ein Kasten mit verschließbarem, zweiflügeligem Deckel das Grabmal. Dieser diente nicht nur zu ihrem Schutz, sondern sollte auch durch dessen Öffnen die Anwesenheit des Königspaares bei den Memorialfeiern verbildlichen. Im 19. Jahrhundert wurden diese bedeutenden Belege für den liturgischen Vollzug solcher Feiern leider beseitigt; historische Aufnahmen bezeugen jedoch ihre Existenz.

Literatur: Erdmann 1995, S. 76 | Minneker 2007.

▶ S. 111f., Abb. S. 112

47 Grabplatten der Familie von Axekow
um 1440–1515

Die 1515 ausgestorbene Familie von Axekow verfügte im Gebiet der Abtei über ausgedehnten Landbesitz. Nur Mathias von Axekow († 1445) ist zusammen mit seiner Frau Ghese von Bibow auf der Grabplatte dargestellt, obwohl von fünf weiteren Rittern die Frauen genannt werden. Diese Auszeichnung wird Mathias [I.] zuteil, weil er als »huius ecclesie amicus« (dieser Kirche Freund) gelobt wird. 1439 stiftet er Seelenmessen, derer auch andere Familienmitglieder teilhaftig werden: seine Eltern, »de olde her« Werner († vor 1445) und Grete von Clawen; auf diesem Grabstein wird auch ein weiterer Mathias [II.; Werners Bruder?] genannt; Mathias' [I.] ältester Bruder Johan und sein Bruder Werner sind ebenfalls gemeinsam auf einem Stein dargestellt. Der vierte Stein ist für den unverheirateten [?] Mathias [III.], »hern iohans zone«, dessen Bruder Clawes und dessen Frau von Ghummern gesetzt worden. 1445 verfasste Mathias [I.] sein Testament, in dem er wiederum das Kloster mit Schenkungen bedachte. Die »rydder« von Axekow stehen uns – ausgenommen Mathias [I.] mit offenem Visier – mit geschlossenen Topfhelmen, achsial Schild und Schwert mit symmetrisch oder »parallel geschalteten« Händen vor sich haltend, wie »Kampfmaschinen« gegenüber. Der bereits am GRABSTEIN HEINRICHS VON DER LÜHE [36] beobachtete »horror vacui« ist hier noch stärker ausgeprägt: zu symmetrischen Figuren erstarrte Palmetten, Vögel und Weinblätter sowie kleine Vierpässe werden eingesetzt, um alle Lücken zu füllen. Stilistisch lässt sich dieser Werkgruppe der Grabstein von der Lühes und die GRABPLATTE JOHANNES VON MOLTKES UND SEINER BEIDEN FRAUEN [54] zuordnen. Gegenüber dieser Erstarrung wirkt die Gestaltung der Grabplatte Mathias' [I.] von Axekows freier, die Palmetten vegetabiler und die Frauengestalt wie von anderer Hand: von Leben erfüllt.

Literatur: Lisch 1844b, S. 441 | Schlie 1899, S. 672–674.

► S. 118, Abb. S. 118

48 Retabel »Ehrenreiche Jungfrau« mit Predella
2. Hälfte 15. Jh.

Der fragmentarische Zustand der Malerei macht die Erschließung der Darstellungen auf den Innenseiten des Triptychons fast unmöglich. Die Mitteltafel zeigte ursprünglich eine Madonna im Strahlenkranz; in den Ecken sind Reste der typologischen Nebenszenen, die auf vielen Retabeln in mecklenburgischen Kirchen und auch auf der Marienseite des Kreuzaltarretabels zu finden sind, erhalten geblieben – oben links: Moses vor dem brennenden Dornbusch; oben rechts: Hesekiel vor dem verschlossenen Tempeltor; unten links: Kaiser Augustus und die Tiburtinische Sybille (nicht am Kreuzaltarretabel!); unten rechts: Gideon und das Lammfell im Morgentau. Auf den Flügeln sind bzw. waren acht heilige Frauen dargestellt, von denen nur Dorothea mit dem Blumenkorb sowie Barbara mit dem Turm eindeutig identifiziert werden können (linker Flügel unten). Erstaunlich gut erhalten ist die Bemalung der Außenseiten der Flügel: mit den Heiligen Matthias und Judas Thaddäus mit zugehörigen Symbolen: Schwert und Keule. Als Pendant zu diesem Retabel stand im Münster ein Retabel der »Schmerzensreichen Jungfrau«, das Röper 1808 noch beschrieb: »wie sie Christum, nach

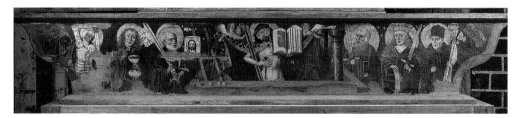

Predella mit Schmerzensmann und Heiligen, 2. Hälfte 15. Jh.

der Abnahme vom Kreuze, auf dem Schoße hält.« Beide Retabel gehören in den Themenkreis der Rosenkranzfrömmigkeit. Zu letzterem Retabel könnte die Predella mit Christus als Schmerzensmann zwischen Heiligen (v.l.n.r.: Georg, Johannes Ev., Petrus, Paulus, Katharina, Bernhard von Clairvaux) gehört haben, da beide Bildtafeln das Erlösungswerk Christi vergegenwärtigen. Während die Predella Christus mit den Leidenswerkzeugen und dem Buch der Offenbarungen sowie in seiner Nachfolge die Heiligen zeigt, war auf der Haupttafel das Mitleiden der Mutter Maria (compassio) und ihr Anteil am Erlösungswerk (corredemptorix – Miterlöserin) zu betrachten, wie es auch in den Passionsreliefs im rechten Flügel des HOCH-ALTARRETABELS [1] thematisiert wird. Das Bild der Predella ist sicherlich nicht von Hermen Rhode in Lübeck oder in dessen Werkstatt sondern von dem Maler der Predella des Retabels in der Kirche zu Warnemünde (1475) geschaffen worden. Die Stifterwappen lassen sich bisher keiner Familie zuordnen.

Literatur: Röper 1808, S. 235 | Erdmann 1995, S. 74.

▸ S. 79, Abb. S. 150

49 Wange mit Gnomen im Astwerk beim Vogelfang

um 1500

Inmitten der liturgischen Ausstattung des Münsters befremdet diese Schnitzerei, die so gar nicht zu den Zielen der Zisterzienser passen will, alles zu meiden, was die Sinne vom »opus dei« ablenken könnte. Doch weckt sie Assoziationen zu Zierleisten mit Jagdszenen in liturgischen Büchern. Der Schnitzer könnte eine grafische Vorlage aus dem Umkreis des niederrheinisch-westfälischen Kupferstechers Israhel van Meckenem genutzt haben. Die Rückseite zeigt keinerlei Spuren, die auf die ehemalige Funktion hinweisen.

▸ S. 79, Abb. S. 151

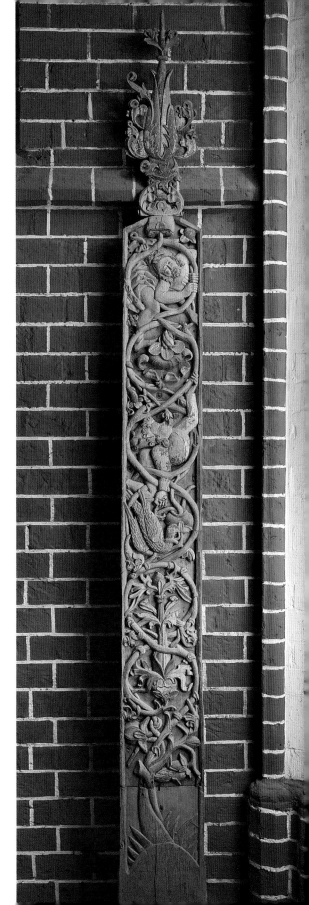

Wange mit Gnomen im Astwerk beim Vogelfang, um 1500

50 Standbild des Herzogs Magnus II. (†1503)

Weit qualitätvoller als die Standbilder seines Bruders Balthasar († 1507) und seines Sohnes Erich († 1508) [25] ist das Bildnis des Herzogs Magnus II. gearbeitet. Fern aller Schematisierung sind alle Details des Harnischs in Holz übertragen. Vermutlich ist es Magnus' Harnisch, der bei dem Trauerumzug auf einem Pferd drapiert bis in die Klosterkirche mitgeführt wurde. Obwohl der Blick des Herzogs gespannt in die Weite geht, kennzeichnet ihn die um den Kopf gelegte Kinnbinde eindeutig als Verstorbenen. Somit überträgt diese Skulptur die seitlich des Oktogons gemalten Totenbilder ins Dreidimensionale. Herzog Magnus II. soll an Lepra oder »schwarzen Blattern« gestorben sein. Als Bildhauer kommt im Doberaner Umkreis nur der Schnitzer des Rochus-Altars in der Rostocker Marienkirche in Betracht.

Literatur: Schlie 1899, S. 645 | Fründt 1967, S. 15–18.

▶ S. 116 – 118, Abb. S. 116

O GRABKAPELLE DES HERZOG-REGENTEN JOHANN-ALBRECHTS UND SEINER FRAU ELISABETH VON SACHSEN-WEIMAR

1910

Johann-Albrecht ist das letzte Mitglied des mecklenburgischen Fürstenhauses, das im Doberaner Münster beigesetzt wurde. 1857 wurde er als fünftes Kind des Großherzogs Friedrich Franz II. und seiner ersten Frau Auguste von Reuß-Schleitz-Köstritz geboren. Obwohl 1895 zum Präsidenten der deutschen Kolonialgesellschaft gewählt, musste er von 1897 bis 1901 die Regierungsgeschäfte für seinen unmündigen Neffen Friedrich Franz IV. führen. Als 1908 seine erste Frau Elisabeth von Sachsen-Weimar starb, ließ Johann-Albrecht einen von Möckel 1898 erarbeiteten, ornamental überladenen Entwurf von Ludwig Winter (1843–1930) überarbeiten, d.h. die hypertrophe Ornamentierung reduzieren, so dass ein Ziborium frühchristlich-byzantinischer Art aus verschiedenfarbigem Marmor zur Ausführung kam. Gleich einem Heiligengrab steht der Marmorsarko-phag unter der Kuppel, in der eine Ampel wie ein ewiges Licht hängt. Mosaiken mit Goldgrund schmücken die Bogenlaibungen und Giebeldreiecke mit Christus als Weltenherrscher (Pantokrator) und Christusmonogrammen. Zur Ausstattung gehört auch eine Sitzbank mit den Wappen beider Häuser (Stierkopf, Hirsch) in den Wangen, eine qualitätvolle, mittelalterlichem Chorgestühl nachempfundene Bildhauerarbeit. Diese Bank als Ort »Stillen Gedenkens« beschließt die Tradition der Memorialfeiern an den Fürstengräbern im Münster. Am 16. Februar 1920 starb Johann-Albrecht in seinem Schloss Wiligrad am Schweriner See – wie sein Biograf Theodor Seitz schrieb: »Er starb am verlorenen Krieg.«

Literatur: Borchert 1992, S. 91–94 | Erdmann 1995, S. 82.

▶ S. 125, Abb. S. 125

P CHORUMGANG

51 Grabstein des Peter Wise († 1338)

In Anbetracht der Verdienste, die sich der Lübecker Bürger Peter Wise († 1338) erworben hatte (Rückkauf des verpfändeten Dorfes Admannshagen aus seinem Nachlass, einige Altarstiftungen) erscheint sein Grabstein recht bescheiden. Dietrich Schröders Erwähnung (1732) eines zweiten Grabsteines mit Metalleinlagen bestärkt die Vermutung, dass dieser Stein vom Konvent als Interimslösung gedacht war, der von Steinmetzen des Klosters gefertigt wurde, da die Anfertigung der Platte mit den Messingeinlagen in einer städtischen Werkstatt Wartezeiten auferlegte, in der das Grab Peter Wises nicht unbezeichnet bleiben sollte. Für diesen Sachverhalt spricht auch die spätere Verwendung dieses Steins als Mensaplatte unter dem MÜHLENRETABEL [26], wie es Röper noch vorfand.

Literatur: Schröder 1732, S. 326 | Röper 1808, S. 229 | Lisch 1844b, S. 424f.

▶ S. 76, 119, Abb. S. 120

52 Epitaph für Peter Wise

2. Hälfte 16. Jh.; Baldachin spätes 15. Jh.

Der Baldachin, dessen Konstruktionsweise erkennen lässt, dass sich rechts ursprünglich ein zweites Segment anschloss, ist auf einer Tafel befestigt, auf der flächige Reste einer Leimschicht mit dem Abdruck einer Gewebetextur zu finden sind. Dieser Befund lässt vermuten, dass auf die Tafel ehemals eine Tüchleinmalerei kaschiert war, die im 16. Jahrhundert so verschlissen war, dass man eine Kopie oder ein Abbild anfertigen ließ. Das Bild, ein Porträt Peter Wises, ist nicht signiert; es könnte von Cornelius Krommeny (1576–1598 Hofmaler Herzog Ulrichs) gemalt worden sein. Das Pelzbarrett und die Geldkatze am Gürtel demonstrieren, dass der Dargestellte ein wohlhabender Bürger war, der im Wappen neben einem Eichenzweig den halben Doppeladler seiner Heimatstadt Lübeck führt. Unter dem Standporträt steht ein Preisgedicht in niederdeutscher und lateinischer Abfassung geschrieben (Übertragung des lateinischen Textes ins Niederdeutsche von Hans Henrich Klüver):

Hyr Peter Wise	TVMBA REQUIESCIT IN ISTA. (liegt in eener hölten Kiste.)
Gott geve ehm spise	COELESTEM, QUIQUE LEG' ISTA. (im Hemmel jeder Juriste.)
Bidde vor sin sele	PRECIBUS BREVIBUS GENITOREM. (mit korten bede den Heren.)
Vor döget vele	SIBI PERPETVVM DET HONOREM. (dat he em wull ewig ehren.)
Ein fründt am lieve	NOSTRAE FVIT IPSE COHORTIS. (der unsern iß hie gewesen.)
Dat hefft he rine bewieset	TEMPORE MORTIS: (in seinem Tode bewesen:)
He hefft getüget	DULIAS RES PERPETVALES. (dree deenste de nig to geringe.)
Dar uns an nüget	RES ATQUE DEDIT SPECIALIS. (ock gaf hee veel ander Dinge.)
Darüm scal ock bliven	IS NOSTRA SVB PRECE VERE. (Hr. Peter in unser Bede.)
Vn wilt em schrieven	DAVID IN SOLIO RESIDERE (to wahnen by David in eener Stede.)

Das Epitaph hing noch im frühen 19. Jahrhundert im nördlichen Seitenschiff am Kanzelpfeiler über dem verschollenen Grabstein mit den Messingeinlagen, wie sie auf dem GRABSTEIN DER HERZOGIN AGNES († 1434), der zweiten Frau König Albrechts III. (► **46**), in der Stadtkirche zu Gadebusch noch zu finden sind (zu Grabsteinen mit Materialeinlagen ► [**27, 36**]).

Literatur: Klüver 1728, S. 23f. | Schröder 1732, S. 325 | Röper 1808, S. 241 | Lisch 1844b, S. 417–419 | Schlie 1899, S. 671f., 679 | Voss 1986, S. 672–679 | Erdmann 1995, S. 47.

► S. 76f., 119, Abb. S. 119

53 Grabstein des Heinrich von Weser und seiner Frau Ida

1. Viertel 14. Jh.

Dieser Grabstein ist der älteste erhaltene Stein in der Klosterkirche, auf dem die Ehefrau zwar genannt aber nicht dargestellt ist. Heinrich von Weser ist zwischen 1304 und 1325 gestorben. 1325 verfasste seine Frau Ida als Witwe ihr Testament. Dass Heinrich von Weser ein Förderer des Klosters war, lässt ein zwar unscheinbares, aber auf den Grabplatten einzigartiges Symbol vermuten: im Spitzbogen erscheint über seinem Haupte eine Gotteshand mit Segensgestus.

Literatur: Schlie 1899, S. 671.

Q SÜDLICHES QUERHAUS

54 Grabstein des Johannes von Moltke († 1391) und seiner Frauen Margarethe von Reventlow († 1388) und Alheydis von Kulen († 1391 ?)

Auf dem Stein sind zwar beide Frauen des Johannes von Moltke genannt, zur Darstellung war aber nur für eine Gestalt Platz vorhanden; von Alheydis von Kulen konnte nicht einmal das Sterbejahr eingetragen werden. Stilistisch gehört diese Grabplatte zur Gruppe der Axekow-Platten [**47**], jedoch hatte Johannes von Moltke Wert darauf gelegt, »barhäuptig vor seinen Gott zu treten«.

55 Grabstein des Hermann von Moltke († 1415) und seiner Frau Katharina von Kulenacken († 1432)

Einander zugewandt stehen Hermann von Moltke (»huius ecclesie amicus« – dieser Kirche Freund) und seine Frau Katharina in einem Doppeltabernakel. Gleich einem Nimbus ist ein Spruchband um den Kopf der Frau gelegt: »O filii dei misere mei« (O Sohn Gottes erbarme Dich meiner). Der Wortlaut klingt wie eine letzte Bitte auf dem Sterbebett. Der Aufriss des Tabernakels greift auf die Architektur der Steine der Äbte Jakobus († 1361) und Martin II. († 1389) [19] zurück.

56 Kalksteinsäule, sogenanntes »Lots Weib«

13. Jh.?

Die Bezeichnung der Säule als »Lots Weib« ist vermutlich eine gezielte nachreformatorische Verunglimpfung des mittelalterlichen Reliquienkultes. Ob diese Säule mit drei weiteren gleichartigen Säulen ehemals im Kapitelsaal stand und nach Abbruch der Klausur als »Rarität« aufgehoben schließlich zur »Reliquie« avancierte, oder ob sie als Spolie wie die Kalksteinsäulen und Kapitelle im OKTOGON [L] nach Doberan gelangte, ist ungewiss. Schlie vermutet in ihr ein »Trümmerstück einer Gartendekoration aus der Renaissance-Zeit« aus der Pläner-Kalk-Formation nahe Doberans.
Literatur: Schlie 1899, S. 681.

57 Großes Fürstenepitaph

1583

Zur Inszenierung ihrer Genealogie im Hohen Chor ließen Herzog Ulrich III. († 1603) und seine Gemahlin Elisabeth von Dänemark († 1586), die die Erhaltung und Umgestaltung der Klosterkirche zur Predigtkirche betrieb, dieses Epitaph in die Chorschranke in der zweiten nördlichen Chorarkade einfügen, wo vermutlich vorher der KELCHSCHRANK [2] stand. Der Widmung, mit DEO OPT[imo] MAX[imo] beginnend, folgt ein langer Hymnus auf die Vor-

fahren. Der Text ist in sieben Platten aus schwarzem, belgischem Kalkstein geschnitten und vergoldet. Die Rahmung besteht aus Alabaster im dekorativen Stil niederländischer Renaissance. Eine Wappenkartusche mit Symbolen des Todes bildet die Bekrönung. Obenauf steht eine Sanduhr mit kleinem Totenschädel flankiert von zwei Genien mit gesenkter Fackel, einen Fuß auf einen Totenschädel setzend. Die vertikalen Rahmen im Rollwerkstil sind mit Militaria-Emblemen geschmückt. Zwei Krieger sind mit Spangenhelm, Lederwams mit Schürze sowie Schild ausstaffiert, die wie zwei das Fürstenlob verkündende Herolde seitlich postiert sind. Sie stehen auf Sockeln mit Diamantquadern, die von Konsolen mit Löwenköpfen gestützt werden. In der abgehängten Kartusche ist auf einer Tafel eine Renovierung 1750 unter Herzog Christian Ludwig erwähnt. Im Zuge der Beseitigung der Chorschranken wurde das Epitaph 1894/95 an die Westwand des südlichen Querhauses umgesetzt, wo bislang das Zifferblatt der Astronomischen Uhr [65] hing. 2005/06 erfolgte eine umfassende Restaurierung und neue Montage des Epitaphs, so dass die im Gefüge geschwächten Werkstücke unbelastet von einem Metallgerüst gehalten werden.
Literatur: Schlie 1899, S. 651–654 | Kühne 1938, S. 32–33 (dt. Übertragung der lat. Dichtung S. 41–42).

► S. 121

58 Kleines Kreuz ohne Korpus

1. Hälfte 14. Jh.

In den Inventaren wird dieses Kreuz nicht erwähnt. Der Zapfen ist ein Indiz dafür, dass es ursprünglich ein Retabel bekrönte. Entsprechende Befunde sind an der Rückseite des RETABELS DER LEIDEN CHRISTI [43] vorhanden, wie sie (Nagelung oder Zapfenloch) an manchen Altarschreinen in Mecklenburg (z.B. Bentwisch bei Rostock, Retwisch bei Bad Doberan) zu finden sind.

R SAKRISTEI

59 Türzieher

1. Hälfte 13. Jh.

Ob die Laienpforte im Westgiebel des südlichen Seitenschiffes der ursprüngliche Bestimmungsort des romanischen Türziehers war, ist nicht gesichert. An die Sakristeitür wurde der Löwenkopf aus Sicherheitsgründen versetzt. Bereits um 1900 fehlten nicht nur der Ring, der ergänzt wurde, sondern auch das Blattwerk, das den Löwenkopf umkränzte. Es ist nicht auszuschließen, dass der Löwenkopf in einer Rostocker Gießerei gegossen wurde.

Literatur: Erdmann 1995, S. 25.

▶ S. 13, Abb. S. 13

S SÜDLICHES SEITENSCHIFF

60 Grabstein des Hermann († 1386) und Siegfried von Oertzen († 1449)

Dieser Stein ist ein interessantes Zeugnis für das Totengedenken im Kloster. Für den Erstgestorbenen muss er eine Zweitausfertigung sein, um dem Jüngeren, der im Heiligen Lande starb und bestattet wurde, in der Heimat ein Denkmal zu setzen. Siegfried von Oertzen beschloss 1431, eine Pilgerfahrt ins Heilige Land zu unternehmen, konnte sie aber erst 1441 antreten: »Anno domini mccccxlix in kalendis Julii in terra sancta obiit sifridus de orczen sepultus in monte syon apud minores.« (Im Jahre des Herrn am ersten Juli im heiligen Lande verstarb Siegfried von Oertzen, begraben auf dem Berge Zion bei den Minoriten). War Siegfried nur Gast in deren Herberge oder war er selbst Konventuale geworden? Auf uns mag die klappsymmetrische Darstellung der beiden Ritter karikierend wirken, offensichtlich genügte diese simple Ausführung den Qualitätsansprüchen der Familien, wie es auch die GRABSTEINE DER FAMILIE VON AXEKOW [47] zeigen.

Literatur: Lisch 1844b, S. 443 | Schlie 1899, S. 676f.

▶ S. 119

61 Grabstein der Helena (von Oertzen?) und ihres Bruders

Dieser Grabstein gibt Rätsel auf, für deren Auflösung bislang keine Archivalie entdeckt werden konnte. Er wurde im 19. Jahrhundert zwar in der Nähe des Grabsteins der beiden Männer aus der Familie von Oertzen aufgefunden, doch ist dies kein Beleg dafür, dass die genannten Geschwister auch zu dieser Familie gehörten.

Rätselhaft ist auch, warum nur die Schwester dargestellt ist und von dem Bruder nicht einmal der Name genannt wird. Welches Verdienst eröffnete ihnen die Bestattung im Kloster? Der Text rühmt ihre unzertrennliche Liebe im Leben, das sie wohl ehelos gemeinsam geführt haben: »sicut in vita dilexerunt se ita etiam in morte non sunt separati · quorum anime requiescant in pace amen.« (Wie sie sich im Leben geliebt haben, so sind sie auch im Tode unzertrennlich · deren Seelen mögen in Frieden ruhen. Amen). Die Zeichnung folgt dem gleichen Aufriss wie die Darstellung Heinrichs von der Lühe [36].

▶ S. 119

62 Glasmalerei

Ritter und Nonne aus der Familie von Oertzen, 1893/94

In der linken Bahn des Glasfensters wird die Pilgerfahrt Siegfried von Oertzens (▶60) thematisiert. Wen die Zisterziensernonne in der rechten Bahn darstellt, ist nicht überliefert. Im Okulus darüber ist eine Kreuzigung Christi zu erkennen. Welche Werkstatt diese Glasmalereien fertigte, ist nicht bekannt. Das Fenster entstand 1893/94 mit Errichtung der Von-Oertzen-Kapelle, einem in das südliche Seitenschiff vorspringenden, portalartigen Vorbau, der 1978 abgetragen wurde, weil er das Raumgefüge erheblich störte.

Literatur: Kuhl 2001, S. 41.

▶ S. 119

63 Glasmalerei
Halbfiguren (Madonna und Heiliger)
und Teppichmuster, um 1300

Die Halbfiguren der Madonna und des Heiligen (Johannes d. Ev.?) waren ursprünglich vermutlich ganzfigurig und so angeordnet, dass die Madonna in der mittleren Fensterbahn stand, und links davon, symmetrisch zu dem männlichen Heiligen auf der rechten Seite, der zweite Schutzpatron der Klosterkirche: Johannes d. T. Die gleiche Konstellation findet man in dem gegenüberliegenden Fenster im nördlichen Seitenschiff [21]. Ob diese Figuren und eines der Teppichmuster zu der 1302 beurkundeten Stiftung »löblicher Fenster in die Kapelle der Vorfahren« gehören – für das Ostfenster der Pribislav-Kapelle? – kann nur vermutet werden. 1852 wurde im Zuge der angestrebten Purifizierung und makellosen Gotisierung des Raumes damit begonnen, jedes Fenster einheitlich im Ornament und in der Farbigkeit zu gestalten. Der Schweriner Glasmaler Ernst Gillmeister wurde beauftragt, dieses Vorhaben mit Kopien mittelalterlicher Motive oder in Anlehnung an diese mit neuen Mustern auszugestalten. Die verstreut erhalten gebliebenen Felder mittelalterlicher Glasmalerei wurden in diesem Fenster und im Ostfenster der Pribislav-Kapelle zusammengestellt. Beide wurden 2001 mit einer Schutzverglasung versehen. In den drei Obergadenfenstern des Chorhauptes verblieben weitere originale Glasmalereien; fehlende Felder wurden durch Kopien des jeweiligen Teppichmusters ersetzt oder Motive frei nachempfunden. Restliche Felder – sowohl Architekturmotive als auch Teppichmuster – wurden in die Großherzoglichen Sammlungen in Schwerin (heute Staatliches Museum) übernommen. So ist eine Vielfalt vegetabiler Muster in Grisaillemalerei mit sparsamer Verwendung von Farbgläsern zur Gliederung aus den Doberaner Klosterwerkstätten erhalten geblieben. Dass es im Kloster eine Glaserei gegeben hat, belegt das Inventar, das 1552 bei Auflösung des Klosters aufgestellt wurde: »in der Gleserey Blei, Gußeisen, Brandruten, Fenster, Glas (…).«

Literatur: Heißel o.J., S. 121 | Drachenberg u.a. 1979, S. 197 | Richter 1989, S. 52–62 | Erdmann 1995, S. 27, 94.
► S. 33, 93

64 Epitaphien mit Gedenksprüchen zur Klostergeschichte und Lobgedichten auf mecklenburgische Fürsten
16./18. Jh.

Die ursprünglichen Anbringungsorte der Gedenktafeln, teilweise personenbezogen über deren Begräbnisplätzen, sind bei Schröder verzeichnet. Im Zusammenwirken dieser Tafeln mit den in den Arkaden des Hohen Chors aufgestellten Porträtbildern muss das Münster wie eine Gedächtnishalle gewirkt haben. Die Verfasser waren Gelehrte der jeweiligen Zeit, die Textvorlagen aus dem 14. und 15. Jahrhundert benutzten. Die Schriften sind auch in ihrer kalligrafischen Umsetzung von hoher Qualität. Während der Regentschaft Christian Ludwigs wurden die Tafeln wie auch die Bilder 1750 von dem Wismarer Maler Johann Heinrich Krüger restauriert bzw. kopiert, wie die Inschriften auf den Rahmen bezeugen. Die Aufhängung in den Blendarkaden des südlichen Seitenschiffes und die ornamentale Ausmalung erfolgte um 1890 unter G. L. Möckel.

Literatur: Schröder 1732, S. 322–344 und passim | Schlie 1899, S. 630–649 | Kühne o.J., S. 22–33.

65 Astronomische Uhr
um 1390

Bis zur Umsetzung des großen FÜRSTENEPITAPHS [57] befand sich dieses Zifferblatt der Astronomischen Uhr an der Westwand des südlichen Querhauses, also über der Treppe zum Dormitorium (Schlafsaal der Mönche) im Obergeschoss des Ostflügels der Klausur. Der Glockenschlag bestimmte die Einhaltung der Stundengebete bei Tag und bei Nacht. In den Zwickeln sind vier im späten Mittelalter berühmte Astronomen dargestellt: oben links Ptolomäus; oben rechts König Alfons von Kastilien; unten links Hali und unten rechts Albumasar. Die Texte ihrer Spruchbänder sind theologischen Schriften der Zeit entnommen und belegen Verbindungen des Klosters zu führenden theologischen Instituten, beispielsweise der Pariser Universität (W. Erdmann). Die Summe ihrer Aussagen ist, dass nicht die Sterne sondern Gott Herr und Lenker der Zeit ist. Die beiden hochrechteckigen Öffnungen im unteren Bereich sind ein letzter Beleg für den Apostelumgang mit silbernen Figuren, die im Oktober 1637 von schwedischer Soldateska unter den Augen des Pastors Peter Eddelin geraubt wurden. Als Baumeister dieser Uhr wird Nikolaus Lilienfeld vermutet, dem auch die 1279 gebaute Astronomische Uhr in der Rostocker Marienkirche zugeschrieben wird. Auf der mittelalterlichen Stundenglocke (1831 umgegossen) war die Jahreszahl 1390 zu lesen.

Literatur: Erdmann 1995, S. 68f.

► S. 74, Abb. S. 74

T BEINHAUS

um 1250

In der norddeutschen Backsteinarchitektur gibt es kein vergleichbares Bauwerk zu dieser oktogonalen Kapelle. Der Bautypus des Beinhauses (auch: Ossuarium, Karner oder Totenleuchte) ist in Süddeutschland, Österreich, Schweiz, Böhmen und Mähren häufig auf Kirch- bzw. Friedhöfen zu finden. Die verschiedenen Bezeichnungen verweisen auf die Doppelfunktion dieser Kapellen. Zum einen sollte ein Licht in der bekrönenden Laterne böse Geister fernhalten, die die Ruhe der armen Seelen stören könnten; gleichzeitig symbolisiert es die Erwartung der Wiederkehr Christi zum Jüngsten Gericht. Dementsprechend thematisiert die Ausmalung des Innenraumes die Wiederkehr Christi am Jüngsten Tage mit dem Gleichnis der klugen und törichten Jungfrauen. Die 1879 von Carl Andreae ausgeführte Malerei greift diese Thematik zwar auf, verrät aber nichts vom Stil und der Qualität der Ausmalung des 13. Jahrhunderts. Zum anderen diente das Beinhaus dazu, die bei Neubelegungen auf dem Friedhof aufgefundenen Knochen in einem Gewölbe unter dem Kapellenraum zu sammeln.

Das Beinhaus in Doberan bezeugt mit dem kleinteiligen Wechsel unglasierter und glasierter Backsteine die Leistungsfähigkeit der zum Kloster gehörenden Ziegelei und der Bauhütte im 13. Jahrhundert. Man kann erahnen, welche dekorativen Elemente möglicherweise auch den romanischen Bau der Klosterkirche geprägt haben. Nachdem der Mönchsfriedhof verschwunden und an dessen Stelle der englische Park angelegt worden ist, erscheint das Beinhaus auf dem sanft ansteigenden Gelände wie ein Monument – wie ein Mausoleum im Park.

1879 verstand es Gotthilf Ludwig Möckel, von Carl Andreae dem Großherzog empfohlen, ausgehend von bauarchäologischen Befunden und mit entsprechendem Material eine bekrönende Laterne zu rekonstruieren. Es sollte für ihn die »Einstiegsarbeit« in die bis kurz vor seinem Tode während Anstellung als Baurat werden – 1900 gekrönt mit der Ernennung zum Geheimen Hofbaurat aus Anlass der Wiederherstellung der Doberaner Klosterkirche.

Wegen starker Bauschäden musste die Laterne 1978 abgetragen werden. Die von Möckel entworfene, für ihn typisch überaus kunstvoll aus Metall gearbeitete Ampel konnte 2007 restauriert werden und hängt im Sinne eines »ewigen Lichtes« wieder in der kleinen Kapelle.

Für die Fenster des Beinhauses entwarf Andreae in Anlehnung an Fenster der Kathedrale in Bourges ein farbiges, florales Flechtwerk mit Engelmedaillons in den Spitzfeldern. Erhalten geblieben sind nur die monochromen Fenster der Laterne, die nunmehr in die Fenster des Kapellenraums montiert sind.

Literatur: Lisch 1854, S. 374–377 | Schlie 1899, S. 662–665 | Lorenz 1958, S. 36–38 | Barth 1988, S. 48f. | Erdmann 1995, S. 14f.

► S. 18, 100, Abb. S. 19, 101

Literatur

Badstübner 1980 | Badstübner, Ernst: Kirchen der Mönche – Die Baukunst der Reformorden, Berlin 1980.

Badstübner 2007 | Badstübner, Ernst: »Typologische Bildkunst im Münster zu Doberan. Zur Geschichte ihrer Restaurierung um 19. Jh. und in der Gegenwart«, in: Studien zu Geschichte, Kunst und Kultur der Zisterzienser, Bd. 8: Sachkultur und religiöse Praxis, Berlin 2007, S. 151–176.

Baier 1980 | Baier, G.-R.: »Die ehem. Zisterzienser-Klosterkirche Doberan. Zur Geschichte ihrer Restaurierung im 19. Jahrhundert und in der Gegenwart«, in: Wissenschaftliche Zeitschrift der Ernst-Moritz-Arndt-Universität Greifswald, Jg. 29, Heft 2/3, 1980, S. 101–109.

Baier 1983 | Baier, G.-R. / Voss, Johannes: »Zur Rekonstruktion der mittelalterlichen Farbigkeit der Klosterkirche Doberan«, in: Farbe und Raum, Jg. 37, Heft 8, 1983, S. 16–22.

Barth 1988 | Barth, Karl-Heinz: »Gotthilf Ludwig Möckel zum 150. Geburtstag«, in: Architektur der DDR, Heft 7, 1988, S. 48–49.

Bartning 1864 | Bartning, Ludwig: Altar und Sakramentshäuschen in der Kirche zu Doberan, Schwerin 1864.

Borchert 1992 | Borchert, Jürgen: Mecklenburgs Großherzöge 1815–1918, Schwerin 1992.

Braunfels 1985 | Braunfels, Wolfgang: Abendländische Klosterbaukunst, Köln [5]1985.

Brückner 1926 | Brückner, M.: Die Holzplastik in Mecklenburg von ihren Anfängen bis zum Ausklang des weichen Stils (ca. 1250–1450), Diss. Rostock 1926.

Bunners 1998 | Bunners, Michael: »Gedenkrede auf Herzogin Elisabeth († 1586)«, in: Mecklenburgia sacra: Jahrbuch für Mecklenburgische Kirchengeschichte, Bd. 1, 1998, S. 69–87.

Cordshagen 1997 | Cordshagen, Christa (Hrsg.): Mecklenburgische Reimchronik des Ernst von Kirchberg, Köln 1997.

Dehio Mecklenburg-Vorpommern | Dehio, Georg: Handbuch der Deutschen Kunstdenkmäler: Mecklenburg-Vorpommern«, bearb. v. H.-Chr. Feldmann, München 2000.

Drachenberg u.a. 1979 | Drachenberg, E. / Maercker, K.-J. / Richter, C.: Mittelalterliche Glasmalerei in der DDR, Berlin 1979.

Dreyer 1975 | Dreyer, Vollrath: »Die Restaurierung der Doberaner Dorotheentafel«, in: Mitteilungen des Instituts für Denkmalpflege – Arbeitsstelle Schwerin, Nr. 23, 1975, S. 277–284.

Eddelin 1694 | Eddelin, Peter: »Dobberanische Denkwürdigkeiten / Dobberan 1664«, Manuskript in der Landesbibliothek Mecklenburg-Vorpommern, Schwerin 1694.

Erdmann 1995 | Erdmann, Wolfgang: Zistersienser-Abtei Doberan (Die blauen Bücher), Königstein/Ts. 1995.

Frohberg 2004/05 | Frohberg, B. u. a.: »Die Restaurierung der mittelalterlichen Grabplatten im Doberaner Münster«, in: Kulturerbe in Mecklenburg und Vorpommern, Bd. 1, 2004/05 (2006), S. 41–50.

Frohberg 2006 | Frohberg, B.: »Die Restaurierung der mittelalterlichen Grabplatten im Doberaner Münster und ihre Neuaufstellung«, in: Beiträge zur Erhaltung von Kunst- und Kulturgut, Heft 1, 2006, S. 73–85.

Fründt 1967 | Fründt, Edith: »Die spätgotischen Herzogsstandbilder zu Doberan – Ein Beitrag zur Geschichte des Epitaphs«, in: Staatliche Museen zu Berlin, Forschungen und Berichte, Kunsthistorische Beiträge, Bd. 9, Berlin 1967, S. 15–18.

Fründt 1989 | Fründt, Edith: Das Kloster Doberan, Berlin [2]1989.

Gloede 1968 | Gloede, Günter: Das Doberaner Münster: Geschichte, Baugeschichte, Kunstwerke, Berlin [5]1968.

Harnisch 1989 | Harnisch, Peter: »Maltechnische Untersuchungen an norddeutschen Tafelbildern des 14. und 15. Jahrhunderts«, in: Beiträge zur Erhaltung von Kunstwerken, Heft 4, 1989, S. 4–14.

Heißel o. J. | Heißel, Sebastian: Geschichte von Bad Doberan – Heiligendamm, Bd. 1, Wismar o. J. [1939].

Jensen 1964 | Jensen, Jens Christian: »Der Lettneraltar der Zisterzienserabtei Doberan«, in: Niederdeutsche Beiträge zur Kunstgeschichte, Bd. 3, 1964, S. 229–274.

Kat. Erfurt 1989 | »Mittelalterliche Glasmalerei in der Deutschen Demokratischen Republik«, Ausst.Kat. Angermuseum Erfurt, Erfurt 1989.

Kat. Hamburg 1999 | »Goldgrund und Himmelslicht – Die Kunst des Mittelalters in Hamburg«, hg. v. Uwe M. Schneede, Ausst.Kat. Hamburger Kunsthalle, Hamburg 1999.

Klüver 1728 | Klüver, Hans Henrich: Beschreibung des Hertzogthums Mecklenburg und dazu gehöriger Länder, 2. Theil, Hamburg 1728, S. 12–41.

Kraft 1972 | Kraft, Heike: Die Bildallegorie der Kreuzigung durch die Tugenden, Diss. Berlin 1972.

Krohm 2001 | Krohm, Hartmut: »Bemerkungen zu Hochaltarretabel und Kelchschrank in Kloster Doberan«, in: Krohm, Hartmut (Hg.): Entstehung und Frühgeschichte des Flügelaltarschreins, Berlin 2001, S. 157–176.

Kuhl 2001 | Kuhl, Reinhard: Glasmalereien des 19. Jahrhunderts: Die Kirchen, hg. von der Arbeitsstelle für Glasmalereiforschung des Corpus Vitrearum Medii Aevi, Bd. 1: Mecklenburg-Vorpommern, Leipzig 2001, S. 27–43.

Kühne 1938 | Kühne, W.: Die Kirche zu Doberan – Ein Führer durch ihre geschichtlichen und religiösen Denkmäler, Rostock ²1938.

Laabs 2000 | Laabs, Annegret: Malerei und Plastik im Zisterzienserorden: zum Bildgebrauch zwischen sakralem Zeremoniell und Stiftermemoria 1250–1430, Petersberg 2000.

Lisch 1836 | Lisch, G.C.F.: »Nekrologium der ältesten Fürsten Mecklenburgs. Aus dem Fenster des Klosters Doberan«, in: Mecklenburgische Jahrbücher, Bd. 1, 1836, S. 131–135.

Lisch 1844a | Lisch, G.C.F.: »Urkunden zur Geschichte der Kirche zu Doberan«, in: Mecklenburgische Jahrbücher, Bd. 9, 1844, S. 289–313.

Lisch 1844b | Lisch, G.C.F.: »Blätter zur Geschichte der Kirche zu Doberan«, in: Mecklenburgische Jahrbücher, Bd. 9, 1844, S. 408–451.

Lisch 1849 | Lisch, G.C.F.: »Der Hochaltar und das Tabernakel in der Kirche zu Doberan«, in: Mecklenburgische Jahrbücher, Bd. 14, 1849, S. 351–380.

Lisch 1854 | Lisch, G.C.F.: »Über die alte Fürstliche Begräbniskapelle und das Grab des ersten christlichen Fürsten Pribislav in der Kirche zu Doberan«, in: Mecklenburgische Jahrbücher, Bd. 19, 1854, S. 342–392.

Lorenz 1958 | Lorenz, Adolf Friedrich: Doberan – Ein Denkmal norddeutscher Backsteinkunst (Studien zur Architektur- und Kunstwissenschaft; Heft 2), Berlin 1958.

Lymant 1980 | Lymant, Brigitte: »Die Glasmalerei bei den Zisterziensern«, in: Die Zisterzienser – Ordensleben zwischen Ideal und Wirklichkeit, Ausst.Kat. Köln 1980, S. 345–356.

Minneker 1999 | Minneker, Ilka / Poeck, Dietrich W.: »Herkunft und Zukunft – Zu Repräsentation und Memoria der mecklenburgischen Herzöge in Doberan«, in: Mecklenburgische Jahrbücher, Bd. 114, 1999, S. 17–55.

Minneker 2007 | Minneker, Ilka: Vom Kloster zur Residenz. Dynastische Memoria und Repräsentation im spätmittelalterlichen und frühneuzeitlichen Mecklenburg, Diss. Münster 2007.

Nugent 1998 | Nugent, Thomas: Reisen durch Deutschland und vorzüglich durch Mecklenburg – Berlin 1781, hg. v. Sabine Bock, Schwerin 1998.

Quast / Lisch 1858 | Quast, Ferdinand von / Lisch, G.C.F.: »Über die Grabplatten von Ziegeln in der Klosterkirche zu Doberan«, in: Mecklenburgische Jahrbücher, Bd. 23, 1858, S. 334–349.

Richter 1989 | Richter, Christa: »Die Grisaillemalerei im Doberaner Münster und ihre Stifterin«, in: E. Drachenberg u.a., Neue Forschungen zur mittelalterlichen Glasmalerei, Berlin 1989, S. 52–62.

Röper 1808 | Röper, Friedrich L.: Geschichte und Anekdoten von Dobberan in Mecklenburg, Doberan 1808 [Reprint].

Roland 2002 | Roland, Martin: Die Lilienfelder Concordantiae caritatis (Codices illuminati; Bd. 2), Graz 2002.

Schlie 1896 | Schlie, Friedrich: Die Kunst- und Geschichts-Denkmäler des Grossherzogthums Mecklenburg-Schwerin, Bd. 1: Die Amtsgerichtsbezirke Rostock […], Dargun, Neukalen, Schwerin 1896.

Schlie 1899 | Schlie, Friedrich: Die Kunst- und Geschichts-Denkmäler des Grossherzogthums Mecklenburg-Schwerin, Bd. 3: Die Amtsgerichtsbezirke Hagenow […] und Doberan, Schwerin 1899.

Schmaltz 1935/36 | Schmaltz, Karl: Kirchengeschichte Mecklenburgs, 3 Bde., Schwerin 1935/36.

Schöfbeck / Heußner 2007 | Schöfbeck, Tilo / Heußner, Karl-Uwe: »Dendrochronologische Untersuchungen an mittelalterlichen Kunstwerken zwischen Elbe und Oder«, in: Die Kunst des Mittelalters in der Mark Brandenburg, hg. v. E. Badstübner, Berlin 2007.

Schottmann 1975 | Schottmann, Brigitta: Das Redentiner Osterspiel, Stuttgart 1975.

Schreiber 1855 | Schreiber, S. von: Doberan und Heiliger Damm, Rostock 1855.

Schröder 1732 | Schröder, Dietrich: Wismarische Erstlinge, Wismar 1732.

Schröder 1998 | Schröder, Jens: Die Turmaufbauten des Altartabernakels in der Katholischen Kirche zu Ludwigslust – Bestandsdokumentation, Restaurierung, Umbau zu einem Levitenstuhl, Diplom-Arbeit Potsdam (masch.) 1998.

Schütt 1997 | Schütt, Hans-Heinz: Das Mecklenburger Fürstenwappen von 1668 – Erläuterungen zu Entstehung, Inhalt und Geschichte des Fürstenwappens, Schwerin 1997.

Traeger 1980 | Traeger, Josef: Die Bischöfe des mittelalterlichen Bistums Schwerin, Leipzig 1980.

Voss 1975 | Voss, Johannes: »Der Schrein eines Corpus-Christi-Altares in der ehemaligen Klosterkirche zu Bad Doberan«, in: Mitteilungen des Instituts für Denkmalpflege – Arbeitsstelle Schwerin, Nr. 23, 1975, S. 285–309.

Voss 1980 | Voss, Johannes: »Der Lettneraltar zu Doberan – Geschichte und Restaurierung«, in: Zeitschrift für Bildende Kunst, Heft 3, 1980, S. 122–125.

Voss 1986 | Voss, Johannes: »Der Corpus-Christi-Altar im Doberaner Münster«, in: Mitteilungen des Instituts für Denkmalpflege – Arbeitsstelle Schwerin, Nr. 31, 1986, S. 672–679.

Voss 1987 | Voss, Johannes: »Zur Polychromie der Madonnenfigur am Kreuzaltar im Doberaner Münster«, in: Beiträge zur Erhaltung von Kunstwerken, Heft 3, 1987, S. 32–42.

Voss 1989 | Voss, Johannes: »Der Standort des Kreuzaltars in der ehem. Zisterzienserklosterkirche Doberan«, in: Bau und Bildkunst im Spiegel internationaler Forschung, Festschrift für Edgar Lehmann, Berlin 1989, S. 141–153.

Voss 1990 | Voss, Johannes: »Beobachtungen zu drei Schreinen der 1. Hälfte des 14. Jahrhunderts im Doberaner Münster«, in: Die mittelalterliche Plastik in der Mark Brandenburg, Protokollband des Internationalen Kolloquiums vom 2. bis 4. März 1989 in den Staatlichen Museen zu Berlin, Bodemuseum, hg. v. Lothar Lambacher, Berlin 1990, S. 123–132.

Voss 1993 | Voss, Johannes: »Corrigenda & Addenda zu ›Beiträge 3‹«, in: Beiträge zur Erhaltung von Kunstwerken, Heft 5, 1993, S. 65–68.

Voss 1994 | Voss, Johannes: »Anmerkungen zur Geschichte des Kreuzaltares und seines Retabels im Doberaner Münster: Konzeption und Ergebnisse der Restaurierung 1975–1984«, in: Figur und Raum: mittelalterliche Holzbildwerke im historischen und kunstgeographischen Kontext, Akten des internationalen Colloquiums auf der Blomenburg bei Selent (7.–10. Oktober 1992), hg. v. Uwe Albrecht, Berlin 1994, S. 112–123.

Voss 1998 | Voss, Johannes: »Bericht zur Restaurierung des großen Westfensters im Doberaner Münster«, in: Denkmalpflege und Denkmalschutz in Mecklenburg-Vorpommern, Heft 5, 1998, S. 68–74.

Voss 2001 | Voss, Johannes: »Der Doberaner Kelchschrank. Ein Beitrag über Konstruktion, Standort und Datierung« in: Krohm, Hartmut (Hg.): Entstehung und Frühgeschichte des Flügelaltarschreins, Berlin 2001, S. 125–142.

Voss 2007 | Voss, Johannes: »Das Gitterchen in Doberan«, in: Studien zu Geschichte, Kunst und Kultur der Zisterzienser, Bd. 8, 2007, S. 177–196.

Weniger 2001 | Weniger, Michael: »Doberan, Cismar – Tortosa« in: Krohm, Hartmut (Hg.): Entstehung und Frühgeschichte des Flügelaltarschreins, Berlin 2001, S. 177–192.

Wentzel 1962 | Wentzel, Hans: »Ein Elfenbeinbüchlein zur Passionsandacht«, in: Wallraf-Richartz-Jahrbuch, Bd. 24, 1962, S. 193–212.

Wichert 2000 | Wichert, Sven: Das Zisterzienserkloster Doberan im Mittelalter (Studien zur Geschichte, Kunst und Kultur der Zisterzienser; Bd. 9), Berlin 2000.

Wipfler 1993 | Wipfler, E.P.: »Die Darstellung der ›Eucharistischen Mühle‹ auf spätgotischen Altären in Mecklenburg und Vorpommern«, Magister-Arbeit Heidelberg 1993.

Wolf 2002 | Wolf, Norbert: Deutsche Schnitzretabel des 14. Jahrhunderts, Berlin 2002.